职业学校汽车类专业规划教材

立体化教材

汽车底盘
一体化教学作业指导书

⚙️ 工学一体
学中做·做中学

主　审：薛荣生
主　编：张道霖
副主编：邓维敏　张　波
参　编：王　镧　李根明　闫桂春　曹　燕
　　　　杨　波　孟令才　冉龙远　郭景福
　　　　刘　君　卢　逸

西南大学出版社
国家一级出版社　全国百佳图书出版单位

图书在版编目(CIP)数据

汽车底盘一体化教学作业指导书/张道霖主编. --重庆:西南大学出版社,2024.1
ISBN 978-7-5697-1433-3

Ⅰ.①汽… Ⅱ.①张… Ⅲ.①汽车—底盘—职业教育—教学参考资料 Ⅳ.①U463.1

中国版本图书馆CIP数据核字(2022)第188922号

汽车底盘一体化教学作业指导书
QICHE DIPAN YITIHUA JIAOXUE ZUOYE ZHIDAOSHU

张道霖　主　编

责任编辑：	熊家艳
责任校对：	路兰香
装帧设计：	◯◯起源
照　　排：	吴秀琴
出版发行：	西南大学出版社(原西南师范大学出版社)
	重庆·北碚　邮编:400715
印　　刷：	重庆升光电力印务有限公司
幅面尺寸：	185 mm×260 mm
印　　张：	14.75
字　　数：	289千字
版　　次：	2024年1月　第1版
印　　次：	2024年1月　第1次印刷
书　　号：	ISBN 978-7-5697-1433-3
定　　价：	49.00元

本书如有印装质量问题,请与我社市场营销部联系更换。
市场营销部电话:(023)68868624　68367498

编委会

主　任： 孙玉伟

副主任： 周晓健

编　委： 冯加明　张　郑　杨朝彬

　　　　　王　建　王雅妍　唐坤鹏

序　言

　　随着我国经济发展和产业结构的调整,职业教育越来越凸显出其重要性。2022年新修订的《中华人民共和国职业教育法》明确指出"职业教育是与普通教育具有同等重要地位的教育类型"。为深入贯彻职业教育法精神,全面落实《人力资源社会保障部　国家发展改革委　财政部关于深化技工院校改革　大力发展技工教育的意见》和《技工教育"十四五"规划》要求,按照人力资源社会保障部《推进技工院校工学一体化技能人才培养模式实施方案》工作安排,重庆市人力资源和社会保障局、重庆市财政局印发《重庆市技工院校推行工学一体化技能人才培养模式实施方案》,对重庆市技工院校"工学一体化"课程改革、教材建设、师资队伍建设等提供政策支持和方向引领。

　　近年来汽车产业发展迅速,尤其是现代汽车新技术、新工艺、新能源的广泛应用,对汽车制造和后市场服务人才的要求越来越高。从职业学校汽车专业人才培养过程来看,作为教学基础要素的教材内容、教学方法、课程体系设置等存在不能满足现代汽车产业岗位职业能力和素质培养需求的问题。

　　为更好满足职业学校汽车类专业教学需求,体现职业教育特色,促使汽车类专业学生学习知识、提升技能、涵养素质,重庆五一职业技术学院组织汽车专业一线教师和行业专家按照"项目引领,任务驱动"的理念编写了这套职业学校汽车类专业教材。本套教材共3个品种,分别为《汽车底盘一体化教学作业指导书》《汽车发动机一体化教学作业指导书》《纯电动汽车一体化教学作业指导书》。《汽车底盘一体化教学作业指导书》精选了汽车维修工作岗位中最为常见和通用的4个项目12个底盘维修任务,如汽车传动系统的拆检、汽车行驶系统的拆检、汽车转向与操作系统的维修、汽车制动系统的拆检等;《汽车发动机一体化教学作业指导书》精选了发动机教学中6个项目的29个典型任务,如发动机机械部分的检修、发动机传感器的检修、发动机燃油系统的检修、发动机点火系统的检修、发动机冷却系统的检修、发动机机油故障灯亮的拆检等;《纯电动汽车一体化教学作业指导书》精选了纯电动汽车教学和实践中5个项目的15个典型任务,如纯电动汽车的整体认识、动力电池的认识与维护、驱动电机及传动系统的认识与维护、电控系统的认识与维护、辅助系统的认识与维护等。

  本套教材以培养满足市场需要的人才为导向,围绕企业典型工作任务,紧密结合学生的学习特点进行编写,有以下主要特色:

  1. 理实结合。套书按照"项目引领,任务驱动"的模式编写,将理论知识学习与工作任务完成紧密结合,将案例讲解与实践操作紧密结合,落实了"学中做,做中学"的理论与实践相结合的教学理念。

  2. 内容精练。基于受众是职业教育层次学生和"一体化"教学作业指导书两个因素,教材内容编写坚持"实用、够用、好用"原则,从而实现内容科学、结构严谨、容量适中、难易恰当的目标。

  3. 书证融通。教材内容对接世界和全国汽车技能大赛标准,体现"1+X"书证融通目标,拓展学生的视野,激发学生的学习兴趣。

  4. 图文结合。为更形象地呈现内容,增强内容的可读性,教材中配备了大量的精美图片,尤其在实操环节,以图片展示操作步骤,更有助于学生进行学习。

  5. 资源丰富。教材中配备了教学视频等资源。视频内容针对性强,学生易学易懂易吸收,有利于提升学习效果。

  本套教材是在充分调研的基础上,在"双师型"教师共同参与下编写完成的,编写过程中得到了有关单位和个人的大力支持和帮助,也参考了大量资料和文献,在此一并表示衷心感谢。希望教材的出版能助推职业教育发展,为我国汽车专业人才培养发挥积极作用。针对教材中的不足之处,恳请广大读者批评指正。

目 录

项目一　汽车传动系统的拆检 ·· 1

　　任务一　离合器打滑故障的拆检 ······································ 3
　　任务二　手动变速器异响故障的拆检 ·································· 31
　　任务三　万向传动装置异响故障的拆检 ································ 59
　　任务四　驱动桥异响故障的拆检 ······································ 67

项目二　汽车行驶系统的拆检 ·· 91

　　任务一　车轮的检修与换位 ·· 93
　　任务二　悬架的检查与维修 ·· 113

项目三　汽车转向与操纵系统的维修 ·································· 131

　　任务一　转向系统的维护 ·· 133
　　任务二　机械转向系统的检查与维修 ·································· 145
　　任务三　助力转向系统的检查与维修 ·································· 160
　　任务四　车轮定位的检测与调整 ······································ 172

项目四　汽车制动系统的拆检 ·· 197

　　任务一　制动器的构造与维修 ·· 199
　　任务二　驻车制动装置的构造与维修 ·································· 216

项目一 汽车传动系统的拆检

【项目目标】

1. 知识目标

（1）能识别传动系统的组成及各部件的安装位置。

（2）能复述离合器的作用、结构和工作原理。

（3）能复述离合器的动力传递路线。

（4）能复述变速器的作用、结构和类型。

（5）能复述手动变速器的挡位传动路线。

（6）能复述万向传动装置的作用与组成。

（7）能复述万向节的类型、构造。

（8）能复述驱动桥的组成和作用。

（9）能复述主减速器和差速器的作用和工作原理。

2. 技能目标

（1）能对传动系统的简单故障进行分析，并能进行拆装与维修。

（2）能严格按照8S管理规定对维修现场进行清理。

（3）能叙述传动系统的拆装安全操作规程，并在作业过程中贯彻。

（4）能对相关资料、互联网资源进行检索，完成工单、工作页的填写。

（5）能及时展示成果，进行任务评价，优化方案。

3. 素质目标

（1）养成规范操作意识、纪律意识，以及良好的安全意识、环保意识等。

（2）养成良好的清洁习惯和互帮互助的优秀品质等。

（3）能在实践过程中培养创新精神和实践能力，养成爱岗敬业的工作态度，建立职业责任感。

【项目准备】

常用工具：梅花扳手、套筒扳手、扭力扳手、开口扳手、风动工具等。

常用量具：万用表、千分尺、塞尺、游标卡尺、刀口尺等。

专用工具：轴承拉马、拉拔器等。

油料、材料：润滑脂、清洗液、齿轮油、底盘修理包等。

设备：教学车辆、底盘各总成台架、多媒体教学设备、白板和展示板、翻转架、工具车、零件车、接油盆等。

资料：维修手册、维修工单、安全操作规程。

【工作流程】

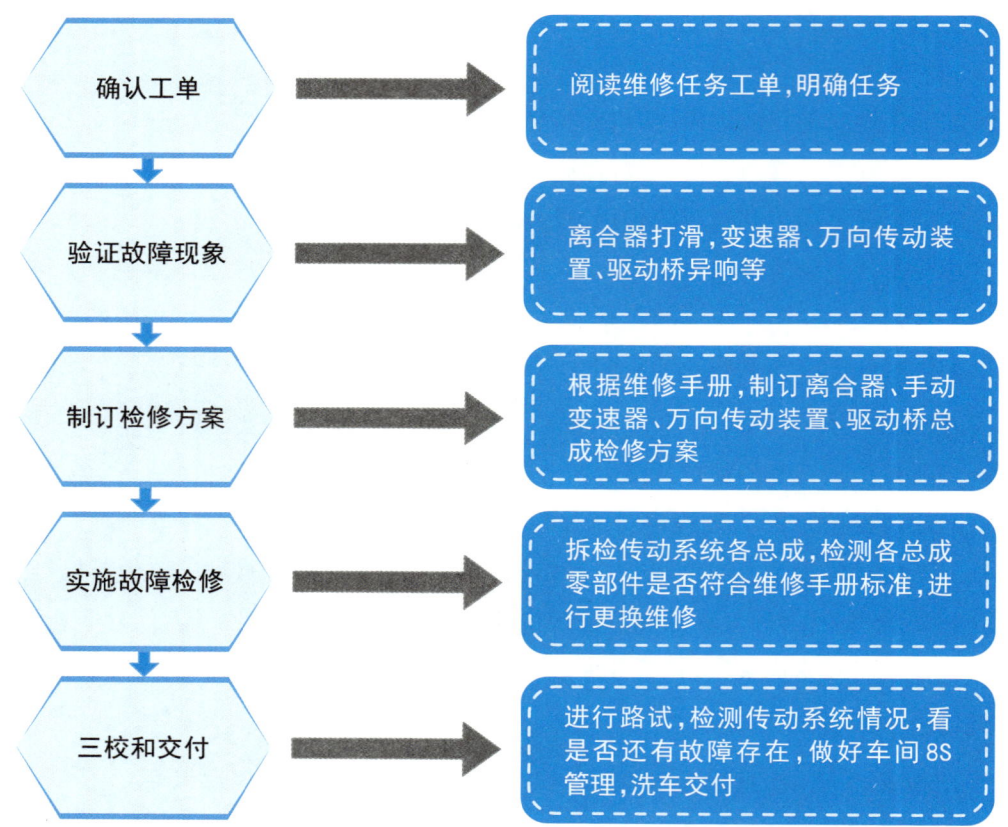

任务一　离合器打滑故障的拆检

【任务描述】

一辆汽车被送进厂里检修,客户反映该汽车在加速行驶时,出现行驶无力,产生焦糊味的现象,经维修技师初步检查判断为汽车底盘传动系统故障。汽车维修人员需要根据维修手册相关要求,在规定时间内完成对底盘传动系统的检查与零部件的更换,自检合格后交付班组长验收。

【学习重点】

(1)能查阅维修手册,列举离合器的结构和描述工作原理。
(2)能列举离合器打滑故障的原因。
(3)熟悉离合器的作用及类型。
(4)掌握拆装工具的使用方法,文明操作,安全生产。
(5)能在作业过程中自我检查规范操作的情况,做好过程记录。
(6)能合理回收废弃物,整理零部件。
(7)能对相关资料、互联网资源进行检索,完成工单、工作页的填写。

【建议学时】

8学时。

【学习地点】

一体化工作站。

【学习准备】

离合器总成、互联网资源、车辆、常用维修工具与量具、多媒体设备。

【学习过程】

一、汽车底盘的组成和作用

汽车底盘由传动系统、行驶系统、转向系统和制动系统组成,具体如图1-1-1。底盘的作用是接收发动机的动力,使汽车运动,保证汽车按照驾驶人的操纵正常行驶。

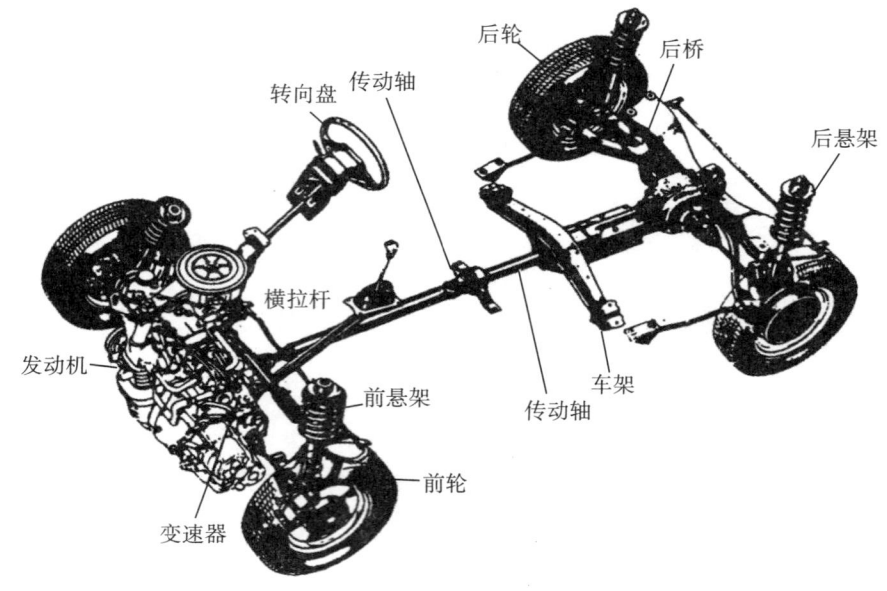

图 1-1-1 底盘的组成

二、汽车传动系统的组成和作用

(一)汽车传动系统的组成

汽车传动系统是发动机到驱动车轮之间的所有动力传递装置的总称,主要是由离合器、变速器、万向传动装置和驱动桥等组成。图 1-1-2 为汽车传动系统的组成。

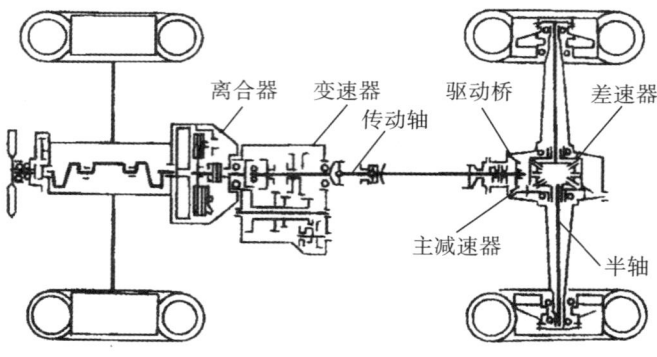

图 1-1-2 汽车传动系统的组成

(二)汽车传动系统的作用

汽车发动机所发出的动力靠传动系统传递到驱动车轮。传动系统具有减速、变速、倒车、中断动力、轮间差速和轴间差速等功能,与发动机配合工作,能保证汽车在各种工况下的正常行驶,并具有良好的动力性和经济性。

三、传动系统的布置形式

汽车传动系统的布置形式主要与汽车驱动形式和发动机的安装位置有关。汽车的驱动形式通常用汽车全部车轮数×驱动车轮数来表示,根据驱动车轮的不同,汽车驱动可以分为4×4、4×2两种形式。常见汽车传动系统主要有以下几种布置方式。

(一)前置后驱

前置后驱即发动机前置、后轮驱动(Front-engine, Rear-wheel-drive,简称FR),如图1-1-3所示。

这是一种传统的布置形式。国内外的大多数货车、部分轿车和部分客车都采用这种形式。

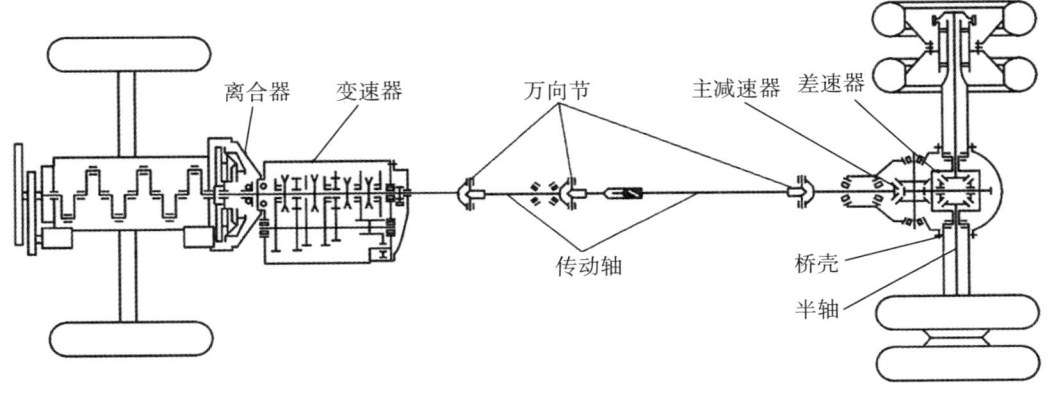

图1-1-3 前置后驱

(二)后置后驱

后置后驱即发动机后置、后轮驱动(Rear-engine, Rear-wheel-dirve,简称RR),如图1-1-4所示。

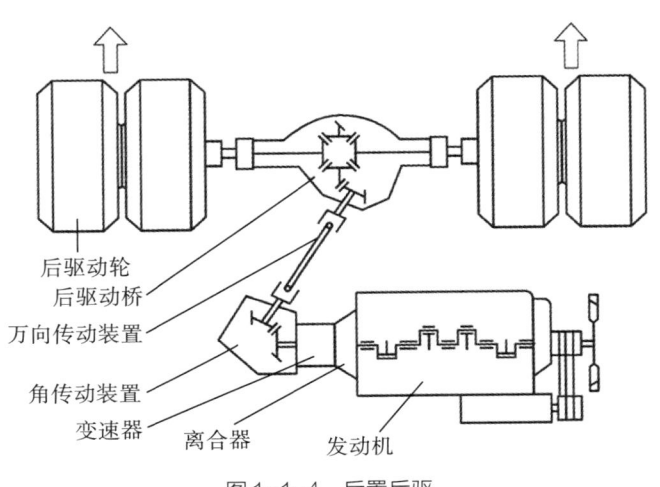

图1-1-4 后置后驱

在大型客车上多采用这种布置形式,少量微型、轻型轿车也采用这种形式。

(三)前置前驱

前置前驱即发动机前置、前轮驱动(Front-engine,Front-wheel-drive,简称FF),如图1-1-5所示。

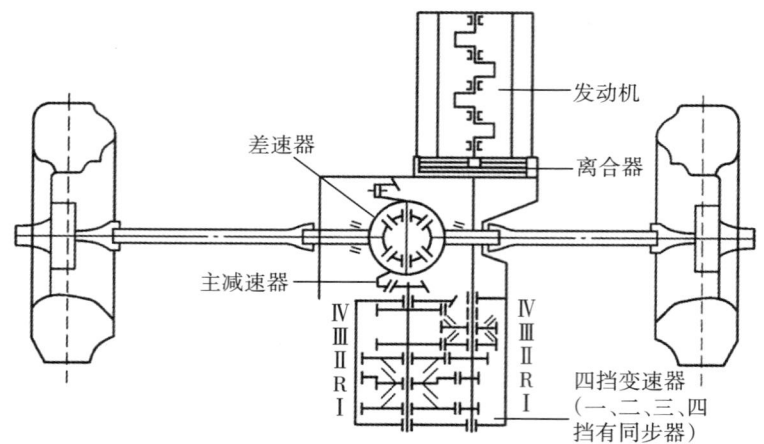

图 1-1-5　前置前驱

这种形式的操纵机构简单、发动机散热条件好。如今大多数轿车采取这种布置形式。

(四)全轮驱动

全轮驱动即发动机前置四轮驱动(All Wheel Drive,简称AWD),如图1-1-6所示。

越野汽车一般采用全轮驱动,发动机前置,在变速箱后装有分动器将动力传递到全部车轮上。

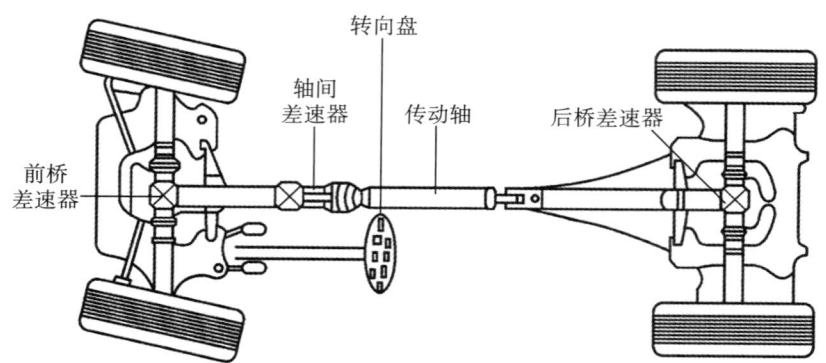

图 1-1-6　全轮驱动

四、离合器的类型、组成和作用

(一)离合器的类型

离合器分为电磁离合器、磁粉离合器、摩擦式离合器和液压式离合器4种,其中摩擦式离合器应用最为广泛。

(二)摩擦式离合器的组成

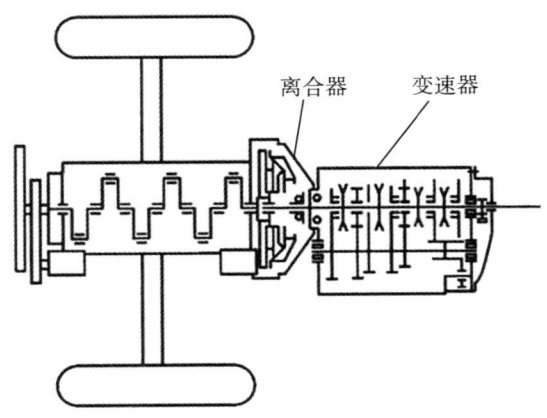

图 1-1-7　离合器的安装位置

离合器的安装位置如图1-1-7所示。离合器的组成如下:

(1)主动部分:飞轮、离合器盖。

(2)从动部分:从动盘总成。

(3)压紧机构:膜片弹簧。

(4)操纵机构:离合器踏板、液压主缸、液压分缸等。

(三)离合器的作用

(1)暂时切断发动机的动力传递,保证变速器换挡平顺。

(2)使发动机与传动系统逐渐结合,保证汽车平稳起步。

(3)限制发动机转矩的传递,防止发动机过载。

(四)离合器的工作原理

1.结合状态

离合器在结合状态下,操纵机构各部件在回位弹簧的作用下,回到各自的位置,分离杠杆内端与分离轴承之间,保持一定的间隙压紧弹簧,将飞轮、从动盘和压盘三者压紧在一起,发动机的转矩经过飞轮及压盘,通过从动盘两个摩擦面的摩擦作用传给从动盘,再由从动轴输入变速器。

2.分离过程

分离离合器时,驾驶员踩下离合器踏板,分离套筒和分离轴承在分离叉的推动下,先消除分离轴承与分离杠杆内端之间的间隙,然后推动分离杠杆内部前移,使分离杠杆外端带动压盘克服压紧弹簧作用力后移,摩擦力消失,离合器的主、从动部分分离,中断动力传动。

3.结合过程

结合离合器时,驾驶员缓抬离合器踏板,在压紧弹簧的作用下,压盘向前移动并压紧从动盘,使接触面的压力逐渐增加,摩擦力矩也逐渐增加,当飞轮、压盘和从动盘之间结合还不紧密时,传递的摩擦力矩较小,离合器的主、从动部分有转速差,离合器处于打滑状态,随着离合器踏板被逐渐抬起,飞轮、压盘和从动盘之间的压紧程度逐渐增大,主、从动部分的转速也渐趋相等,直到离合器完全结合而停止打滑,结合过程结束。图1-1-8为膜片弹簧离合器工作状态示意图,图1-1-9为从动盘结构示意图。

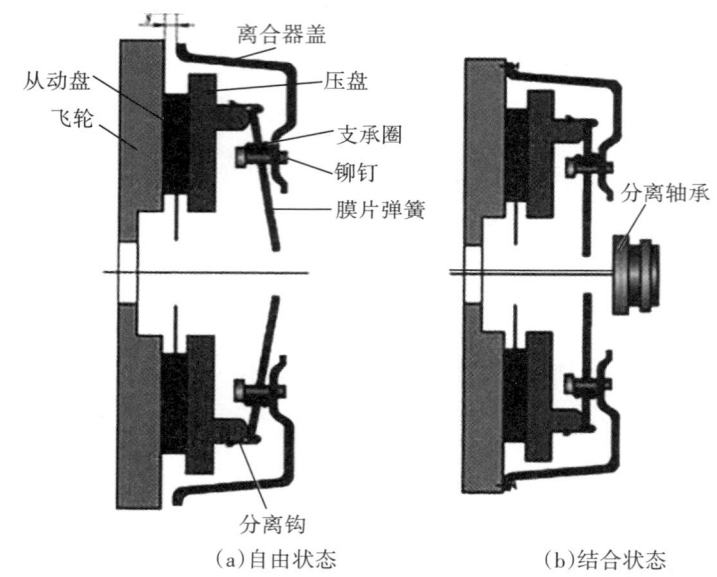

(a)自由状态　　　　(b)结合状态

图1-1-8　膜片弹簧离合器工作状态示意图

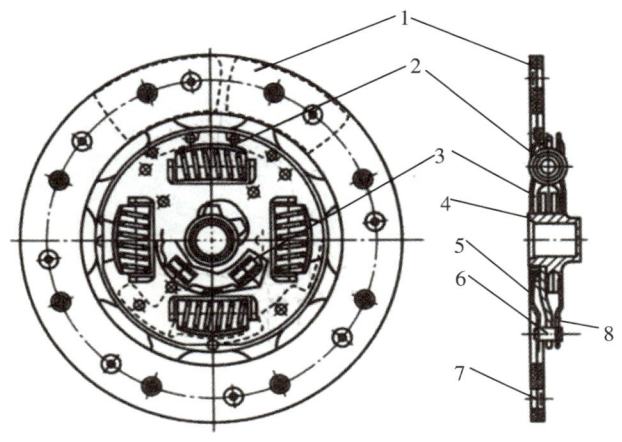

1—摩擦片；2—减振器弹簧；3—预减振装置；4—从动盘轮毂；5—从动盘本体；
6—从动盘铆钉；7—摩擦片铆钉；8—减振器盘

图 1-1-9　从动盘结构示意图

【技能要求】

要求1　汽车传动系统认知

按照发动机与驱动桥的相对位置可以将汽车的驱动形式分为发动机前置、后轮驱动，发动机前置、前轮驱动，发动机后置、后轮驱动，发动机中置、后轮驱动和全轮驱动等几种形式。根据典型传动系统布置形式，认识传动系统零部件名称，结合图 1-1-10 完成表 1-1-1。

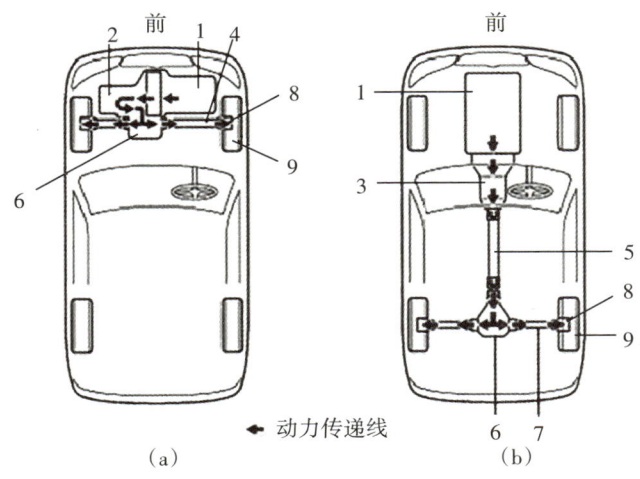

图 1-1-10　传动系统布置形式

表1-1-1 传动系统零部件识别

FF（发动机前置、前轮驱动车辆） 图1-1-（　）		FR（发动机前置、后轮驱动车辆） 图1-1-（　）	
序号	零部件名称	序号	零部件名称
1		1	
2		3	
4		5	
6		6	
8		7	
9	驱动车轮	8	
—	—	9	驱动车轮
优点		优点	

学习检测

一、填空题

1. 汽车底盘由_____、_____、_____和行驶系统等四大系统组成，其作用为接受_____的动力，使汽车运动并保证汽车能够按照驾驶员的操纵而正常行驶。

2. 汽车传动系统是指从_____到_____之间所有动力传递装置的总称，其基本作用是将发动机的动力传给驱动车轮。

3. 传动系统由_____、_____、_____、_____和驱动车轮等部分组成。

4. 行驶系统的作用是支承、安装汽车的各零部件总成，传递和承受车上、车下各种载荷的作用，以保证汽车的正常行驶。主要由_____、_____、_____、_____等组成。

5. 转向系统的作用是保证汽车能够按照驾驶员选定的方向行驶，主要由_____、_____、_____组成。

6. 汽车底盘的总体布置与发动机的位置及汽车的驱动方式有关，一般有_____、_____、_____、_____等。

二、判断题

1. 为防止你自己受到伤害，作业中无论何时都不要裸露皮肤。（　　）

2. 只在指定区域内报废汽油或机油。（　　）

3.作业过程中如果在危险的情况下未受到伤害,就不必汇报。( )

4.事故的发生是因工作间未维护好,或工作者粗心。( )

5.在下列情况下,应考虑佩戴护目镜:进行金属切削加工、用錾子或冲子铲剔、使用压缩空气、使用清洗剂等。( )

6.一般在钣金车间不必佩戴耳罩或耳塞。( )

7.使用带锐边的工具时,锐边不要对着自己和同事。传递工具时要将手柄朝向对方。( )

8.使用压缩空气时,应非常小心,不要将压缩空气对着自己或别人,不要对着地面或设备、车辆乱吹。( )

9.手上应避免有油污,以免工具滑脱。( )

自我训练

任务工单

任务名称	汽车底盘认知	学生姓名	
班　级		学生学号		任务成绩	

一、准备工作

1.工具、设备和材料

教学车辆、举升机。

2.安全防护用品

标准作业装、车内防护三件套、车外防护三件套。

3.检查安全与环保措施,熟悉工作场景

二、汽车信息收集

车牌号码:_____　　车辆型号:_____

VIN码:_____　　行驶里程:_____

三、汽车底盘零部件识别

在汽车上查找汽车底盘零部件,收集相应信息填入表1-1-2至1-1-5中。

项目一　汽车传动系统的拆检　11

1.汽车传动系统零部件识别

表1-1-2　汽车传动系统零部件识别

零部件名称	有无	类型和位置(在对应方框内画"√")
汽车传动系统	有□　无□	发动机前置、前轮驱动□　　发动机前置、后轮驱动□ 发动机机舱□　驾驶室内□　底盘前部□　中部□　后部□
离合器踏板	有□　无□	发动机机舱□　驾驶室内□　底盘前部□　中部□　后部□
离合器主缸	有□　无□	发动机机舱□　驾驶室内□　底盘前部□　中部□　后部□
离合器	有□　无□	发动机机舱□　驾驶室内□　底盘前部□　中部□　后部□
变速器换挡杆	有□　无□	发动机机舱□　驾驶室内□　底盘前部□　中部□　后部□
变速器	有□　无□	手动变速器□　　　　　自动变速器□ 发动机机舱□　驾驶室内□　底盘前部□　中部□　后部□
传动轴	有□　无□	发动机机舱□　驾驶室内□　底盘前部□　中部□　后部□
驱动桥	有□　无□	发动机机舱□　驾驶室内□　底盘前部□　中部□　后部□
主减速器	有□　无□	发动机机舱□　驾驶室内□　底盘前部□　中部□　后部□
差速器	有□　无□	发动机机舱□　驾驶室内□　底盘前部□　中部□　后部□

2.汽车制动系统零部件识别

表1-1-3　汽车制动系统零部件识别

零部件名称	有无	位置(在对应方框内画"√")
制动踏板	有□　无□	发动机机舱□　驾驶室内□　底盘前部□　中部□　后部□
制动总泵	有□　无□	发动机机舱□　驾驶室内□　底盘前部□　中部□　后部□
制动鼓	有□　无□	发动机机舱□　驾驶室内□　底盘前部□　中部□　后部□
制动摩擦片	有□　无□	发动机机舱□　驾驶室内□　底盘前部□　中部□　后部□
制动轮缸	有□　无□	发动机机舱□　驾驶室内□　底盘前部□　中部□　后部□
制动盘	有□　无□	发动机机舱□　驾驶室内□　底盘前部□　中部□　后部□
真空助力器	有□　无□	发动机机舱□　驾驶室内□　底盘前部□　中部□　后部□
制动钳	有□　无□	发动机机舱□　驾驶室内□　底盘前部□　中部□　后部□
驻车制动手柄	有□　无□	发动机机舱□　驾驶室内□　底盘前部□　中部□　后部□

3.汽车行驶系统零部件识别

表1-1-4　汽车行驶系统零部件识别

零部件名称	有无	位置（在对应方框内画"√"）
悬架弹簧	有□　无□	发动机机舱□　驾驶室内□　底盘前部□　中部□　后部□
减振器	有□　无□	发动机机舱□　驾驶室内□　底盘前部□　中部□　后部□
前桥	有□　无□	发动机机舱□　驾驶室内□　底盘前部□　中部□　后部□
下悬臂	有□　无□	发动机机舱□　驾驶室内□　底盘前部□　中部□　后部□
稳定杆	有□　无□	发动机机舱□　驾驶室内□　底盘前部□　中部□　后部□
后桥	有□　无□	发动机机舱□　驾驶室内□　底盘前部□　中部□　后部□
车轮	有□　无□	发动机机舱□　驾驶室内□　底盘前部□　中部□　后部□

4.汽车转向系统零部件识别

表1-1-5　汽车转向系统零部件识别

零部件名称	有无	位置（在对应方框内画"√"）
转向盘	有□　无□	发动机机舱□　驾驶室内□　底盘前部□　中部□　后部□
转向柱	有□　无□	发动机机舱□　驾驶室内□　底盘前部□　中部□　后部□
转向灯	有□　无□	发动机机舱□　驾驶室内□　底盘前部□　中部□　后部□
转向助力油泵	有□　无□	发动机机舱□　驾驶室内□　底盘前部□　中部□　后部□
转向助力油壶	有□　无□	发动机机舱□　驾驶室内□　底盘前部□　中部□　后部□
转向器	有□　无□	发动机机舱□　驾驶室内□　底盘前部□　中部□　后部□
转向节	有□　无□	发动机机舱□　驾驶室内□　底盘前部□　中部□　后部□
转向横拉杆	有□　无□	发动机机舱□　驾驶室内□　底盘前部□　中部□　后部□

要求2　离合器的检测与维修

一、测量离合器踏板高度和自由行程

用钢直尺测量离合器踏板高度,如图1-1-11(a)所示,测量从地面到离合器踏板上表面的距离。如果必须要从地毯表面开始测量,则从标准值中扣除地毯的厚度,或者地毯和沥青纸毡的厚度。

使用手指按压踏板并使用钢直尺测量踏板的自由行程,如图1-1-11(b)所示。

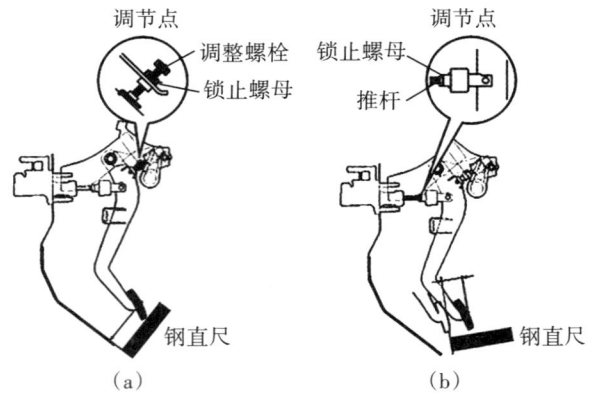

图 1-1-11　离合器踏板高度和自由行程测量

二、离合器踏板调整

（一）自由行程调整

松开推杆锁止螺母[如图 1-1-12(a)所示]，转动踏板推杆[如图 1-1-12(a)所示]直到踏板自由行程正确，上紧推杆锁止螺母，调整好踏板自由行程之后，检查踏板高度。

（二）离合器踏板高度调整

松开限位螺栓锁止螺母[如图 1-1-12(b)所示]，转动限位螺栓[如图 1-1-12(b)所示]直到踏板高度正确，上紧限位螺栓锁止螺母。

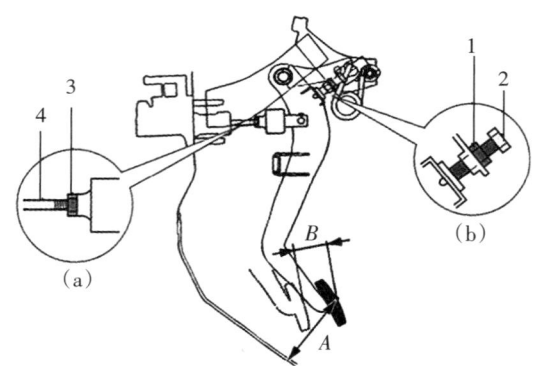

A—踏板高度；B—踏板自由行程

1—限位螺栓锁止螺母；2—限位螺栓；3—推杆锁止螺母；4—踏板推杆

图 1-1-12　离合器踏板调整

三、液压式离合器操纵系统排空

当完成拆装离合器分泵、更换离合器总泵等工作后需要进行离合器操纵系统排空。在排空前需要检查连接管路是否有泄漏及其他异常现象，油面是否过低，液压系统是否正常。具体排空操作方法如下：

（1）拉起驻车制动器,将主缸储液罐中的制动液加至规定高度。

（2）从排气塞螺钉拆除橡胶皮罩,把排气塞螺钉擦拭干净,将透明乙烯软管一端连接到排气塞螺钉,另一端放进容器内,如图1-1-13所示。

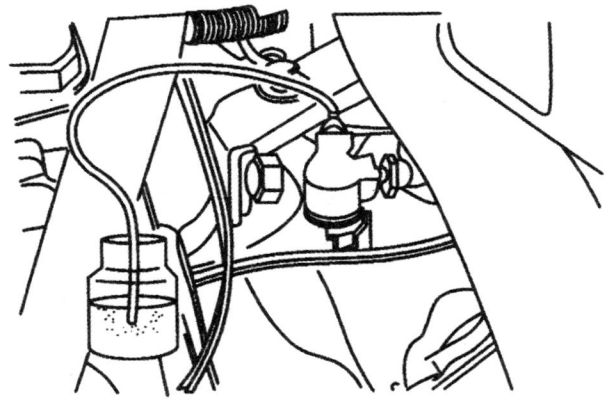

图1-1-13　乙烯软管连接示意图

（3）一人反复踩下离合器踏板,感到有阻力时踩住不动并保持。

（4）另一人拧松离合器分泵排气螺钉,将带气泡的离合器油排进容器内,然后立即拧紧排气螺钉。

（5）缓慢地放开离合器踏板,重复（3）、（4）,直到往容器内排放的离合器油的气泡消失为止。

（6）将离合器油加注到储液罐中,直到液面达到规定位置。

（7）检查离合器踏板的自由行程是否正常。

学习检测

一、选择题

1. 离合器踏板自由行程是指（　　）。

A. 可左右晃动的距离

B. 从开始踩下离合器踏板到压力开始加重的距离

C. 从踩下离合器踏板至踏到底的距离

2. 离合器从动盘磨损后,其踏板自由行程会（　　）。

A. 变大　　　　　　　　B. 变小　　　　　　　　C. 不变

3. 调整离合器自由行程,一般顺时针拧拉杆螺帽,自由行程（　　）。

A. 增大　　　　　　　　B. 减小　　　　　　　　C. 不变

二、判断题

1. 分离杠杆内端高低不一致将导致离合器分离不彻底，并且汽车在起步时车身会发生颤抖现象。（　　）
2. 如果离合器自由间隙过大，从动盘摩擦片磨损变薄后压盘将不能向前移动压紧从动盘，这将导致离合器打滑。（　　）
3. 离合器液压操纵机构漏油、有空气或油量不足，会造成离合器分离不彻底。（　　）

自我训练

任务工单

任务名称	汽车离合器操纵机构的检修	学生姓名	
班　级		学生学号	任务成绩

一、准备工作

1. 工量具、设备和材料

举升机、实训车辆、钢直尺、维修手册、常用工具、干净的抹布。

2. 安全防护用品

标准作业装。

3. 检查安全环保措施，熟悉工作场景

4. 汽车信息收集

车牌号码：_____　　车辆型号：_____

VIN码：_____　　行驶里程：_____

二、完成液压式离合器操纵机构的基本检查

1. 离合器液体渗漏检查

（1）检查离合器总泵、分泵和输油软管是否泄漏。　　□是　□否

（2）检查离合器油量、油质是否正常。　　□是　□否

2. 踩下离合器踏板时，检查是否存在下述故障

（1）踏板的回弹无力。　　□是　□否

（2）异常噪声。　　□是　□否

（3）过度松动。　　□是　□否

（4）感觉踏板重。　　□是　□否

3.用钢直尺测量离合器踏板高度,并记录测量值,将测量结果记录在表1-1-6中

小提示:测量从地面到离合器踏板上表面的距离。如果必须要从地毯表面开始测量,则从标准值中扣除地毯的厚度,或者地毯和沥青纸毡的厚度。

4.使用手指按压踏板并使用钢直尺测量踏板的自由行程,将测量结果记录在表1-1-6中

小提示:用手指按压踏板时,感觉踏板逐渐变重的过程分两步。

第一步:踏板运动直到踏板推杆接触总泵活塞。

第二步:踏板运动直到总泵引起液压上升。

离合器分离轴承推动膜片弹簧之前,随着踏板发生一定量的移动,踏板自由行程也就被确定了。

表1-1-6 离合器踏板检查记录表

检测项目	检查数值	标准数值	维修建议
踏板高度			
踏板自由行程			

三、离合器踏板调整

1.自由行程调整

(1)松开推杆锁止螺母。

(2)转动踏板推杆直到踏板自由行程正确。

(3)上紧推杆锁止螺母。

(4)调整好踏板自由行程之后,检查踏板高度。

2.离合器踏板高度调整

(1)松开限位螺栓锁止螺母。

(2)转动限位螺栓直到踏板高度正确。

(3)上紧限位螺栓锁止螺母。

四、液压式离合器操纵系统排空

1.液压式离合器操纵机构需要排空的情况

(1)判断下列哪些情况下需要排空:

①拆装变速器。　　　　　　　　　　　　　　　□需要　□不需要

②拆装离合器分泵。　　　　　　　　　　　　　□需要　□不需要

③更换离合器总泵。　　　　　　　　　　　　　　　□需要　□不需要

④调整离合器踏板。　　　　　　　　　　　　　　　□需要　□不需要

⑤拆装离合器分片。　　　　　　　　　　　　　　　□需要　□不需要

⑥更换离合器油液。　　　　　　　　　　　　　　　□需要　□不需要

（2）液压系统中混入空气后，如果不排除空气会对车辆产生什么影响？

_____

_____

2.液压式离合器操纵机构排空方法

（1）排空前的检查：

①检查连接管路是否有泄漏及其他异常现象。　　　　　　□任务完成

②如果油面过低，添加油到储液罐至正常位置。　　　　　□任务完成

③将离合器踏板缓缓踩到底，然后松开离合器踏板。检查离合器操纵机构或回位弹簧，记录检查的内容。　　　　　　　　　　　　　　　□任务完成

④当踩下离合器踏板时，液压系统是否正常。　　　　　□是　□否

（2）排空操作方法：

①拉起驻车制动器，将主缸储液罐中的制动液加至规定高度。　□任务完成

②从排气塞螺钉拆除橡胶皮罩，把排气塞螺钉擦拭干净，将透明乙烯软管一端连接到排气塞螺钉，另一端放进容器内。　　　　　　　　　　　□任务完成

③一人反复踩下离合器踏板，感到有阻力时踩住不动并保持。　□任务完成

④另一人拧松离合器分泵排气螺钉，将带气泡的离合器油排进容器内，然后立即拧紧排气螺钉。　　　　　　　　　　　　　　　　　　　□任务完成

⑤缓慢地放开离合器踏板，重复③、④，直到往容器内排放的离合器油的气泡消失为止。　　　　　　　　　　　　　　　　　　　　　　　□任务完成

⑥将离合器油加注到储液罐中，直到液面达到规定位置。　□任务完成

⑦检查离合器踏板的自由行程是否正常。　　　　　　□是　□否

五、当离合器操纵机构检查调整完毕后，要对离合器进行复查

1.检查是否有离合器液体渗漏　　　　　　　　　　　□是　□否

2.检查离合器踏板工作状况是否正常　　　　　　　　□是　□否

3.启动发动机，挂挡是否有异响　　　　　　　　　　□是　□否

要求3　拆卸离合器

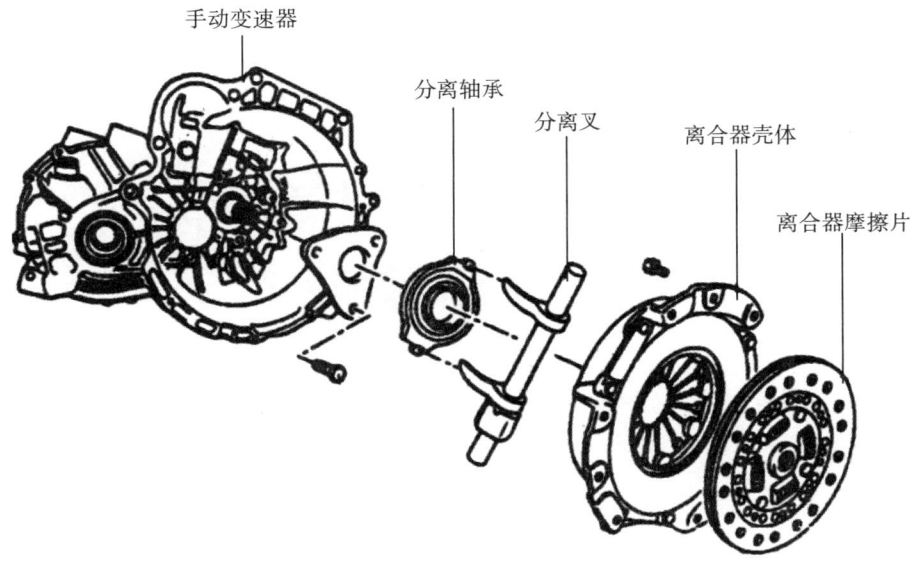

图1-1-14　离合器结构示意图

一、拆卸离合器具体步骤

(1)从蓄电池上脱开蓄电池的负极。

(2)松开所有连接变速器的线束。

(3)拆卸变速器外部换挡机构的所有连接件。

(4)拆卸启动机。

(5)拆卸离合器分泵。

(6)在传动轴的凸缘上做配合记号。

(7)检查发动机后部是否由变速器支撑,如不是,则在修理变速器时必须将发动机支撑起来。

(8)用变速器托架支撑变速器,如图1-1-15所示,拆卸变速器固定螺栓,轻轻转动变速器,并从发动机上取出变速器。

(9)拆卸分离拨叉和分离轴承。

(10)将专用工具(离合器从动盘对中工具)插入离合器从动盘和飞轮,拆下离合器总成,如图1-1-16所示。

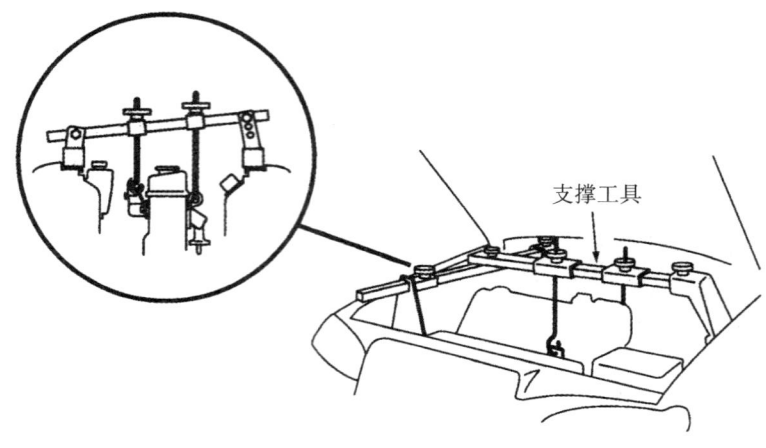

图1-1-15　拆卸手动变速器时,用专用的发动机支撑工具支撑发动机

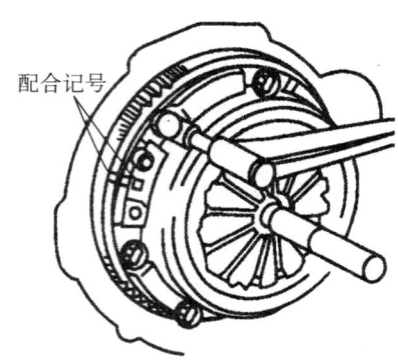

图1-1-16　离合器的拆卸

在离合器罩壳和飞轮上做好配合记号。

按对角线交替、均匀地拧松固定螺栓,每一次拧松固定螺栓一圈,直到弹簧张力消失为止。

拆下安装螺栓和离合器盖。

二、离合器总成检查

(一)直观检查

目检离合器工作表面是否受到油的污染,工作表面磨损是否均匀,压紧弹簧有无损坏,从动盘是否翘曲或严重磨损。

(二)飞轮的检查

(1)目检齿圈轮齿是否有磨损。用专用工具测量磨损沟槽深度。

(2)测量飞轮工作面摆差,检查方法如图1-1-17所示。

(3)检查导向轴承。

导向轴承通常是永久加以润滑而不需清洁或加注润滑油的,一般对它的检查是:一面用手转动轴承,一面向转动方向施加压力,如轴承卡住或阻力过大,则应更换导向轴承。更换导向轴承时,需用专用修理工具(SST)拆装,方法如图1-1-18所示。

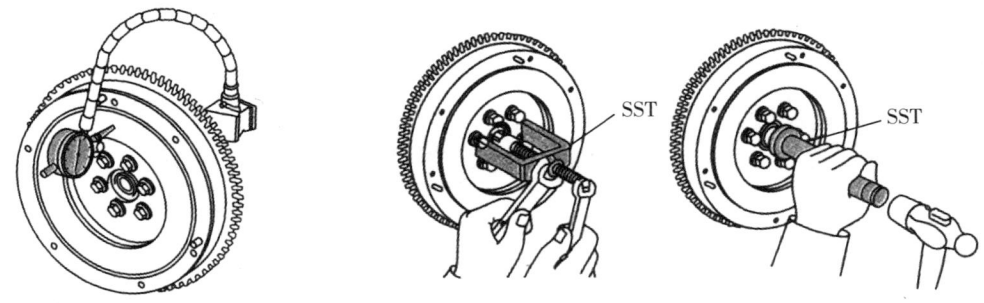

图1-1-17 测量飞轮工作面摆差　　　　图1-1-18 更换导向轴承

(三)压盘的检查

用直尺和塞尺检查压盘的翘曲,如图1-1-19所示。

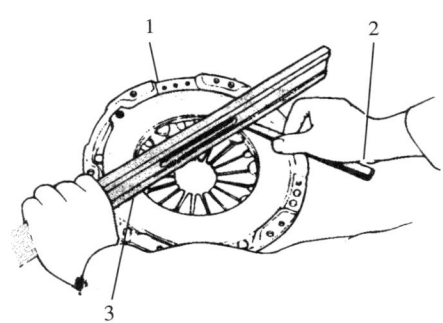

1—压盘;2—塞尺;3—直尺

图1-1-19 压盘的翘曲检查

(四)膜片弹簧的检查

用游标卡尺测量膜片弹簧磨损的深度和宽度,如图1-1-20所示。

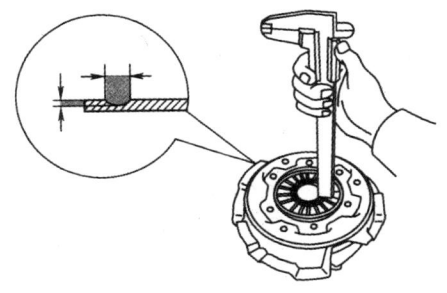

图1-1-20 膜片弹簧磨损的深度和宽度的检查

（五）从动盘的检查

（1）目检从动盘摩擦衬片表面是否有烧焦、开裂，扭转减振器弹簧是否折断，铆钉是否松动。

（2）用游标卡尺检查从动盘厚度，如图1-1-21所示。

（3）用深度千分尺按图1-1-22所示检查铆钉的深度。

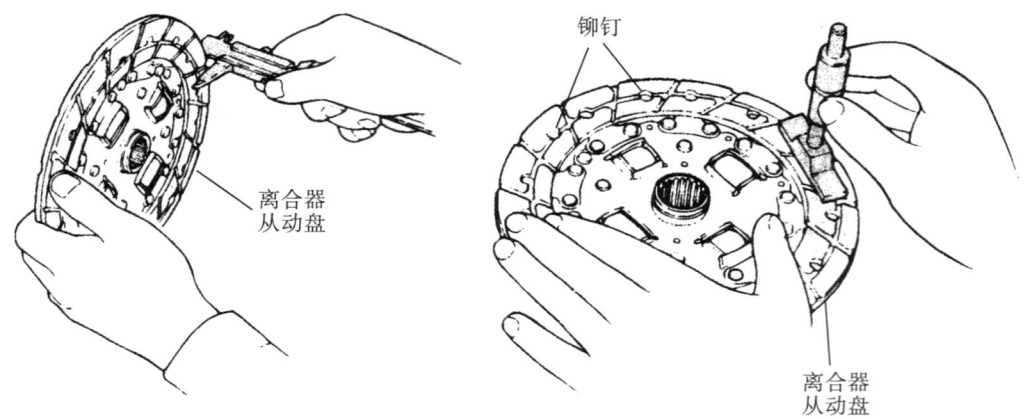

图1-1-21　离合器从动盘厚度的检查　　图1-1-22　用深度千分尺检查铆钉深度

（4）从动盘端面圆跳动检查，如图1-1-23所示。

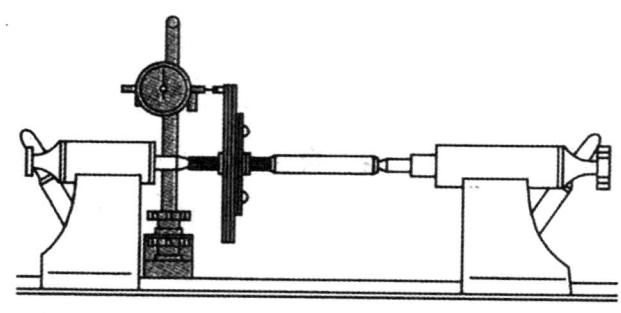

图1-1-23　从动盘端面圆跳动的检查

（5）分离轴承的检查，如图1-1-24所示。用双手旋转分离轴承，检查转动是否灵活以及是否有噪声。

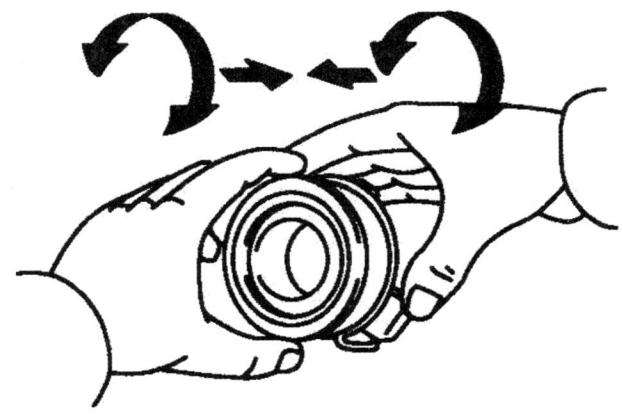

图1-1-24 分离轴承的检查

学习检测

一、选择题

1. 发动机正常运转时,踏下离合器踏板,压盘(　　)。
   A. 就停止转动　　　　B. 仍与飞轮一起旋转　　C. 都不是
2. 离合器从动盘安装在(　　)上。
   A. 发动机曲轴　　B. 变速器输入轴　　C. 变速器输出轴　　D. 变速器中间轴
3. 离合器从动盘中的减振器弹簧的作用是(　　)。
   A. 减少振动　　B. 压紧压盘的机械力　　C. 吸收扭力　　D. 以上都不是
4. 下列哪一个或许不是离合器振动的原因?(　　)
   A. 曲轴轴向间隙过大　　B. 压盘不平衡　　C. 飞轮跳动过大　　D. 飞轮螺栓松动
5. 技师A说离合器沾上渗漏的油,离合器在工作时会打滑。技师B说离合器沾了渗漏的油,离合器在工作时会发出噪声。谁的说法正确?(　　)
   A. 只有技师A说的对　　　　　　　　B. 只有技师B说的对
   C. 技师A和技师B说的都对　　　　　D. 技师A和技师B说的都不对
6. 当调整离合器机构时,技师A说调整分离轴承,技师B说调整飞轮。谁的说法正确?(　　)
   A. 只有技师A说的对　　　　　　　　B. 只有技师B说的对
   C. 技师A和技师B说的都对　　　　　D. 技师A和技师B说的都不对
7. 一台车在离合器工作时发出刮擦噪声。技师A说问题很可能出在同步器。技师B说问题出在过度磨损的离合器刮伤压盘。哪个说法正确?(　　)
   A. 只有技师A说的对　　　　　　　　B. 只有技师B说的对
   C. 技师A和技师B说的都对　　　　　D. 技师A和技师B说的都不对

8.技师A说对离合器从动盘进行厚度检查是很必要的。技师B说对离合器的检查是检查外圆尺寸。谁的说法正确?(　　)

  A.只有技师A说的对　　　　　　　　B.只有技师B说的对

  C.技师A和技师B说的都对　　　　　D.技师A和技师B说的都不对

9.离合器工作时发生刮擦,技师A说是铆钉碰到了压盘。技师B说是铆钉碰到了飞轮表面。谁的说法正确?(　　)

  A.只有技师A说的对　　　　　　　　B.只有技师B说的对

  C.技师A和技师B说的都对　　　　　D.技师A和技师B说的都不对

二、判断题

1.离合器可防止传动系统过载。(　　)

2.压盘不属于离合器主动部分。(　　)

3.膜片弹簧式离合器中的膜片弹簧既是压紧弹簧又是分离杠杆。(　　)

4.离合器在使用过程中,不允许摩擦片与压盘、飞轮之间有任何相对滑移的现象。(　　)

5.离合器从动盘磨损后,其踏板自由行程会变小。(　　)

自我训练

任务工单

任务名称	离合器的更换	学生姓名	
班　级		学生学号	任务成绩

一、准备工作

1.工量具、设备和材料

举升机、实训车辆、变速器托架、百分表、千分尺、常用工具、扭力扳手、维修手册、干净的抹布。

2.安全防护用品

标准作业装、安全鞋、线手套。

3.检查安全与环保措施,熟悉工作场景

4.汽车信息收集

车牌号码:_____　　　车辆型号:_____

VIN码:_____　　　行驶里程:_____

5.拆卸注意事项

（1）拆卸离合器前应先拆下蓄电池负极电缆。

（2）注意每个零部件的安装位置和方向。

（3）工量具及设备使用要合理规范。

（4）注意拆装过程的安全。

二、拆卸离合器

离合器安装在发动机与变速器之间，拆卸离合器之前必须先拆卸变速器。

1.阅读维修手册，小组讨论并记录拆卸离合器的步骤和方法

_____

_____

小提示：

拆卸离合器的主要步骤：

（1）脱开蓄电池的负极；

（2）拆下传动轴；

（3）拆下变速器；

（4）拆下离合器。

2.拆卸离合器的具体步骤

小提示：以下操作步骤为一般的操作规程，具体实践中要以车型维修手册所规定的步骤为准。

（1）从蓄电池上脱开蓄电池的负极。　　　　　　　　　　　　□任务完成

（2）松开所有连接变速器的线束。　　　　　　　　　　　　　□任务完成

（3）拆卸变速器外部换挡机构的所有连接件。　　　　　　　　□任务完成

（4）拆卸启动机。　　　　　　　　　　　　　　　　　　　　□任务完成

（5）拆卸离合器分泵。　　　　　　　　　　　　　　　　　　□任务完成

（6）在传动轴的凸缘上做配合记号。　　　　　　　　　　　　□任务完成

（7）检查发动机后部是否由变速器支撑，如不是，则在修理变速器时必须将发动机支撑起来。　　　　　　　　　　　　　　　　　　　　　　　　　□任务完成

（8）用变速器托架支撑变速器，拆卸变速器固定螺栓，轻轻转动变速器，并从发动机上取出变速器。　　　　　　　　　　　　　　　　　　　　　　　□任务完成

（9）拆卸分离拨叉和分离轴承。　　　　　　　　　　　　　　□任务完成

（10）将专用工具插入离合器从动盘和飞轮，拆下离合器总成。　□任务完成

项目一　汽车传动系统的拆检

三、对离合器总成进行规范检查

如果离合器总成出现问题易导致离合器分离不彻底、打滑、发抖和异响等故障,如何对离合器总成进行规范检查?

1. 离合器总成的直观检查

(1)检查离合器工作表面是否受到油的污染。　　　　　　　　□是　□否

想一想: 当离合器表面受到油的污染时,汽车容易发生哪些故障?阐述其原因。

_____

_____

(2)检查离合器工作表面磨损是否均匀。　　　　　　　　　　□是　□否

(3)检查压紧弹簧有无损坏。　　　　　　　　　　　　　　　□有　□无

(4)检查离合器从动盘是否翘曲或严重磨损。　　　　　　　　□是　□否

想一想: 当离合器从动盘翘曲时,汽车容易发生哪些故障?阐述其原因。

_____

_____

2. 飞轮的检查

(1)检查齿圈轮齿是否有磨损。　　　　　　　　　　　　　　□是　□否

(2)测量磨损沟槽深度。

测量磨损沟槽深度:_____;标准值:_____;结论:_____(合格/不合格)

(3)测量飞轮工作面摆差。

测量工作面摆差:_____;标准值:_____;结论:_____(合格/不合格)

(4)检查导向轴承是否正常。　　　　　　　　　　　　　　　□正常　□不正常

3. 压盘和离合器盖的检查

(1)直观检查压盘和离合器盖是否有裂纹或变形。　　　　　　□是　□否

(2)检查压盘是否存在严重的磨损。　　　　　　　　　　　　□是　□否

小提示: 工作表面的轻微磨损,可用油石修平,磨损沟槽深度超过0.50 mm,应修平平面,压盘的极限减薄量不得大于1.00 mm,修整后压盘的平面度误差不得大于0.10 mm,而且应进行静平衡试验。

(3)检查压盘的翘曲。

测量压盘的翘曲值:_____;标准值:_____;结论:_____(合格/不合格)

(4)测量离合器盖与飞轮的接合面的平面度公差。

测量平面度公差值：_____；标准值：_____；结论：_____（合格/不合格）

4. 膜片弹簧磨损的深度和宽度检查

深：____，标准值：____；宽：____，标准值：____；结论：____（合格/不合格）

5. 从动盘的检查

（1）检查从动盘摩擦衬片表面是否有烧焦、开裂。　　　　　□是　□否

（2）检查扭转减振器弹簧是否折断。　　　　　　　　　　　□是　□否

（3）检查铆钉是否松动。　　　　　　　　　　　　　　　　□是　□否

（4）用游标卡尺检查从动盘厚度。

厚度测量值：_____；极限值：_____；结论：_____（合格/不合格）

（5）用深度千分尺按图1-1-22检查铆钉的深度。

深度测量值：_____；极限值：_____；结论：_____（合格/不合格）

小提示： 测量应从摩擦衬片的表面到铆钉，两面都要测。铆钉头深度小于0.50 mm，应更换新片。

（6）从动盘端面圆跳动检查。

跳动量：_____；极限值：_____；结论：_____（合格/不合格）

6. 分离轴承的检查

（1）检查运转是否灵活。　　　　　　　　　　　　　　　　□是　□否

（2）检查运转是否有噪声。　　　　　　　　　　　　　　　□是　□否

四、离合器装配

离合器的装配是离合器修复后的重要工序，它直接影响离合器的正常工作。

1. 小组讨论离合器的主要装配步骤和方法

_____

_____

2. 使用专用工具SST将离合器从动盘安装在飞轮上，如图1-1-25所示　□任务完成

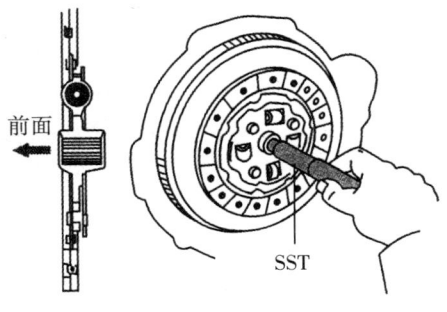

图1-1-25　离合器从动盘的安装

小提示：安装离合器从动盘时,要注意安装方向。

想一想：使用专用工具SST安装离合器从动盘的目的是什么?

_____

_____

3.安装离合器盖

（1）对准离合器盖和飞轮的配合记号。　　　　　　　　　　　□任务完成

（2）按图1-1-26所示的次序均匀地分几次拧紧螺栓。　　　　□任务完成

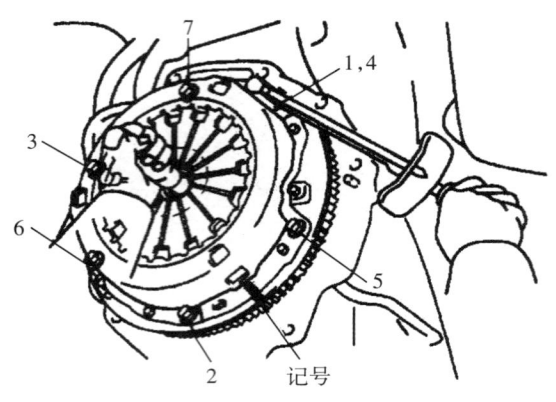

图1-1-26　离合器盖的装配

小提示：第一个螺栓位于定位销附近,上下、左右轻微晃动SST确认从动盘对中后,再拧紧螺栓,拧紧离合器盖安装螺栓至规定扭矩时,要使用扭力扳手。

4.检查并调整离合器盖

（1）用带滚轮的百分表检查膜片弹簧内侧平整度,如图1-1-27所示。

平整度：_____；极限值：_____；结论：_____（合格/不合格）

（2）如果平整度不合格,用SST进行调整,如图1-1-28所示。

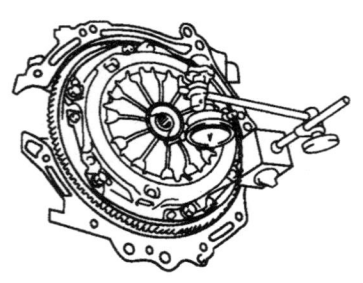　　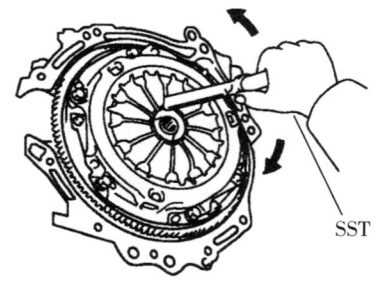

图1-1-27　膜片弹簧平整度检查　　图1-1-28　膜片弹簧调整

5.安装分离拨叉和分离轴承　　　　　　　　　　　　　　　　□任务完成

6.按拆卸的相反顺序安装其他拆卸下来的零部件,记录主要步骤　　□任务完成

主要步骤有:

_____

_____

五、检查离合器

离合器装配完成后,检查离合器能否正常工作。

1.检查离合器工作状况

(1)用举升机将车辆升起,使车轮稍离地面。　　　　　　　□任务完成

(2)将变速器置于空挡,点火开关旋至启动(START)位置,启动发动机。

□任务完成

(3)发动机启动后,踩下离合器踏板时应没有任何异常响声。　□正常　□不正常

(4)完全踩下离合器踏板后,然后依次将变速器的每一个挡位挂一次,此时变速器应没有齿轮撞击声,应能够很顺利挂入所选挡位。　　　　　□正常　□不正常

2.检查离合器是否有打滑现象

(1)安装车轮挡块,拉起驻车制动。　　　　　　　　　　　□任务完成

(2)启动发动机,挂上低速挡(1挡或2挡)。　　　　　　　　□任务完成

(3)慢慢抬起离合器踏板,逐渐加大油门起步,如果汽车不动,发动机也不熄火,这就说明离合器打滑。　　　　　　　　　　　　　　　　　□正常　□不正常

3.试车检查并记录检查结果

试车检验记录:

_____

_____

【评价与反馈】

班级:_____　姓名:_____　指导教师:_____

序号	考核项目	配分	考核内容	配分	考核标准	得分
1	出勤/纪律	10	出勤	4	违规一次不得分	
			行为规范	6	违规一次不得分	
2	安全/保护/环保	20	着装	4	违规一次不得分	
			个人防护	4	违规一次不得分	

续表

序号	考核项目	配分	考核内容	配分	考核标准	得分
3	学习能力	60	8S/EHS[①]	4	违规一次不得分	
			设备使用安全	4	违规一次不得分	
			操作安全	4	违规一次不得分	
			工单填写、工艺计划制订	10	未做不得分	
			学习总结	10	酌情扣1~4分	
			自我训练	40	未做不得分	
4	任务拓展	10	知识拓展任务	5	未做不得分	
			技能拓展任务	5	未做不得分	
	总分	100				
教师评价	优点					
	存在问题					
	解决方案					
教师签字:						

① 指 EHS(Environment Health Safety)管理体系。

任务二　手动变速器异响故障的拆检

【任务描述】

　　一辆汽车被送进厂检修，客户反映汽车在行驶过程中，换挡时，会突然出现撞击声。经维修技师初步检查判断为汽车变速器的故障。汽车维修人员需要根据维修手册相关要求，在规定时间内完成对变速器的检查与零部件的更换，自检合格后交付班组长验收。

【学习重点】

　　(1)能查阅维修手册，列举手动变速器的结构和描述工作原理。
　　(2)能列举手动变速器异响故障的原因。
　　(3)能掌握拆装工具使用方法，文明操作，安全生产。
　　(4)能在作业过程中自我检查规范操作的情况，做好过程记录。
　　(5)能合理回收废弃物，整理零部件。
　　(6)能对相关资料、互联网资源进行检索，完成工单、工作页的填写。

【建议学时】

　　8学时。

【学习地点】

　　一体化工作站。

【学习准备】

　　手动变速器总成、互联网资源、车辆、常用维修工具与量具、多媒体设备。

【学习过程】

一、变速器的作用

　　(1)改变传动比，满足不同行驶条件下对牵引力的需要，使发动机尽量工作在有利的工况下，满足可能的行驶速度要求。
　　(2)实现倒车行驶，用来满足汽车倒退行驶的需要。
　　(3)中断动力传递。在发动机启动、急速运转，汽车换挡或需要停车进行动力输出时，中断向驱动轮的动力传递。

（4）实现空挡。当离合器接合时，变速箱可以不输出动力。

二、变速器的分类

（一）按传动比的变化方式划分

变速器可分为有级式、无级式和综合式3种。

（1）有级式变速器：齿轮轴线固定的普通齿轮变速器和部分齿轮轴线旋转的行星齿轮变速器两种。

（2）无级式变速器：液力式、机械式和电力式等。

（3）综合式变速器：由有级式变速器和无级式变速器共同组成。

（二）按操纵方式划分

变速器可以分为强制操纵式、自动操纵式和半自动操纵式3种。

（1）强制操纵式变速器：靠驾驶员直接操纵变速杆换挡。

（2）自动操纵式变速器：传动比的选择和换挡是自动进行的。

（3）半自动操纵式变速器：可分为两类，一类是部分挡位自动换挡，部分挡位手动（强制）换挡；另一类是预先用按钮选定挡位，在踩下离合器踏板或松开加速踏板时，由执行机构自行换挡。

三、手动变速器组成

手动变速器由变速传动机构和变速操纵机构组成，有些汽车还有动力输出机构。如图1-2-1为变速器的安装位置。图1-2-2为变速器壳体。

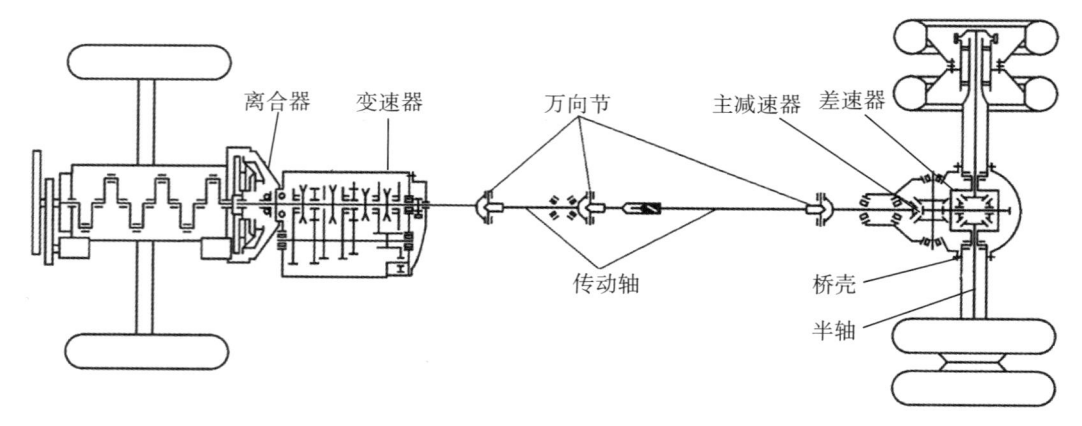

图1-2-1　变速器的安装位置

图 1-2-2　变速器壳体

（一）手动变速器变速传动机构

手动变速器变速传动机构主要由输入轴、各挡位齿轮、同步器、输出轴、倒挡轴、中间轴等组成。图 1-2-3、图 1-2-4 分别为变速器中间轴、倒挡齿轮。常见类型有两轴式和三轴式。

图 1-2-3　变速器中间轴　　　　图 1-2-4　倒挡齿轮

（二）手动变速器变速操纵机构

手动变速器变速操纵机构主要由操纵装置、锁止装置及变速器盖等组成。

四、变速器的传递路线

手动变速器各挡位传递路线如下：

（一）一挡

变速器挂入一挡，使一、二挡同步器与一挡从动齿轮结合。动力经输入轴的常啮合齿轮—中间轴常啮合齿轮—中间轴一挡主动齿轮—一挡从动齿轮—一、二挡同步器—输出轴输出。

（二）二挡

变速器挂入二挡，使一、二挡同步器与二挡从动齿轮结合。动力经输入轴的常啮合齿轮—中间轴常啮合齿轮—中间轴二挡主动齿轮—二挡从动齿轮—一、二挡同步器—输出轴输出。

（三）三挡

变速器挂入三挡，使三、四挡同步器与三挡从动齿轮结合。动力经输入轴的常啮合齿轮—中间轴常啮合齿轮—中间轴三挡主动齿轮—三挡从动齿轮—三、四挡同步器—输出轴输出。

（四）四挡

变速器挂入四挡，使三、四挡同步器与四挡从动齿轮结合。动力经输入轴的常啮合齿轮—中间轴常啮合齿轮—中间轴四挡主动齿轮—四挡从动齿轮—三、四挡同步器—输出轴输出。

（五）五挡

变速器挂入五挡，使五挡、倒挡同步器与五挡从动齿轮结合。动力经输入轴的常啮合齿轮—中间轴常啮合齿轮—中间轴五挡主动齿轮—五挡从动齿轮—五挡、倒挡同步器—输出轴输出。

（六）倒挡

变速器挂入倒挡，使五挡、倒挡同步器与倒挡从动齿轮结合。动力经输入轴的常啮合齿轮—中间轴常啮合齿轮—中间轴的倒挡主动齿轮—倒挡惰轮—倒挡从动齿轮—五挡、倒挡同步器—输出轴输出。

（七）七挡

输出轴上的结合套、传动齿轮均处于中间空转的位置，动力不传给第二轴。

【技能要求】

要求1　手动变速器的检测与维修

一、变速器的就车检查

（1）运转车辆进行换挡检查：变速器操纵机构是否松旷，变速器各挡位换挡是否正常，变速器运转时是否有异常响声（空挡运行状态是否有异常响声，前进挡运行状态是否有异常响声，倒挡运行状态是否有异常响声）。

（2）举升车辆检查：变速器通气塞是否堵塞，变速器壳体是否有变形和损坏，变速器各配合表面是否有漏油。拆下加注塞和垫圈，用手检查油面高度，油面应高于加注口下边缘 5 mm 以内。油量过少或过量均可能引起故障。手动变速器油液应该保持正常的颜色和气味，如果油液脏了则需要更换。如果油液呈乳液状则表明变速器油液进水。

二、变速器油液检查与更换

汽车在行驶一定里程之后,手动变速器的油质会发生变化,容易导致手动变速器故障。为了避免故障的发生,应该结合汽车的使用条件,定期进行手动变速器油液的更换。步骤如下:

(1)汽车停置在水平地面上,如果汽车是冷车,应启动汽车使用变速器使油温达到一定温度。

(2)用举升机安全地将汽车举升到工作高度。

(3)在放油螺栓下方放置一个集油盘,拆下放油塞,排放手动变速器油液。

(4)检查变速器油液是否含有大量的铜屑和铁屑。

小提示:手动变速器油液应该保持正常的颜色和气味,如果油液脏了则需要更换。如果油液成乳液状则表明变速器油液进水,如果油液中带有白色或黄色的金属碎片则说明变速器的内部磨损严重。

(5)拧紧放油塞,拆下加注螺栓,加注变速器油液,直到加注口有变速器油液流出为止。

(6)更换新的垫圈并安装加注塞。

(7)检查变速器油液是否泄漏并降下汽车,汽车复位与清洁。

学习检测

一、填空题

1.手动变速器按齿轮的传动方式分_____变速器和_____变速器,两轴式变速器用于_____的汽车,一般与驱动桥(前桥)合称为_____。

2.手动变速器外操纵机构分为_____和_____两大类。

3.对于前置前驱车辆,变速器安装方向分_____和横向布置两种,_____布置变速器需要改变传动力方向。

4.目前,国际上采用_____与_____的分类标准来标定齿轮油。

5.手动变速器结构包括_____和_____两大部分。

二、判断题

1.变速器第一轴与第二轴相互平行且在同一条直线上,因此,第一轴转动第二轴也随着转。( )

2.变速器倒挡传动比数值设计得较大,一般与一挡传动比数值相近。这主要是为了倒车时,汽车具有足够大的驱动力。( )

3.EQ1090E型汽车变速器挂前进挡(一挡)和挂倒挡的操纵方法不相同。(　　)

4.变速器的挡数是指前进挡的个数外加倒挡的个数。(　　)

5.直接操纵式变速器多用于发动机前置、后轮驱动的车辆。(　　)

6.远距离操纵式变速器多用于发动机前置、后轮驱动的车辆。(　　)

自我训练

任务工单

任务名称	手动变速器的检查与维护	学生姓名	
班级		学生学号	任务成绩

一、准备工作

1.工具、设备和材料

常用工具、举升机、维修手册、干净的抹布、齿轮油。

2.安全防护用品

标准作业装、安全鞋、手套。

3.检查安全与环保措施，熟悉工作场景

4.汽车信息收集

车牌号码：＿＿＿＿＿＿＿＿　　车辆型号：＿＿＿＿＿＿＿＿

VIN码：＿＿＿＿＿＿＿＿　　　行驶里程：＿＿＿＿＿＿＿＿

车辆故障现象描述：＿＿＿＿＿＿＿＿＿＿＿＿＿＿＿＿

二、手动变速器的铭牌识别

一种型号的手动变速器，可能装在多种类型的汽车上。因此，在进行维修工作之前，首先应该确认所维修的手动变速器的型号，这样才能获得准确的维修数据，并保证随后的工序、特殊过程处理及安装的正确。手动变速器型号是根据变速器的铭牌确定的，在铭牌上通常标出变速器的代码、生产日期、制造厂商等信息。

1.查找实训汽车的手动变速器铭牌，描述铭牌的位置及铭牌的内容

车型：＿＿＿＿＿＿＿＿＿＿　　铭牌位置：＿＿＿＿＿＿＿＿

铭牌内容：＿＿＿＿＿＿＿＿＿＿＿＿＿＿＿＿＿＿＿＿＿＿

＿＿＿＿＿＿＿＿＿＿＿＿＿＿＿＿＿＿＿＿＿＿＿＿＿＿＿＿

＿＿＿＿＿＿＿＿＿＿＿＿＿＿＿＿＿＿＿＿＿＿＿＿＿＿＿＿

2.查找维修手册,解释铭牌内容

_____

_____

3.根据变速器的型号,查找维修手册,将手动变速器油液的更换周期、类型及加注量记录下来

(1)变速器型号:_____

(2)变速器油液更换周期:_____

(3)变速器油液的类型:_____

(4)变速器油液的加注量:_____

三、变速器的就车检查

1.运转车辆进行换挡,检查以下项目

(1)检查变速器操纵机构是否松旷。　　　　　　　　　　□是　□否

(2)检查变速器各挡位换挡是否正常。　　　　　　　　　□是　□否

(3)检查变速器运转时是否有异常响声。

①检查空挡运行状态是否有异常响声。　　　　　　　　□是　□否

②检查前进挡运行状态是否有异常响声。　　　　　　　□是　□否

③检查倒挡运行状态是否有异常响声。　　　　　　　　□是　□否

2.举升车辆检查以下项目

(1)检查变速器通气塞是否堵塞。　　　　　　　　　　　□是　□否

(2)检查变速器壳体是否有变形和损坏。　　　　　　　　□是　□否

(3)检查变速器各配合表面是否有漏油。　　　　　　　　□是　□否

(4)拆下加注塞和垫圈,用手检查油面高度,变速器油量是否正常。　□是　□否

四、变速器油液检查与更换

(1)汽车停置在水平地面上,如果汽车是冷车,应启动汽车使用变速器使油温达到一定温度。　　　　　　　　　　　　　　　　　　　　　　　　　□任务完成

(2)用举升机安全地将汽车举升到工作高度。　　　　　　□任务完成

(3)在放油螺栓下方放置一个集油盘,拆下放油塞,排放手动变速器油液。

□任务完成

(4)检查变速器油液状况。

①变速器油液是否含有大量铜屑。　　　　　　　　　　□是　□否

②变速器油液是否含有大量铁屑。　　　　　　　　　　□是　□否

根据①、②的检查,结论是:变速器磨损_____(是/否)严重。

(5)拧紧放油塞,拆下加注螺栓,加注变速器油液,直到加注口有变速器油液流出为止。　　　　　　　　　　　　　　　　　　　　　□任务完成

(6)更换新的垫圈并安装加注塞。　　　　　　　　　　　□任务完成

(7)检查变速器油液是否泄漏并降下汽车,汽车复位与清洁。　　□任务完成

五、制订并实施手动变速器外操纵机构调整方案

汽车换挡困难主要有手动变速器内部及其外操纵机构两方面的原因。

以五挡变速器为例,在教师的指导下,制订并实施手动变速器外操纵机构调整方案。

1.判断车辆故障现象

_____

_____

2.制订调整方案

_____

_____

3.实施调整方案,调整结果

_____

_____

要求2　五挡变速器的拆检

一、五挡变速器解体步骤

(1)拆下变速器左箱侧盖。

(2)拆卸五挡齿轮机构。

(3)拆卸换挡机构及倒挡开关。

(4)拆下换挡互锁螺栓及垫圈。

(5)拆卸倒挡轴螺栓及垫圈。

(6)从外侧拆下11个变速箱螺栓,并从隔板侧拆下另外两个螺栓。用塑料锤敲打左箱凸缘,拆下左箱。

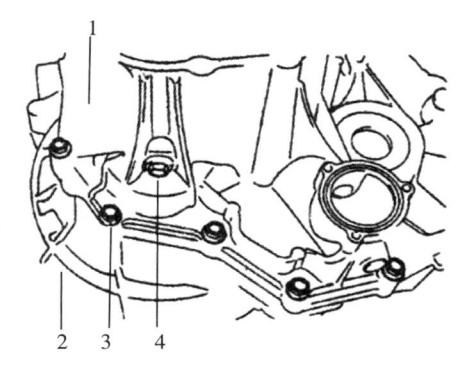

1—左箱；2—右箱；3—变速箱螺栓；4—倒挡轴螺栓

图1-2-5 变速箱及螺栓

（7）拆下换挡轴拨叉。

（8）拉出倒挡轴及垫圈，然后拆下倒挡中间齿轮，拉出五挡/倒挡导轴以及五挡/倒挡换挡轴。

（9）用塑料锤敲打输入轴端部，将输入轴总成从右箱中推出一点，然后取出输入轴总成以及高、低速换挡轴，如图1-2-6所示。

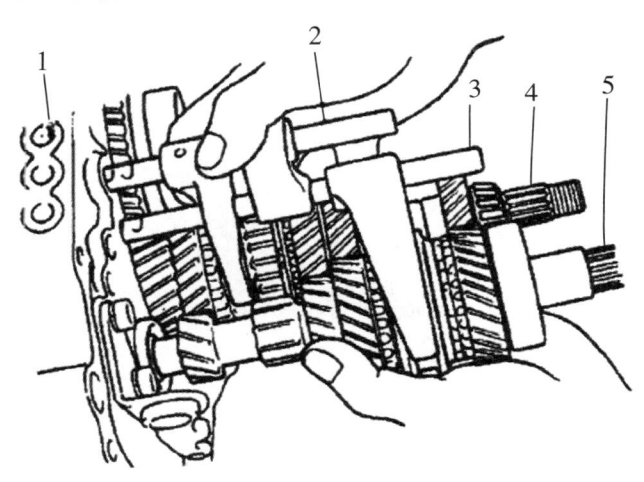

1—右箱；2—低速换挡轴；3—高速换挡轴；4—输出轴总成；5—输入轴总成

图1-2-6 拆卸输入轴及输出轴

（10）拆卸变速器右箱。

①从右箱拆下差速齿轮总成。

②用专用工具（轴承拆卸工具和滑动轴）拆下输入轴油封。

③从右箱取出磁铁。

④拆下换挡臂。

项目一 汽车传动系统的拆检　39

学习检测

一、选择题

1. 下列哪个齿轮传动比表示超速传动?(　　)
   A.2.15∶1　　　　B.1∶1　　　　C.0.85∶1　　　　D.以上都不表示

2. 哪种齿轮高速转动有噪声?(　　)
   A.直齿轮　　　　B.斜齿轮　　　　C.A和B

3. 惰轮位于主动齿轮和从动齿轮之间,从动齿轮(　　)。
   A.转动方向与主动齿轮相同　　　　B.转动方向与主动齿轮相反
   C.保持静止　　　　D.转动加快

4. 用来确保将主轴和变速齿轮锁在一起同速转动的部件称为(　　)。
   A.同步器　　　　B.换挡杆系　　　　C.换挡拨叉　　　　D.分动器

5. 技师甲说,从动齿轮齿数除以主动齿轮齿数可以确定传动比。技师乙说,从动齿轮转速除以主动齿轮转速可以确定传动比。谁的说法正确?(　　)
   A.甲正确　　　　B.乙正确　　　　C.两人均正确　　　　D.两人均不正确

6. 变速器工作时的"咔嗒"噪声可能是(　　)。
   A.输入轴磨损　　　　B.同步器故障
   C.油封失效　　　　D.齿轮磨损、折断,齿面剥落

7. 变速器自锁装置的作用是(　　)。
   A.防止跳挡　　　　B.防止同时挂上两个挡
   C.防止误挂倒挡　　　　D.防止互锁

8. 关于乱挡原因,下列说法错误的是(　　)。
   A.互锁装置失效,如拨叉轴、互锁销或互锁钢球磨损过大
   B.变速杆下端弧形工作面磨损过大或拨叉轴上拨块的凹槽磨损过大
   C.变速杆球头定位销折断或球孔、球头磨损过大导致松旷
   D.自锁装置的钢球或凹槽磨损严重,自锁弹簧疲劳过软或折断

9. 前进挡和倒挡有噪声,而空挡没有,故障可能是(　　)。
   A.输出轴损坏　　　　B.输入轴轴承损坏
   C.A和B　　　　D.以上都不是

10. 汽车跳入空挡,特别是容易发生在减速时或下坡时,技师甲说应检查换挡杆和内部杆系;技师乙说,离合器导向轴承可能有故障。谁的说法正确?(　　)
    A.甲正确　　　　B.乙正确　　　　C.两人均正确　　　　D.两人均不正确

二、判断题

1. 发动机横置前轮驱动车辆,主减速器采用一对圆柱齿轮,如捷达轿车。(　　)
2. 发动机纵置前轮驱动车辆,主减速器采用一对圆柱齿轮,如桑塔纳轿车。(　　)
3. 变速器齿轮应成对更换。(　　)
4. 在装配同步器时,花键毂的细槽应朝向接合套拨叉槽一侧。(　　)
5. 自锁装置用于防止变速器自动脱挡或挂挡,并保证轮齿以全齿宽啮合。(　　)

自我训练

任务工单

任务名称	手动变速器的总成检修	学生姓名	
班　级		学生学号		任务成绩	

一、准备工作

1. 工量具、设备与材料

常用工具、专用工具、量具、维修手册、干净的抹布、齿轮油、手动变速器车辆或手动变速器总成。

2. 安全防护用品

标准作业装、安全鞋、手套。

3. 检查安全与环保措施,熟悉工作场景

4. 汽车信息收集

车牌号码:_____　　车辆型号:_____

VIN 码:_____　　行驶里程:_____

5. 变速器拆装注意事项

(1)防止零件工作表面被擦伤,如不当的敲击和放置等。

(2)注意每个零件的安装位置和方向。

(3)拆下的零件需要合理摆放。

(4)工具的使用要合理规范。

二、目检手动变速器的外观

在拆装手动变速器前,为了检查零件是否齐备和有无损坏,需进行手动变速器的外观目检。

变速器壳体检查：

（1）检查变速器外壳是否有裂纹。　　　　　　　　　　□是　□否

（2）检查变速器是否漏油。　　　　　　　　　　　　　□是　□否

（3）检查倒挡开关是否存在。　　　　　　　　　　　　□是　□否

（4）检查分离拨叉防尘套是否有裂纹。　　　　　　　　□是　□否

三、五挡变速器解体

（1）拆下变速器左箱侧盖。　　　　　　　　　　　　　□任务完成

（2）拆卸五挡齿轮机构。　　　　　　　　　　　　　　□任务完成

（3）拆卸换挡机构及倒挡开关。　　　　　　　　　　　□任务完成

（4）拆下换挡互锁螺栓及垫圈。　　　　　　　　　　　□任务完成

（5）拆卸倒挡轴螺栓及垫圈。　　　　　　　　　　　　□任务完成

（6）从外侧拆下11个变速箱螺栓，并从隔板侧拆下另外两个螺栓。用塑料锤敲打左箱凸缘，拆下左箱。　　　　　　　　　　　　　　　　　　□任务完成

（7）拆下换挡轴拨叉。　　　　　　　　　　　　　　　□任务完成

（8）拉出倒挡轴及垫圈，然后拆下倒挡中间齿轮，拉出五挡/倒挡导轴以及五挡/倒挡换挡轴。　　　　　　　　　　　　　　　　　　　　　□任务完成

（9）用塑料锤敲打输入轴端部，将输入轴总成从右箱中推出一点，然后取出输入轴总成以及高、低速换挡轴。　　　　　　　　　　　　　　　□任务完成

（10）拆卸变速器右箱。

①从右箱拆下差速齿轮总成。　　　　　　　　　　　　□任务完成

②用专用工具（轴承拆卸工具和滑动轴），拆下输入轴油封。　□任务完成

③从右箱取出磁铁。　　　　　　　　　　　　　　　　□任务完成

④拆下换挡臂。　　　　　　　　　　　　　　　　　　□任务完成

四、分析变速器传动过程

对于已拆卸变速器，你能分析它是怎样工作的吗？

变速器传动示意图：

五、两轴式变速器输入轴与输出轴分解

1. 变速器齿轮与轴部件位置,如图1-2-7所示

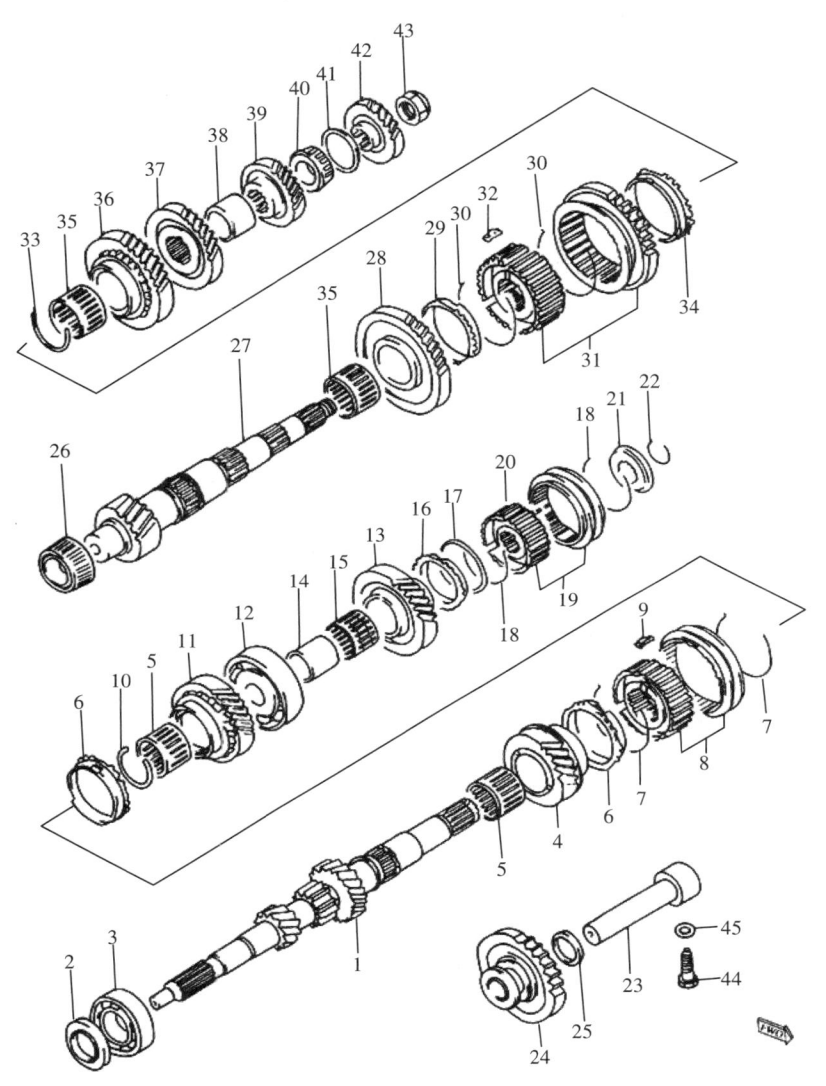

1—输入轴;2—油封;3—输入轴右轴承;4—输入轴三挡齿轮;5—三、四挡齿轮滚针轴承;6—高速同步器齿环;7—高速同步器弹簧;8—高速同步器毂套组件;9—高速同步器滑块;10—挡圈;11—输入轴四挡齿轮;12—输入轴左轴承;13—输入轴五挡齿轮;14—五挡齿轮隔套;15—五挡齿轮轴承;16—五挡同步器齿环;17—五挡同步器齿环卡簧;18—五挡同步器弹簧;19—五挡同步器毂套组件;20—五挡同步器滑块;21—五挡同步器毂板;22—挡圈;23—倒挡齿轮轴;24—倒挡中间齿轮;25—倒挡轴垫圈;26—输出轴右轴承;27—输出轴;28—输出轴一挡齿轮;29—输出轴一挡同步器齿环;30—低速同步器弹簧;31—低速同步器毂套组件;32—低速同步器滑块;33—挡圈;34—二挡同步器齿环;35—一挡和二挡齿轮轴承;36—输出轴二挡齿轮 37—输出轴三挡齿轮;38—三挡、四挡齿轮隔套;39—输出轴四挡齿轮;40—输出轴左轴承;41—轴承调整垫片;42—输出轴五挡齿轮;43—输出轴螺母;44—倒挡轴螺栓;45—垫圈

图1-2-7 变速器齿轮与轴部件位置

2.查询维修手册,列举分解变速器输入轴和输出轴需要用到的专用工具和设备

_____

_____

3.根据变速器齿轮与轴部件位置,查询维修手册,在教师的指导下,制订并实施输入轴和输出轴的分解方案

(1)输入轴分解方案:

①用轴承拆卸工具和压力机,拆下输入轴右轴承。　　　　　□任务完成

②用拆卸工具和压力机一起压出五挡齿轮隔套、左轴承和四挡齿轮。

□任务完成

③拆下四挡齿轮滚针轴承和高速同步器齿环。　　　　　　□任务完成

④用专用工具拆下挡圈。　　　　　　　　　　　　　　　□任务完成

⑤用拆卸工具和压力机,压出高速同步器毂套组件及三挡齿轮。　□任务完成

⑥从轴上拆下三挡齿轮滚针轴承。　　　　　　　　　　　□任务完成

⑦分解同步器毂套组件。　　　　　　　　　　　　　　　□任务完成

(2)输出轴分解方案:

①用拆卸工具和压力机,拆卸左轴承内圈和四挡齿轮。　　　□任务完成

②将拆卸工具装在二挡齿轮上,用压力机将三挡和四挡齿轮隔套连同二挡齿轮一起压出。滚针轴承与二挡齿轮一起压出。　　　　　　　　□任务完成

③取出二挡同步器齿环。　　　　　　　　　　　　　　　□任务完成

④用专用工具,拆下挡圈。　　　　　　　　　　　　　　□任务完成

⑤将拆卸工具装在一挡齿轮上,用压力机将低速同步器毂套组件连同一挡齿轮一起压出。　　　　　　　　　　　　　　　　　　　　　□任务完成

⑥分解同步器毂套组件。　　　　　　　　　　　　　　　□任务完成

⑦从轴上取出滚针轴承。　　　　　　　　　　　　　　　□任务完成

⑧用拆卸工具、金属棒和压力机,压出右轴承内圈。　　　　□任务完成

七、对于已拆卸下的变速器零件,怎样判断是继续使用还是更换

彻底清洗所有零件,并检查各零件是否正常,需要时,应换用新件。

1.齿轮、轴承与卡簧检查

(1)齿轮有无剥落、斑点。　　　　　　　　　　　　□有　□无

(2)轴承有无剥落、松旷。　　　　　　　　　　　　□有　□无

(3)各弹簧卡簧是否损坏或变形。　　　　　　　　　□是　□否

2.修理同步器零件时应检查下列内容

(1)检查齿轮、倒角轮齿、齿环及同步器套,然后检查它们是否有损坏。　　□有　□无

(2)锁环内表面凹槽有无磨损。　　□有　□无

(3)同步器锁环内表面有无擦伤或机械损坏。　　□有　□无

(4)同步器锁环间隙的检查,如图1-2-8所示,把检查结果记录在表1-2-1中。

□有　□无

小提示:将同步器锁环压在与之相配的齿轮的锥面上,用厚薄规检查同步器锁环与齿轮之间的端面间隙。

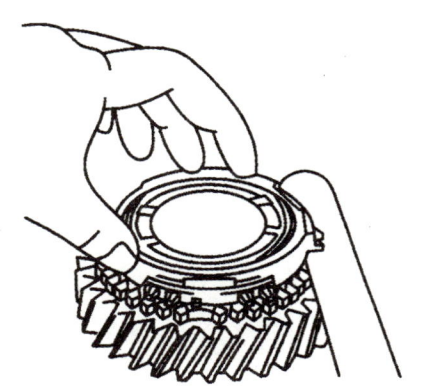

图1-2-8　锁环端面间隙的检查

表1-2-1　锁环端面间隙的检查记录表

检测位置	测量间隙	判断结果	标准
一挡锁环间隙			
二挡锁环间隙			标准间隙1.0~1.4 mm
三挡锁环间隙			使用限度0.5 mm
四挡锁环间隙			
五挡锁环间隙			

(5)检查同步器锁环运行时,用手按压同步器锁环以便其与齿轮锥装在一起,以确保用力转动时,同步器锁环不能滑动。　　□正常　□不正常

3.接合套和花键毂的检查

(1)目检接合套和花键毂是否有擦伤或任何机械损坏。　　□有　□无

(2)检查接合套与花键毂滑动是否顺畅,如图1-2-9所示。　　□是　□无

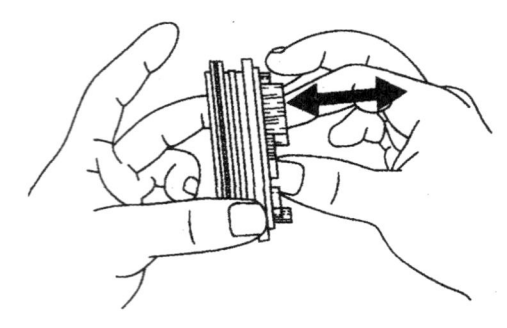

图1-2-9　接合套和花键毂滑动性能检查

4.变速器轴的检查

（1）为了保证润滑，应向轴中间油孔吹入空气，检查其是否堵塞。如图1-2-10所示。　　　　　　　　　　　　　　　　　　　　　　　　　　□是　□否

（2）检查轴的花键是否磨损，键齿是否折断或缺损。　　　　　　□是　□否

（3）检查轴齿轮的齿面、齿锥部是否磨损或损坏。　　　　　　　□是　□否

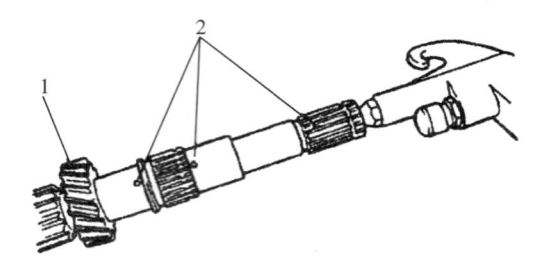

1—输入轴；2—油孔

图1-2-10　用吹气方法检查油孔

（4）如图1-2-11所示，使用百分表检查轴的径向摆差并记录。

测量值：_____

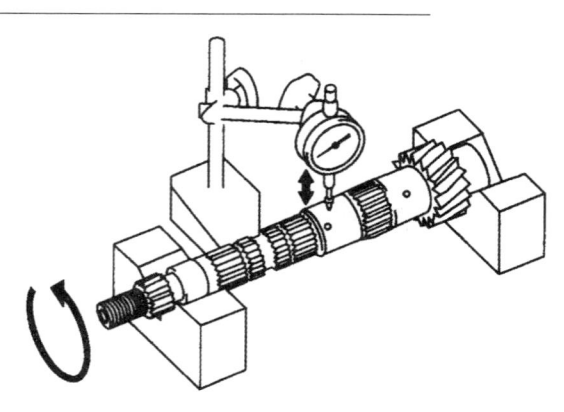

图1-2-11　轴的径向摆差检查

5.换挡控制机构的检查

（1）检查各挡换挡叉轴的磨损情况。　　　　　　□正常　□不正常

（2）检查换挡拨叉轴限位钢球的磨损情况。　　　　□正常　□不正常

（3）检查换挡叉轴限位弹簧的长度。　　　　　　　□正常　□不正常

测量值：_____；标准值：_____

（4）检查拨叉与接合套的配合间隙，如图1-2-12所示。

测量值：_____；标准值：_____

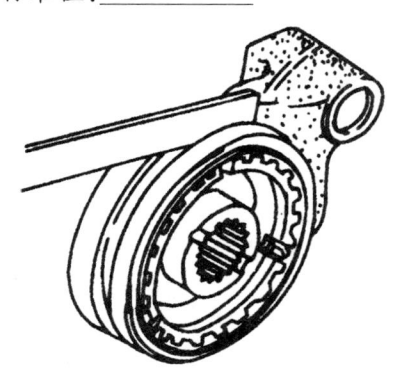

图1-2-12　检查拨叉与接合套的配合间隙

6.差速器检查

（1）装差速齿轮，并按下述方法测定差速齿轮的止推间隙。如图1-2-13所示。

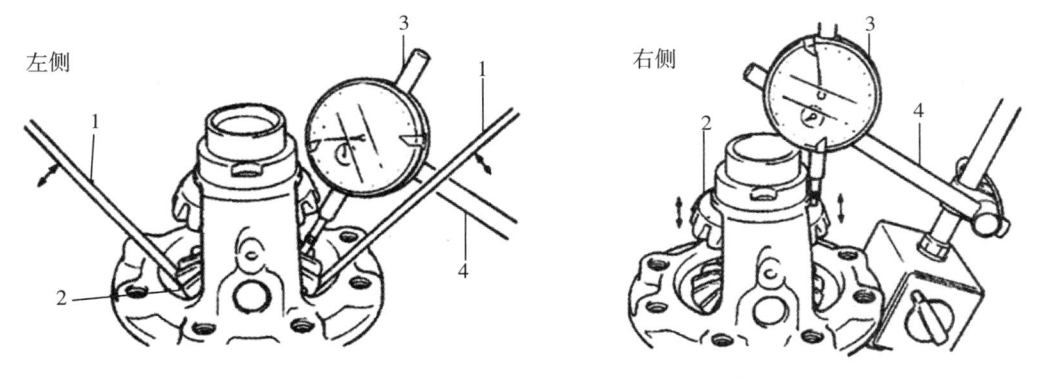

左侧　　　　　　　　　　　　　　　右侧

1—起子；2—差速器齿轮；3—百分表；4—磁力表架

图1-2-13　测量齿轮止推间隙（轴向间隙）

①左侧：

用软卡爪虎钳固定差速器总成，将量表测头放置在齿轮顶面。

用两把起子，使齿轮上下移动，从量表指针处读取数据。

测量值：_____

项目一　汽车传动系统的拆检　　47

②右侧：

按上述方法，将量表测头放置在齿轮台肩处。

用手上下移动齿轮，并读出量表数值。

测量值：_____

差速器齿轮止推间隙规定值0.05~0.33 mm，检查止推间隙为：_____

（2）如止推间隙超过规定值，应选择适合的止推垫，然后装上所选止推垫，再检查止推间隙是否在规定范围内。（可选用的止推垫厚度：0.90 mm、0.95 mm、1.0 mm、1.05 mm、1.10 mm、1.15 mm和1.20 mm）

八、装复手动变速器及其质量检查

当手动变速器检修完成后，需要重新装复手动变速器，如何进行装复及装复的质量检查？

根据检查结果更换损坏部件后，按照如下步骤对变速器进行组装。

1. 按照与拆卸相反的顺序装复手动变速器，并记录主要安装步骤

主要安装步骤：

（1）输入轴装复：

①将高速同步器套装在同步器毂上，其内装3个滑块，然后装弹簧。　☐任务完成

②用专用工具和手锤打入右轴承（或用压床压入）。　☐任务完成

③装三挡齿轮滚针轴承并涂油，然后装三挡齿轮及同步器齿环。　☐任务完成

④用专用工具和手锤，压装高速同步器毂套组件。　☐任务完成

⑤装挡圈和滚针轴承，滚针轴承应涂油，然后装同步器齿环和四挡齿轮。

☐任务完成

⑥用专用工具和手锤，压装左轴承。　☐任务完成

⑦用上述的相同工具，压装五挡齿轮隔套。　☐任务完成

（2）输出轴装复：

①将高速同步器套装在同步器毂上，其内装入3个滑块，然后装弹簧。　☐任务完成

②用专用工具和手锤，装右轴承内圈。　☐任务完成

③装滚针轴承，并涂油，然后装一挡齿轮和一挡同步器齿环。　☐任务完成

④用专用工具和手锤，压装低速同步器毂套组件。　☐任务完成

⑤装挡圈和滚针轴承，滚针轴承应涂油，然后装二挡同步器齿环和二挡齿轮。

☐任务完成

⑥用专用工具和压力机，压装三、四挡齿轮和隔套。　☐任务完成

⑦用专用工具和手锤,装输出轴轴承内圈。　　　　　　　　□任务完成

(3) 右箱装复:

①将差速器总成装入右箱。　　　　　　　　　　　　　　　□任务完成

②在O形密封圈和齿轮上涂油后,插装车速表从动齿轮箱总成,然后用螺栓固定。

□任务完成

(4) 左箱装复:

①安装输入轴总成,输出轴总成以及高、低速换挡轴。　　　□任务完成

②将五挡/倒挡换挡轴与五挡/倒挡换挡导轴装入左箱。同时还必须将倒挡换挡臂与倒挡换挡杆相啮合。　　　　　　　　　　　　　　　　　　　　□任务完成

③倒挡中间齿轮与倒挡换挡杆组合,再将倒挡齿轮轴通过中间齿轮,插入左箱内,然后将倒挡齿轮轴的A与左箱B对准。如图1-2-14所示。　　　　□任务完成

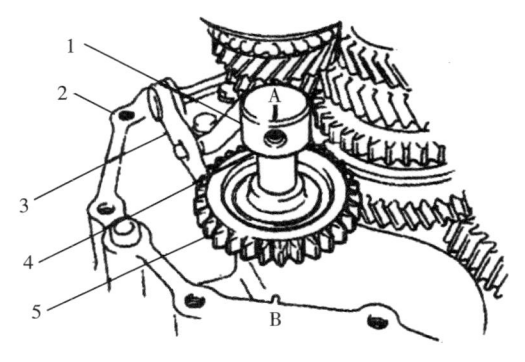

1—倒挡齿轮轴;2—右箱;3—倒挡换挡杆;4—垫圈;5—倒挡中间齿轮
图1-2-14　对准倒挡齿轮轴

检查倒挡换挡杆端与中间齿轮槽间的间隙是否为1.0 mm。　　□是　□否

④擦净左右箱配合面,在左箱配合面均匀涂一层密封胶,然后与右箱配装。

□任务完成

⑤按规定拧紧扭矩,从外侧开始拧紧变速箱11个螺栓,从隔板侧装另外两个变速箱螺栓,并按规定力矩拧紧。　　　　　　　　　　　　　　　　　□任务完成

查询扭紧力矩:_____ N·m。

⑥装倒挡轴螺栓及铝垫圈,并将其拧紧。　　　　　　　　　□任务完成

查询扭紧力矩:_____ N·m。

⑦检查定位弹簧的弹性是否变弱,需要时,更换新件。将检查结果记录在表1-2-2中,判断是否合格。　　　　　　　　　　　　　　　　　　　　　□任务完成

表1-2-2　定位弹簧自由长度测量表

定位弹簧自由长度	标准值	使用极限	测量值	能否继续使用
低速（紫色）	26.1 mm	25.0 mm		
高速	40.1 mm	39.0 mm		

⑧装各换挡轴的钢球和定位弹簧，并用螺栓紧固。　　　　　　□任务完成

（5）五挡齿轮装复：

①将输出轴左轴承外圈装在轴承内圈上，用专用工具和锤，敲打轴承外圈。

□任务完成

②在轴承外圈上预先放置一块调整垫片，在调整垫片上放一把直尺，用手拿直尺正压调整垫片后用塞尺测定"A"（箱面与直尺的间隙）。　　　　　□任务完成

③重复进行上述步骤，选择适当的调整垫片，将间隙调到规定值。并将调整垫片装在轴圈处，如图1-2-15所示。根据表1-2-3选择调整垫片，厚度为_____mm。

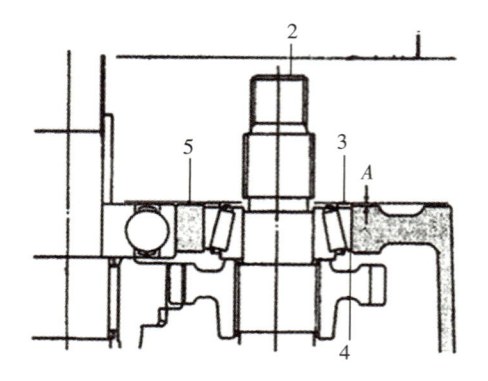

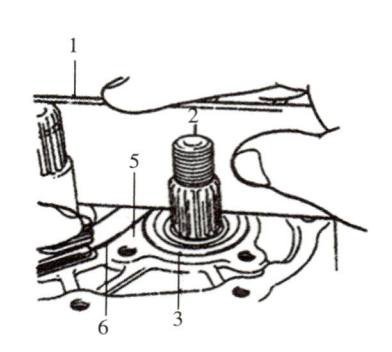

1—直尺；2—输出轴；3—轴承调整垫片；4—轴承外圈；5—箱体表面；6—塞尺

图1-2-15　选择轴承调整垫片

表1-2-3　轴承调整垫片厚度表

间隙A：调整垫片凸出高度	0.08~0.12 mm
可选用的调整垫片厚度	0.40 mm、0.45 mm、0.50 mm、0.55 mm、0.60 mm、0.65 mm、0.70 mm、0.75 mm、0.80 mm、0.85 mm、0.90 mm、0.95 mm、1.00 mm、1.10 mm和1.15 mm

④装左箱板，使其端部插入换挡导轴的槽内，然后用6个螺钉固定，各螺钉的螺纹部应涂防松胶。　　　　　　　　　　　　　　　　　　　　□任务完成

⑤装五挡同步器毂和套以及滑块和弹簧。　　　　　　　　　□任务完成

⑥将五挡齿轮装在中间轴上,其加工凸台应朝内。　　　　　□任务完成

⑦将滚针轴承装在输入轴上,并涂油,然后装五挡齿轮,用专用工具固定住轴使其不转,装中间轴螺母,并按规定拧紧力矩拧紧,再铆紧螺母。　　　　　□任务完成

⑧装复左箱侧盖,并按规定力矩扭紧。扭紧力矩_____N·m。　□任务完成

（6）换挡/选挡轴总成安装：

①擦净换挡导向箱配合面,并均匀涂上一层密封胶。　　　　　□任务完成

②装换挡轴换挡叉,并与换挡臂连接。　　　　　　　　　　　□任务完成

③将换挡/选挡轴总成装入变速器,并将其底端与换挡轴换挡叉连接。在换挡轴换挡叉螺栓上涂螺纹防松胶,用此螺栓固定换挡轴换挡叉和轴。　　□任务完成

④把垫圈装在换挡互锁螺栓上,并按拧紧力矩规定值拧紧换挡互锁螺栓。
　　　　　　　　　　　　　　　　　　　　　　　　　　　　□任务完成

⑤擦净左箱配合面,在换挡导向箱配合面涂密封胶后,将换挡导向箱装配在左箱上。　　　　　　　　　　　　　　　　　　　　　　　　　□任务完成

⑥装线束夹托架,并与换挡导向箱一起固定。　　　　　　　　□任务完成

⑦装倒车灯开关,并固定好导线。　　　　　　　　　　　　　□任务完成

⑧擦净左箱端盖和左箱配合面,检查O形密封圈的状态,然后用3个螺栓固定左箱盖。　　　　　　　　　　　　　　　　　　　　　　　　　　□任务完成

2.按照与拆卸相反的顺序进行手动变速器装配,并记录主要安装步骤

_____

_____

3.进行装复检查试验

（1）检查变速器是否完全装复完整。　　　　　　　　　　□是　□否

（2）检查变速器油液是否正常,如果不足,请补充。　　　□是　□否

（3）检查变速器的换挡情况,感觉是否灵活自如,运转是否正常。　□是　□否

（4）检查拨动杆、拨叉是否自由移动和转动。　　　　　　□是　□否

（5）检查变速器运转过程中是否有漏油和其他现象。　　　□是　□否

（6）检查自锁及互锁装置是否正常。　　　　　　　　　　□是　□否

（7）检查里程表传动齿的工作是否正常。　　　　　　　　□是　□否

（8）在倒车挡位,用电阻表检查倒车灯的功能是否正常。　□是　□否

要求3　手动变速器跳挡的故障检修

一、变速器跳挡故障的现象

汽车在行驶中变速杆自动跳回空挡位置。这种现象多发生在中、高速,负荷突然变化或汽车剧烈振动时,且大多数是在高速挡位跳挡。

二、变速器跳挡故障产生的原因

(1)自锁装置磨损松旷,弹簧弹力不足或折断,造成锁止力量不足,使变速叉轴不能可靠定位。

(2)变速叉轴弯曲变形、磨损过甚,固定螺钉松动或变速杆变形等,使齿轮不能正常啮合。

(3)由于变速齿轮、齿套或同步器锥盘轮齿磨损过度,齿轮或齿套沿齿长方向形成锥形,啮合时便产生一个轴向推力,在工作中又受振动、转速变化的惯性影响,迫使啮合的齿轮沿轴向脱开。

(4)轴和轴承磨损严重,轴向间隙过大或中间轴不平行,使齿轮不能正常啮合而上下摆动引起跳挡。

(5)轴的花键齿与滑动齿轮花键槽磨损过度。

(6)变速器固定不牢固。

(7)第二轴花键扭曲变形或键齿磨损过度,锁紧螺母松脱引起轴或齿轮的前后窜动。

(8)同步器锁销松动,同步器散架或接合齿长度方向已磨损严重。

三、变速器跳挡故障的判断与排除

(1)在发现某挡跳挡时,仍将变速杆换入该挡,然后拆下变速器盖看齿轮啮合情况,如啮合良好,应检查变速叉轴锁住机构。

(2)用手推动跳挡的变速叉检验定位装置,如定位不良,需拆下变速叉轴检验定位球及弹簧,如弹簧过软或折断应更换。若变速叉轴凹槽磨损过度应修理或更换。

(3)检查齿轮的啮合情况,如齿轮未完全啮合,用手推动跳挡的齿轮或齿套能正确啮合,应检查变速叉是否弯曲或磨损过度,以及变速叉固定螺栓是否松动,变速叉端与齿轮槽间隙是否过大。若变速叉弯曲,应校正;若变速叉下端磨损,与滑动齿轮槽过度松旷时,应拆下修理。

(4)检查变速器固定螺栓,如松动应紧固。

（5）检查轴承和轴的磨损情况，如轴磨损严重，轴承松旷或变速轴沿轴向窜动时，应拆下修理或更换。

（6）检查同步器工作情况，如有故障应修理或更换。

（7）如变速机构良好，而齿轮或齿套又能正确啮合，则应检查齿轮是否磨损成锥形，如磨损严重应更换。

一般来说，手动变速器的传动效率要比自动变速器高，因此如果驾驶者技术好，手动变速的汽车在加速、超车时比自动变速的汽车快，也更省油。

学习检测

一、单选题

1. 手动变速器是利用（　　）工作的。
　　A. 带传动变速原理　　　　　　　　B. 齿轮传动变速原理
　　C. 摩擦轮传动变速原理　　　　　　D. 蜗轮、蜗杆传动变速

2. 以下手动变速器的作用中不正确的是（　　）。
　　A. 在一定范围内任意改变传动比　　B. 提供空挡
　　C. 使汽车倒车　　　　　　　　　　D. 改变汽车的牵引力

3. 在手动变速器中有一对传动齿轮，其中主动齿轮的齿数是A，从动齿轮的齿数为B，因A大于B，此传动的结果将会是（　　）。
　　A. 增速，减扭　　B. 减速，增扭　　C. 减速，减扭　　D. 增速，增扭

4. 倒挡轴的侧挡惰轮的主要作用是（　　）。
　　A. 增加倒挡变速比　　　　　　　　B. 减小倒挡变速比
　　C. 改变输出轴的旋转方向　　　　　D. 比上都不是

二、判断题

1. 变速器自锁装置失效，将引起乱挡。（　　）

2. 变速器的变速原理即改变齿轮的啮合关系，如果小齿轮带动大齿轮传动，则转速增高扭矩增大。（　　）

3. 变速器互锁装置失效将引起跳挡。（　　）

4. 变速器的挡位越低，传动比越小，汽车的行驶速度越低。（　　）

5. 换挡时，一般用两根拨叉轴同时改正。（　　）

6. 变速器在换挡时，为避免同时挂入两个挡，必须装设自锁装置。（　　）

自我训练

任务工单

任务名称	手动变速器跳挡的检修	学生姓名	
班　　级		学生学号		任务成绩	

一、准备工作

1. 工量具、设备与材料

常用工具、专用工具、量具、维修手册、干净的抹布、齿轮油、手动变速器。

2. 安全防护用品

标准作业装、车内防护三件套、车外防护三件套、安全鞋、手套。

3. 检查安全与环保措施，熟悉工作场景

4. 汽车信息收集

车牌号码：_____　　车辆型号：_____

VIN 码：_____　　行驶里程：_____

二、手动变速器的铭牌识别

一种型号的手动变速器，可能会装在多种类型的汽车上。因此，在进行维修工作之前，首先应该确认所维修的手动变速器的型号，这样才能获得准确的维修数据，并保证随后的工序、特殊过程处理及安装的正确。手动变速器的型号通过变速器的铭牌确定，在铭牌上通常会标出变速器的代码、生产日期、制造厂商等信息。

1. 查找实训汽车的手动变速器的铭牌，描述铭牌的位置及铭牌的内容

车型：_____　　铭牌位置：_____

铭牌内容：_____

_____

_____

2. 查找维修手册，解释铭牌内容

_____

_____

3. 根据变速器的型号，查找维修手册，将手动变速器油液的更换周期、类型及加注量记录下来

（1）变速器型号：_____

（2）变速器油液的更换周期：＿＿＿＿＿＿＿
（3）变速器油液的类型：＿＿＿＿＿＿＿
（4）变速器油液的加注量：＿＿＿＿＿＿＿

三、变速器的就车检查

1. 运转车辆进行换挡检查

（1）检查变速器操纵机构是否松旷。　　　　　　　　　　　□是　□否
（2）变速器各挡位换挡是否正常。　　　　　　　　　　　　□是　□否
（3）检查变速器运转时是否有异常响声。
①空挡运行状态是否有异常响声。　　　　　　　　　　　　□有　□无
②前进挡运行状态是否有异常响声。　　　　　　　　　　　□有　□无
③倒挡运行状态是否有异常响声。　　　　　　　　　　　　□有　□无

2. 举升车辆检查

（1）检查变速器通气塞是否堵塞。　　　　　　　　　　　　□是　□否
（2）检查变速器壳体是否有变形和损坏。　　　　　　　　　□有　□无
（3）检查变速器各配合表面是否有漏油。　　　　　　　　　□有　□无
（4）拆下加注塞和垫圈，用手检查油面高度，油面应高于加注口下边缘5 mm以内，变速器油量是否正常。　　　　　　　　　　　　　　　　　　　□正常　□不正常

四、变速器油液检查与更换

（1）汽车停置在水平地面上，如果汽车是冷车，应启动汽车使变速器油温达到一定温度。　　　　　　　　　　　　　　　　　　　　　　　　　　　□任务完成
（2）用举升机安全地将汽车举升到工作高度。　　　　　　　□任务完成
（3）在放油螺栓下方放置一个集油盘，拆下放油塞，排放手动变速器油。□任务完成
（4）检查变速器油液状况。
①检查变速器油液是否含有大量的铜屑。　　　　　　　　　□有　□无
②检查变速器油液是否含有大量的铁屑。　　　　　　　　　□有　□无

根据①、②的检查，结论是：变速器磨损（是/否）严重。

（5）拧紧放油塞，拆下加注螺栓，加注变速器油液，直到加注口有变速器油流出为止。　　　　　　　　　　　　　　　　　　　　　　　　　　　　□任务完成
（6）更换新的垫圈并安装加注塞。　　　　　　　　　　　　□任务完成
（7）检查变速器油是否泄漏并降下汽车，汽车复位与清洁。　□任务完成

五、变速器拆装注意事项

（1）防止零件工作表面被擦伤，如不当的敲击和放置等。

（2）注意每个零件的安装位置和方向。

（3）将拆下的零件合理地进行摆放。

（4）工具的使用要合理规范。

六、手动变速器的外观目检

在拆装手动变速器前，为了检查元件是否齐备和有无损坏，需进行手动变速器的外观目检。

（1）检查变速器壳体。　　　　　　　　　　　　　　□任务完成

（2）检查变速器外壳是否有裂纹。　　　　　　　　　□有　□无

（3）检查变速器是否漏油。　　　　　　　　　　　　□是　□否

（4）检查倒挡开关是否存在。　　　　　　　　　　　□是　□否

（5）检查分离拨叉防尘套是否有裂纹。　　　　　　　□有　□无

七、五挡变速器解体

（1）拆下变速器左箱侧盖。　　　　　　　　　　　　□任务完成

（2）拆卸五挡齿轮机构。　　　　　　　　　　　　　□任务完成

（3）拆卸换挡机构及倒挡开关。　　　　　　　　　　□任务完成

（4）拆下换挡互锁螺栓及垫圈。　　　　　　　　　　□任务完成

（5）拆卸倒挡轴螺栓及垫圈。　　　　　　　　　　　□任务完成

（6）从外侧拆下11个变速箱螺栓，并从隔板侧拆下另外两个螺栓，用塑料锤敲打左箱凸缘，拆下左箱。　　　　　　　　　　　　　　　　　　□任务完成

（7）拆下换挡轴拨叉。　　　　　　　　　　　　　　□任务完成

（8）拉出倒挡轴及垫圈，然后拆下倒挡中间齿轮，拉出五挡/倒挡导轴以及五挡/倒挡换挡轴。　　　　　　　　　　　　　　　　　　　　　□任务完成

（9）用塑料锤敲打输入轴端部，将输入轴总成从箱中推出一点，然后取出输入轴总成以及高、低速换挡轴。　　　　　　　　　　　　　　　□任务完成

（10）拆卸变速器右箱。

①从右箱拆下差速齿轮总成。　　　　　　　　　　　□任务完成

②用专用工具（轴承拆卸工具和滑动轴）拆下输入轴油封。　□任务完成

③从右箱取出磁铁。　　　　　　　　　　　　　　　□任务完成

④拆下换挡臂。　　　　　　　　　　　　　　　　　□任务完成

八、对于已拆卸变速器,你能检查它是怎样工作的吗

（1）检查自锁装置是否磨损松旷。　　　　　　　　　　□是　　□否

（2）检查变速杆是否弯曲变形。　　　　　　　　　　　□是　　□否

（3）检查变速器轴和轴承是否磨损严重。　　　　　　　□是　　□否

（4）检查变速齿轮、齿套或同步器锥盘轮齿是否磨损过度。　□是　　□否

（5）检查轴的花键齿与滑动齿轮花键槽是否磨损过度。　□是　　□否

（6）检查同步器锁销是否松动。　　　　　　　　　　　□是　　□否

九、制订并实施手动变速器外操纵机构调整方案

汽车跳挡的原因主要有手动变速器内部及其外操纵机构两方面。

以手动变速器为例,在教师的指导下,制订并实施手动变速器外操纵机构调整方案。

1. 判断车辆故障现象

2. 制订调整方案

3. 实施调整计划,记录调整结果

【评价与反馈】

班级：_____　　姓名：_____　　指导教师：_____

序号	考核项目	配分	考核内容	配分	考核标准	得分
1	出勤/纪律	10	出勤	4	违规一次不得分	
			行为规范	6	违规一次不得分	
2	安全/保护/环保	20	着装	4	违规一次不得分	
			个人防护	4	违规一次不得分	
			8S/EHS	4	违规一次不得分	
			设备使用安全	4	违规一次不得分	
			操作安全	4	违规一次不得分	
3	学习能力	60	工单填写、工艺计划制订	10	未做不得分	
			学习总结	10	酌情扣1~4分	
			自我训练	40	未做不得分	
4	任务拓展	10	知识拓展任务	5	未做不得分	
			技能拓展任务	5	未做不得分	
	总分	100				
教师评价	优点					
	存在问题					
	解决方案					

教师签字：

任务三　万向传动装置异响故障的拆检

半轴、万向节的拆装与检修

【任务描述】

一辆汽车被送进厂里检修,客户反映该汽车起步或车速突然改变时,传动装置发出"铿"的一声;当汽车缓行时,传动装置发出"呱啦、呱啦"的响声。维修技师通过初步检查,判断为汽车万向传动装置的故障。汽车维修人员需要根据维修手册相关要求,在规定时间内完成对万向传动装置的检查与零部件的更换,自检合格后交付班组长验收。

【学习重点】

(1)能查阅维修手册,列举万向传动装置的结构和描述其工作原理。

(2)能列举万向传动装置异响故障的原因。

(3)熟悉万向传动装置的作用及类型。

(4)掌握拆装工具的使用方法,文明操作,安全生产。

(5)能在作业过程中自我检查贯彻规范操作的情况,做好过程记录。

(6)能合理回收废弃物,整理零部件。

(7)能对相关资料、互联网资源进行检索,完成工单、工作页的填写。

【建议学时】

8学时。

【学习地点】

一体化工作站。

【学习准备】

万向传动装置总成、互联网资源、车辆、常用维修工具、量具、多媒体设备。

【学习过程】

一、万向传动装置的作用

万向传动装置的作用是连接不在同一直线上的变速器输出轴和主减速器输入轴,并保证在两轴之间的夹角和距离经常变化的情况下,仍能可靠地传递动力。

二、万向传动装置的类型和组成

万向传动装置主要由万向节、传动轴和中间支承组成。根据万向节在扭转方向上是否有明显的弹性,万向节可分为刚性万向节和挠性万向节。刚性万向节又可分为不等速万向节(常用的为十字轴式)、准等速万向节(如双联式准等速万向节)和等速万向节(如球笼式万向节)3种。目前广泛应用的是刚性万向节。图1-3-1为万向传动装置的组成。

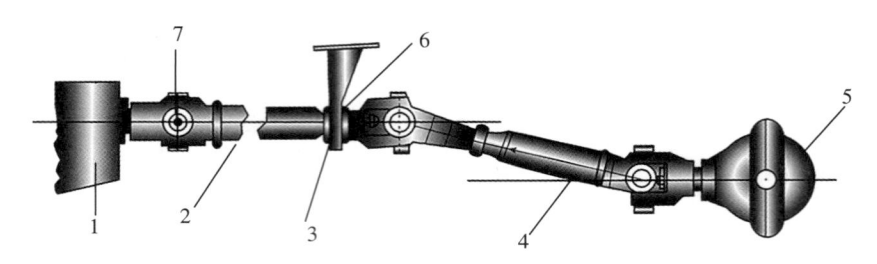

1—变速器;2—前传动轴;3—球轴承;4—后传动轴;5—驱动桥;6—中间支承;7—十字轴

图1-3-1 万向传动装置的组成

(一)不等速万向节

所连接的两轴之间的夹角大于零时,输出轴和输入轴之间以变化的瞬时角速度比传递运动,但平均角速度相等的万向节。十字轴式刚性万向节由万向节叉、十字轴、滚针轴承、油封、套筒、轴承盖等组成。十字轴式万向节结构简单,传动效率高,因此广泛应用于现代汽车。

(二)准等速万向节

指在设计的角度下以相等的瞬时角速度传递运动,而在其他角度下以近似相等的瞬时角速度传递运动的万向节。它又分为:

1.双联式准等速万向节

指等速传动装置中的传动轴长度缩短到最小的万向节。

2.凸块式准等速万向节

由两个万向节及两个不同形状的凸块组成。其中两凸块相当于双联式准等速万向节装置中的中间传动轴及两个十字销。

3.三销轴式准等速万向节

由两个三销轴、主动偏心轴叉、从动偏心轴叉组成。

4.球面滚轮式准等速万向节

由销轴、球面滚轮、万向节轴和圆筒组成。滚轮可在槽内做轴向移动,起到伸缩花键的作用。滚轮与槽壁接触可传递转矩。

（三）等速万向节

所连接的输出轴和输入轴以始终相等的瞬时角速度传递运动的万向节。它又分为：

1.球叉式等速万向节

即由有滚道的球叉和钢球组成的万向节。

2.球笼式等速万向节

根据万向节轴向能否运动，又可将其分为轴向不能伸缩型（固定型）球笼式等速万向节和可伸缩型球笼式等速万向节。主要由内滚道、保持架（球笼）、钢球和外滚道等组成。

（四）传动轴和中间支承

1.传动轴

传动轴是连接变速器与驱动桥的部件，将变速器传来的转矩传给驱动桥。传动轴有空心轴和实心轴两种。

2.中间支承

传动轴分段时须加中间支承。通常将中间支承安装在车架横梁上，以补偿传动轴轴向和角度方向的安装误差以及车辆行驶过程中由于发动机窜动或车架等变形所引起的位移。

【技能要求】

要求1 万向传动装置的检测与维修

一、十字轴式刚性万向传动装置的检修

（一）传动轴检修

目检传动轴轴管是否有裂纹、严重的凹瘪。传动轴轴管全长的径向全跳动检查见图1-3-2，公差应符合表1-3-1的规定。

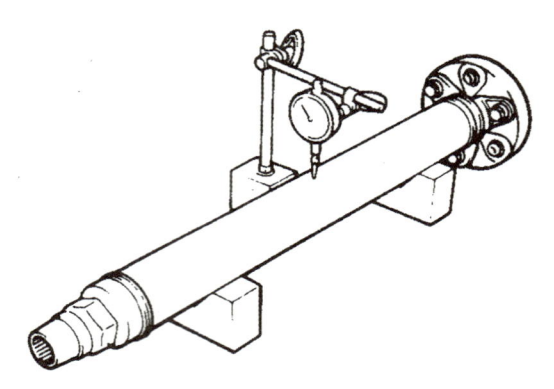

图 1-3-2　传动轴轴管全长的径向全跳动检查

表 1-3-1　传动轴轴管的径向全跳动公差表

单位:mm

轴长	≤600	600~1000	≥1000
径向全跳动公差	0.6	0.8	1.0

传动轴花键与滑动叉花键、凸缘叉与所配合花键的侧隙:轿车应不大于0.15 mm,其他类型的汽车应不大于0.30 mm,装配后应能滑动自如。

(二)万向节叉、十字轴及轴承检修

(1)检查万向节叉和十字轴是否有裂纹、磨损等。

(2)检查十字轴轴承,如图1-3-3所示。

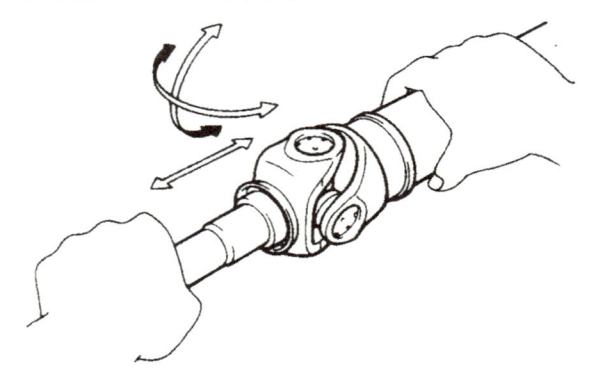

图 1-3-3　十字轴轴承的检查

(三)用百分表检查十字轴轴承与轴颈的轴向间隙

十字轴与轴承的最小配合间隙应符合原厂规定,最大配合间隙应符合表1-3-2的规定。十字轴及轴承装入万向节叉后的轴向间隙:剖分式轴承孔为0.10~0.50 mm;整体式轴承承孔为0.02~0.25 mm。

表1-3-2　十字轴与轴承的配合间隙表

单位：mm

十字轴轴颈直径	≤18	18～23	≥23
最大配合间隙	符合原厂规定	0.10	0.14

二、中间支撑

中间支承的常见问题是橡胶老化、轴承磨损所引起的振动和异响等。

（1）检查中间支承的橡胶垫环是否开裂、老化。

（2）检查油封是否因磨损过度而失效。

（3）检查轴承转动是否平稳。

（4）检查垫块是否损坏。

三、传动轴管焊接组合件检查

传动轴管焊接组合件经修理后，原有的动平衡已不复存在。因此，传动轴管焊接组合件（包括滑动套）应重新进行动平衡试验。传动轴两端任一端的动不平衡量：轿车应不大于10 g·cm；其他车型应不大于表1-3-3的规定。对于传动轴管焊接组合件，可在轴管的两端加焊平衡片，每端不得多于3片。

表1-3-3　传动轴管焊接组合件的允许动不平衡量表

十字轴轴颈直径(mm)	≤58	58～80	>80
允许最大动不平衡量 f(g·cm)	30	50	100

学习检测

一、选择题

1. 球叉式等速万向节每次传力时，（　　）。

　　A. 只有两个钢球传力　　B. 只有3个钢球传力

　　C. 只有4个钢球传力　　D. 5个钢球全部传力

2. 所有普通十字轴式刚性万向节"传动的不等速性"是指主动轴匀角速度旋转时，（　　）。

　　A. 从动轴的转速不相等　　B. 从动轴在一周中的角速度是变化的

　　C. 从动轴的转速是相等的　　D. 从动轴在一周中的角速度是相等的

3. 普通刚性万向节传动时，产生不等速旋转，这种不等速的变化程度，甲认为："它与主动轴和从动轴之间的夹角有关，夹角越大，不等速程度越严重。"乙认为："它与发动机转速有关，与夹角的大小

无关,发动机转速越高,不等速程度越严重。"谁的说法正确?(   )

  A.甲对　　　　　B.乙对　　　　C.甲、乙都对　　　　D.甲、乙都不对

二、判断题

  1.在装配传动轴时,应按规定的力矩拧紧螺栓、螺母。(   )

  2.万向传动装置只用于汽车的传动系统上。(   )

  3.汽车行驶中,传动轴的长度可以自动变化。(   )

  4.十字轴上安全阀的作用是保护油封不因油压过高而被破坏。(   )

  5.货车一般采用的是全浮式半轴支承,这种半轴要承受全部反力。(   )

自我训练

任务工单

任务名称	万向传动装置的检修	学生姓名	
班　　级		学生学号		任务成绩	

一、准备工作

  1.工量具、设备与材料

  常用工具、实训车辆、举升机、钢直尺、维修手册、干净的抹布。

  2.安全防护用品

  标准作业装、手套等。

  3.检查安全与环保措施,熟悉工作场景

  4.汽车信息收集

  车牌号码:＿＿＿＿＿＿＿＿　　　　车辆型号:＿＿＿＿＿＿＿＿

  VIN码:＿＿＿＿＿＿＿＿　　　　　行驶里程:＿＿＿＿＿＿＿＿

二、检查与更换汽车前轮传动轴防尘套

  当汽车前轮传动轴防尘套出现故障时,易导致传动轴万向节过早损坏,因此需要对传动轴防尘套进行检查与更换。

  1.检查传动轴内外防尘套是否有老化、破裂及漏油现象　　　　□是　□否

  2.更换前驱防尘套(以更换卡罗拉汽车左侧传动轴为例)

  (1)拆卸前轮。　　　　　　　　　　　　　　　　　　　　　□任务完成

（2）使用专用工具凿松传动轴锁止螺母。 □任务完成

（3）拆卸传动轴锁止螺母。 □任务完成

想一想：松开锁止螺母是否能继续使用？阐述原因。

（4）拆下速度传感器固定螺栓，并从转向节上分离。 □任务完成

（5）拆卸分离横拉杆左端球头分总成。 □任务完成

（6）拆卸分离左前悬架下臂球头分总成。 □任务完成

（7）传动轴与轮毂分离。 □任务完成

（8）使用专业工具，拉出传动轴。 □任务完成

（9）拆下半轴内万向节防尘套大、小号卡箍。 □任务完成

（10）分离内万向节防尘套并刮下油脂。 □任务完成

（11）拆下内万向节总成。

① 从内万向节上刮下旧润滑脂。 □任务完成

② 在内万向节和轴上做好配合记号。 □任务完成

③ 从外万向节轴上拆下万向节总成。 □任务完成

④ 使用卡环扩张器拆下卡环。 □任务完成

⑤ 在外万向节轴与三销式万向节总成上做好记号，使用锤子和铜棒拆下三销式万向节。 □任务完成

（12）拆下外万向节防尘套大、小号卡箍。 □任务完成

（13）拆下外万向节防尘套并刮下旧润滑脂。 □任务完成

（14）用新润滑脂涂抹外万向节总成。 □任务完成

（15）安装新外万向节防尘套及卡箍。 □任务完成

（17）安装内万向节防尘套、万向节及卡箍。 □任务完成

（18）检查万向节运动是否正常。 □是 □否

（19）按与拆卸相反的顺序安装传动轴总成到车上。 □任务完成

3. 装复传动轴后检查

（1）路试，启动发动机并使变速器挂入各挡位，检查车辆传动轴是否发出异响。
□是 □否

（2）检查传动轴护套是否有漏油现象。 □是 □否

（3）检测车辆性能正常后，清洁恢复车辆。 □任务完成

【评价与反馈】

班级：_____　　姓名：_____　　指导教师：_____

序号	考核项目	配分	考核内容	配分	考核标准	得分
1	出勤/纪律	10	出勤	4	违规一次不得分	
			行为规范	6	违规一次不得分	
2	安全/保护/环保	20	着装	4	违规一次不得分	
			个人防护	4	违规一次不得分	
			8S/EHS	4	违规一次不得分	
			设备使用安全	4	违规一次不得分	
			操作安全	4	违规一次不得分	
3	学习能力	60	工单填写、工艺计划制订	10	未做不得分	
			学习总结	10	酌情扣1~4分	
			自我训练	40	未做不得分	
4	任务拓展	10	知识拓展任务	5	未做不得分	
			技能拓展任务	5	未做不得分	
	总分	100				
教师评价		优点				
		存在问题				
		解决方案				
教师签字：						

任务四　驱动桥异响故障的拆检

主减速器差速器拆装与检修

【任务描述】

一辆汽车被送进厂里检修,客户反映该汽车驱动桥内出现响声,而且越来越严重。维修技师通过初步检查,判断为汽车差速器的故障。汽车维修人员需要根据维修手册相关要求,在规定时间内完成对差速器的检查与零部件的更换,自检合格后交付班组长验收。

【学习重点】

(1)能查阅维修手册,列举驱动桥的结构和描述其工作原理。

(2)能列举驱动桥异响故障的原因。

(3)熟悉驱动桥的作用及类型。

(4)掌握拆装工具的使用方法,文明操作,安全生产。

(5)能在作业过程中自我检查贯彻规范操作的情况,做好过程记录。

(6)能合理回收废弃物,整理零部件。

(7)能对相关资料、互联网资源进行检索,完成工单、工作页的填写。

【建议学时】

8学时。

【学习地点】

一体化工作站。

【学习准备】

驱动桥总成、互联网资源、车辆、常用维修工具、量具、多媒体设备。

【学习过程】

一、驱动桥的作用及类型

(一)驱动桥的作用

驱动桥处于动力传动系统的末端,其基本作用是:①将万向传动装置传来的发动机转矩通过主减速器、差速器、半轴等传到驱动车轮,实现降速增大转矩;②通过主减速器圆锥齿轮副改变转矩的传递方向;③通过差速器实现两侧车轮差速作用,保证内、外侧车轮以不同转速转向;④通过桥壳体和车轮实现承载及传输力矩的作用。

(二)驱动桥的类型

驱动桥分非断开式与断开式两大类。

1.非断开式

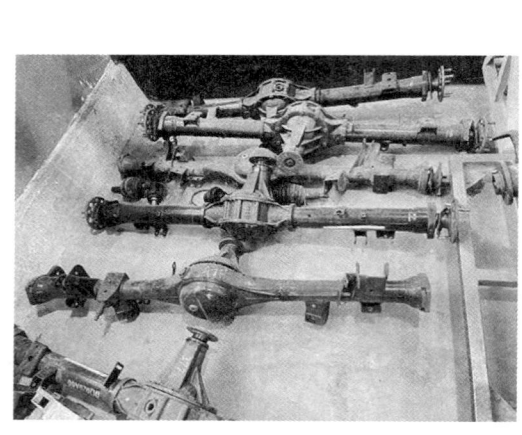

驱动车轮采用非独立悬架时,应选用非断开式驱动桥。非断开式驱动桥也称为整体式驱动桥,其半轴套管和主减速器壳均与轴壳刚性地相连在一个整体梁上,因而两侧的半轴和驱动轮相关联地摆动,通过弹性元件与车架相连。非断开式驱动桥由驱动桥壳、主减速器、差速器和半轴组成。

2.断开式

断开式驱动桥采用独立悬架,其主减速器壳固定在车架上,两侧的半轴和驱动轮能在横向平面相对于车体进行相对运动。

为了与独立悬架相配合,主减速器壳固定在车架(或车身)上,驱动桥壳分段并通过铰链连接,或除主减速器壳外不再有驱动桥壳的其他部分。为了适应驱动轮独立上下跳动的需要,差速器与车轮之间的半轴各段之间用万向节连接。

图 1-4-1 非断开式驱动桥

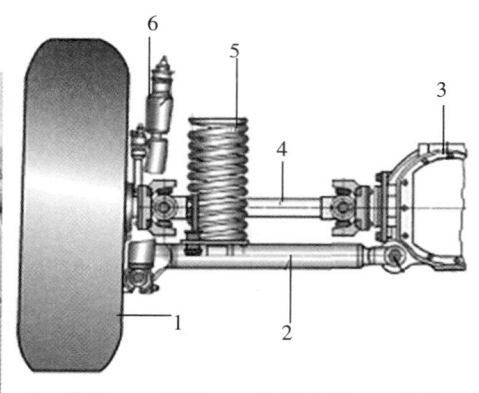

1—车轮;2—摆臂;3—主减速器;4—半轴;
5—弹性元件;6—减振器

图 1-4-2 断开式驱动桥

二、驱动桥的组成

驱动桥一般由主减速器、差速器、车轮传动装置和驱动桥壳等组成。如图 1-4-3 所示。

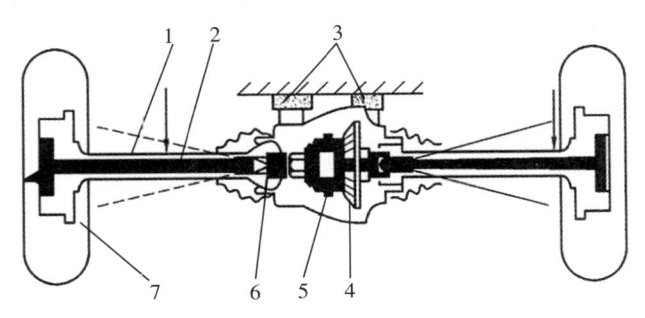

1—桥壳；2—半轴；3—支架；4—主减速器；5—差速器；6—万向节；7—驱动轮

图 1-4-3 驱动桥的组成

（一）主减速器

主减速器的作用是改变传动方向，降低转速，增大扭矩，保证汽车有足够的驱动力和适当的速度传递给差速器。主减速器按参加传动的齿轮副数目，可分为单级、双级、双速、轮边减速器等。

1.单级主减速器

单级减速器是指由一对减速齿轮实现减速的装置。其结构简单，重量轻，广泛应用于东风EQ1090型等轻、中型载重汽车上。

2.双级主减速器

对于一些载重较大的载重汽车，要求有较大的减速比，若用单级主减速器传动，则从动齿轮的直径必须增大，这会影响驱动桥的离地间隙，所以应采用两次减速的方式。实现这种减速方式的主减速器通常被称为双级主减速器。双级主减速器有两组减速齿轮，实现两次减速增扭。

（二）差速器（如图1-4-4）

1.差速器的作用

差速器用以连接左右半轴，可使两侧车轮以不同角速度旋转，同时传递扭矩，保证车轮的正常滚动。

2.差速器的类型

差速器按结构可分为普通差速器和防滑差速器。

（1）普通差速器。

普通差速器由2个或4个圆锥行星齿轮、行星齿轮轴、2个圆锥半轴齿轮和左右差速器壳等组成。

（2）防滑差速器。

汽车上常用的防滑差速器有人工强制锁止式和自锁式两大类。人工强制锁止式差速器是通过驾驶人操纵差速锁,人为地将差速器暂时锁住,使差速器不起差速作用;自锁式差速器在汽车行驶过程中,根据路面自动改变驱动轮间的扭矩分配。自锁式差速器又可以分为摩擦片式、滑块凸轮式和托森式等多种结构形式。

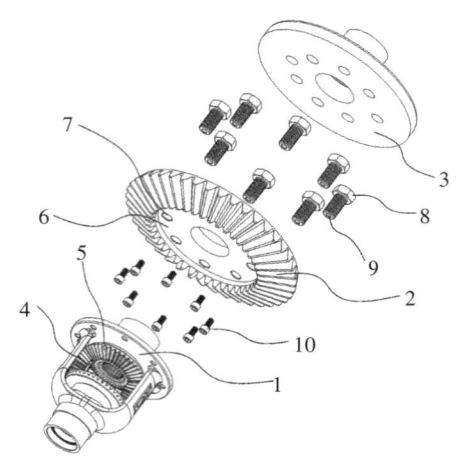

1—差速器壳;2—从动轮齿;3—凸缘;4—行星齿轮;5—半轴齿轮;6—从动齿轮;7—螺栓孔;
8—主减速器螺栓帽;9—主减速器螺栓杆;10—差速器壳螺栓

图 1-4-4　差速器

(三)半轴(如图 1-4-5)

半轴是将差速器传来的扭矩再传给车轮,驱动车轮旋转,推动汽车行驶的实心轴。轮毂的安装结构不同,半轴的受力情况也不同。所以,半轴分为全浮式、半浮式、3/4 浮式 3 种。

1. 全浮式半轴

一般大、中型汽车采用全浮式半轴。半轴的内端用花键与差速器的半轴齿轮相连接,半轴的外端锻出凸缘盘,用螺栓与轮毂连接。轮毂通过两个相距较远的圆锥滚子轴承支承在半轴套管上。半轴套管与后桥壳压配成一体,组成驱动桥壳。这样的支承形式,半轴与桥壳没有直接联系,半轴只承受驱动扭矩而不承受任何弯矩,这种半轴称为全浮式半轴。所谓"浮"即半轴不受弯曲载荷。

全浮式半轴,外端为凸缘盘与轴制成一体。但也有一些载重汽车把凸缘盘制成单独零件,并借花键套合在半轴外端。因而,半轴的两端都是花键,可以换头使用。

2. 半浮式半轴

半浮式半轴的内端与全浮式半轴的一样,不承受弯矩。其外端通过一个轴承直接支承在半轴外壳的内侧。这种支承方式将使半轴外端承受弯矩。因此,这种半轴除传递扭矩外,还局部地承受弯矩,故称为半浮式半轴。这种半轴主要用于小型客车。

3. 3/4浮式半轴

3/4浮式半轴承受的弯矩介于半浮式半轴和全浮式半轴之间。此类半轴应用不多,只应用于个别小轿车上,如华沙M20型汽车。

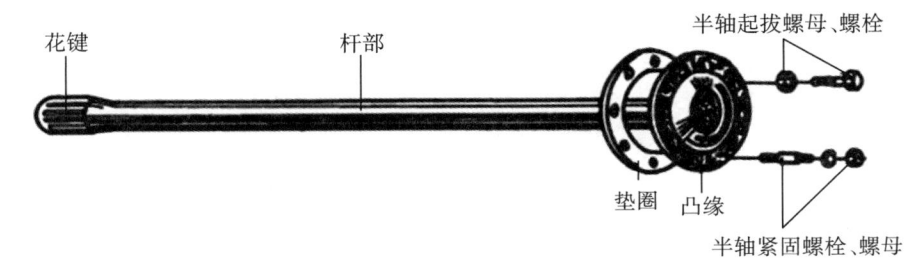

图1-4-5 半轴

(四)驱动桥壳

驱动桥壳主要由主减速器和半轴套管组成,如图1-4-6所示。

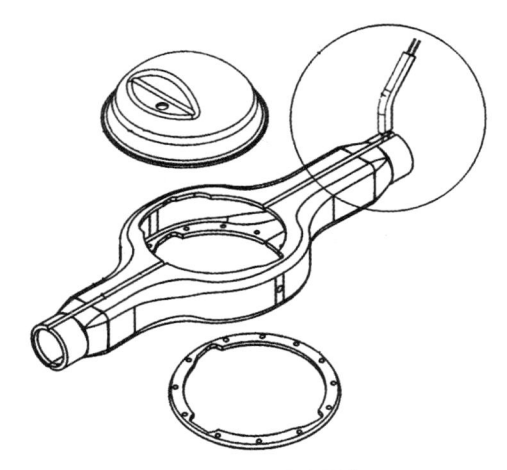

图1-4-6 驱动桥壳

1.整体式驱动桥壳

整体式驱动桥壳因强度和刚度性能好,利于主减速器的安装、调整和维修,而得到广泛应用。整体式桥壳因制造方法不同,可分为整体铸造式、中段铸造压入钢管式和钢板冲压焊接式等。

2.分段式驱动桥壳

分段式驱动桥壳一般分为两段,由螺栓将两段连成一体。分段式驱动桥壳比较易于铸造和加工。

【技能要求】

要求1　驱动桥的检测与维修

一、排放驱动桥主减速器油液

（1）将车辆举升至合适操作的高度。

（2）检查主减速器壳是否有漏油或其他异常现象。

（3）拆下放油塞,将驱动桥壳内的主减速器油排放干净,如图1-4-7所示。

图1-4-7　排放驱动桥主减速器油

二、拆卸主减速器总成

（1）如图1-4-8所示,将传动轴从后桥上拆下,并做好配合标记。

（2）使用专用油管扳手从制动轮缸上拆下制动油管,如图1-4-9所示。

（3）拆下驻车制动器拉索。

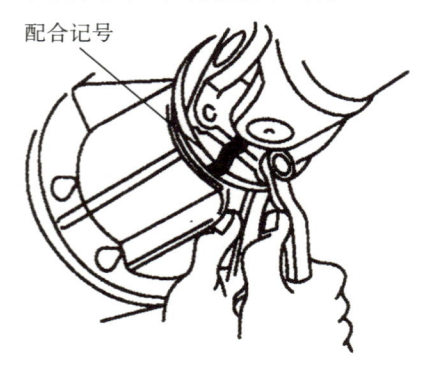

图1-4-8　拆下传动轴并做标记　　图1-4-9　拆制动油管

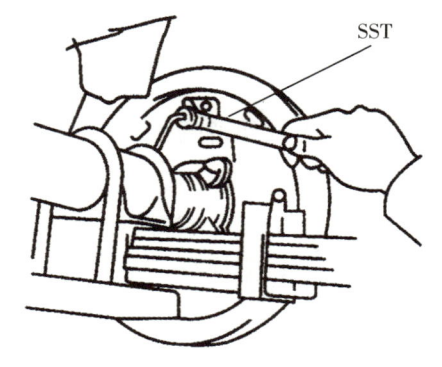

（4）使用专用工具拆卸后桥半轴,如图1-4-10所示。

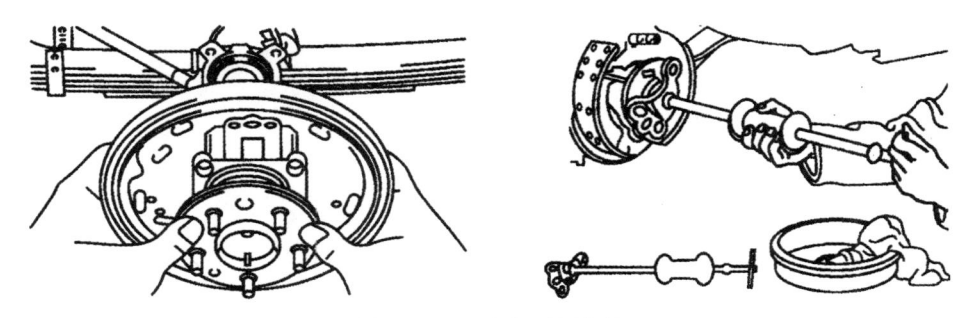

图1-4-10　拆卸后桥半轴

（5）拆卸主减速器总成，如图1-4-11所示。

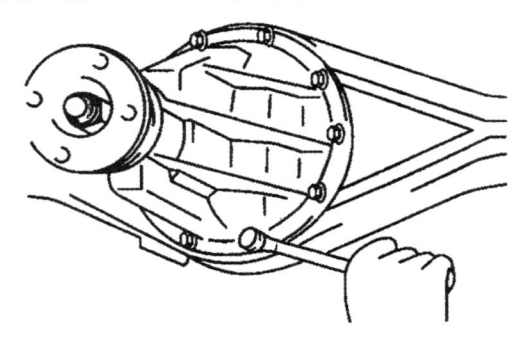

图1-4-11　拆卸主减速器总成

学习检测

一、判断题

1. 主减速器的功能是升速降矩。（　　）
2. 行星锥齿轮差速器具有转矩等量分配的特性。（　　）
3. 防滑差速器可以提高汽车通过坏路面的能力。（　　）
4. 驱动桥壳是传动系统的组成部分，不是行驶系统的组成部分。（　　）
5. 上海桑塔纳轿车和东风EQ1092型汽车的主减速器，可以使用普通齿轮油润滑。（　　）

二、选择题

1. 驱动桥的一级维护作业有（　　）。
    A. 左右半轴的换位　　B. 加注润滑油　　C. 检查异响　　D. 检查轴承预紧力
2. 驱动桥壳的类型有（　　）。
    A. 半浮式　　B. 整体式　　C. 分段式　　D. 全浮式
3. 半轴常见的问题有（　　）。
    A. 裂纹　　B. 垂直度误差　　C. 扭曲　　D. 平面度误差

项目一　汽车传动系统的拆检

自我训练

任务工单

任务名称	驱动桥的拆装与检修	学生姓名	
班　级		学生学号	任务成绩

一、准备工作

1. 工量具、设备与材料

常用工具、后驱车辆或驱动桥、专用工具、举升机、磁力表座及百分表、钢直尺、维修手册、干净的抹布。

2. 安全防护用品

标准作业装、安全鞋、手套。

3. 检查安全与环保措施,熟悉工作场景

4. 汽车信息收集

车牌号码:_____　　车辆型号:_____

VIN码:_____　　行驶里程:_____

二、主减速器拆卸

1. 拆卸前准备

(1)将车辆举升至合适操作的高度。　　　　　　　　　　□任务完成

(2)检查主减速器壳是否有漏油或其他异常现象。　　　□是　□否

(3)拆下放油塞,将驱动桥壳内的主减速器油排放干净。　□任务完成

小提示: 排放主减速器油时,要注意油温,避免因油温过高而受伤。

①检查主减速器的油质。　　　　　　　□正常　□很黑　□黑且有杂质

②排放完主减速器油后,用手转动一侧车轮,同时观察另一侧车轮出现何种现象,并运用所学知识分析原因。

_____

2. 主减速器总成拆卸

(1)将传动轴从后桥上拆下,并做好配合标记。　　　　　□任务完成

在拆卸传动轴时,为什么要做配合记号?

_____

（2）使用专用油管扳手从制动轮缸上拆下制动油管。　　　　　　□任务完成

小提示：拆卸制动油管时要注意不能随便排放制动液，要用容器收集起来，同时拆卸下的制动油管接口部位应该用胶布密封。

（3）拆下驻车制动器拉索。　　　　　　　　　　　　　　　　　□任务完成

（4）使用专用工具拆卸后桥半轴。　　　　　　　　　　　　　　□任务完成

小提示：不要损坏半轴油封。

（5）拆卸主减速器总成。　　　　　　　　　　　　　　　　　　□任务完成

三、主减速器的检修

1.主减速器基本检测

（1）目检主减速器主、从动锥齿轮，如图1-4-12所示。

① 检查齿轮有无明显划伤。　　　　　　　　　　　　　　□有　□无
② 检查齿轮有无裂纹。　　　　　　　　　　　　　　　　□有　□无

(a)划伤的齿　　　(b)轮齿边缘的缺口或凸起

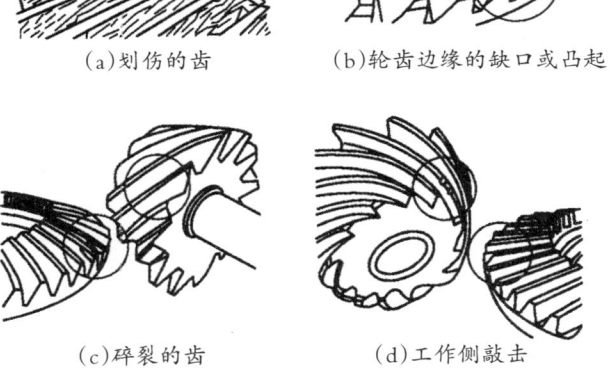

(c)碎裂的齿　　　(d)工作侧敲击

图1-4-12　目检主、从动锥齿轮时可能情况

③ 检查齿轮有无剥落。　　　　　　　　　　　　　　　　□有　□无

（2）用百分表检测结合凸缘的纵向摆差，1-4-13所示，并记录在表1-4-1中。

项目一　汽车传动系统的拆检　　75

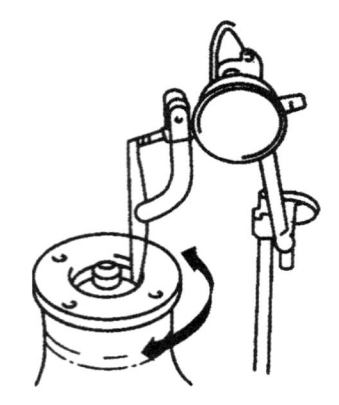

图1-4-13　测量凸缘的纵向摆差

（3）检测结合凸缘的横向摆差，如图1-4-14所示，并记录在表1-4-1中。

（4）检测从动齿圈的端面摆差，如图1-4-15所示，并记录在表1-4-1中。

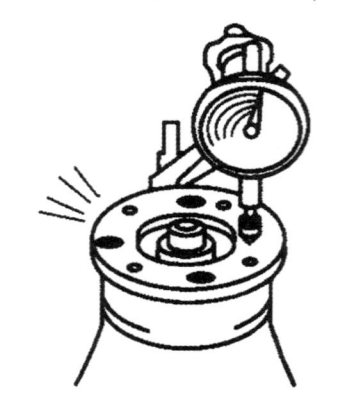

图1-4-14　测量结合凸缘的横向摆差 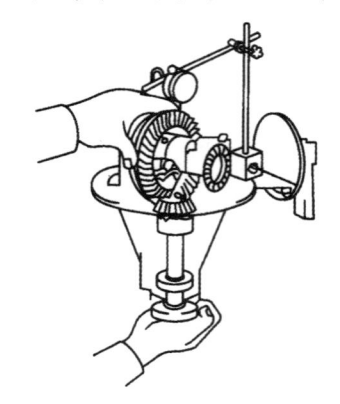　　图1-4-15　测量从动齿圈的端面摆差

（5）检测从动齿圈的啮合间隙，如图1-4-16所示。在进行啮合间隙检查时，分析并阐述导致测量值比标准值大的原因。

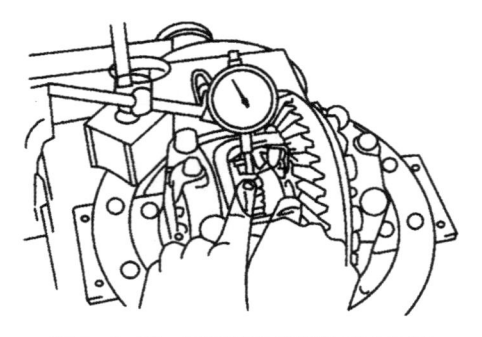

图1-4-16　测量从动齿圈的啮合间隙 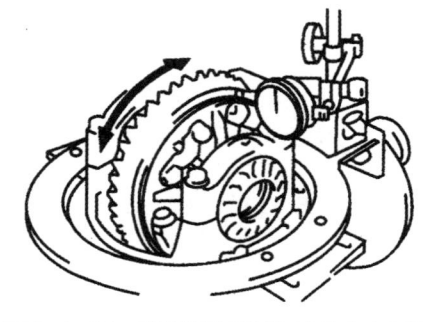　　图1-4-17　测量差速器侧齿轮的啮合间隙

（6）检查差速器侧齿轮的啮合间隙，如图1-4-17所示，并记录在表1-4-1中。

表1-4-1 主减速器解体前检测数据表

检测项目	测量数值(mm)	标准数值(mm)	维修建议
结合凸缘的纵向摆差			
结合凸缘的横向摆差			
从动齿圈的端面摆差			
从动齿圈的啮合间隙			
差速器侧齿轮的啮合间隙			

2.主减速器与差速器分解与检查

(1)使用专用工具固定住凸缘,凿松螺母,拆下结合凸缘,如图1-4-18所示。

☐任务完成

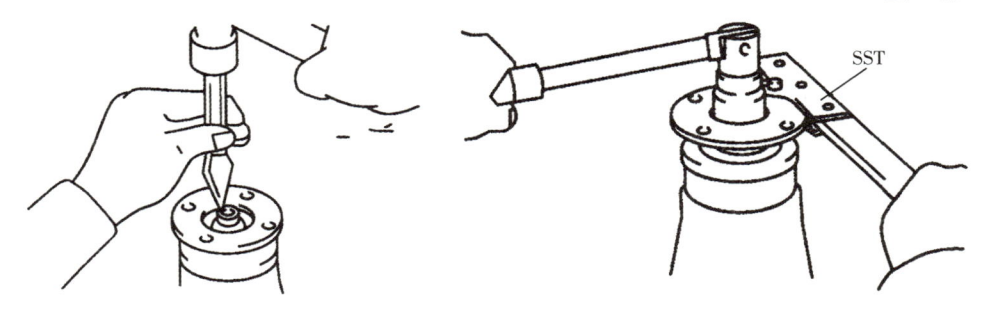

图1-4-18 拆卸凸缘

(2)使用专用工具拆下前油封,如图1-4-19所示。 ☐任务完成

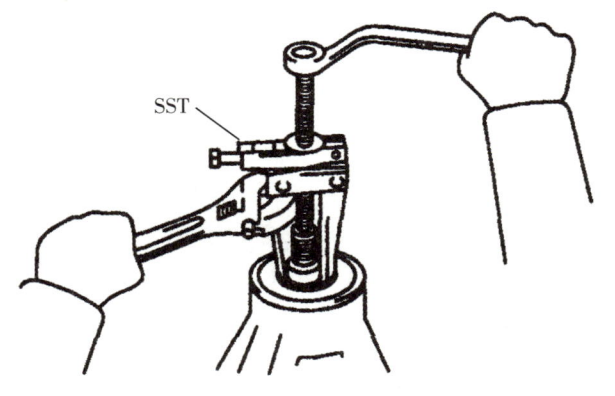

图1-4-19 拆下前油封

(3)拆下前轴承并检查是否有异常的损坏。 ☐正常 ☐不正常

小提示:如果发现轴承损坏,其相应的座圈正常,更换轴承时需要更换相应的座圈。

(4)拆下驱动桥壳,如图1-4-20所示,检查拆下的调整螺母的螺纹、主减速器壳螺纹是否有磨损及其他异常损坏现象。　　　　　　　　　　　　　□是　□否

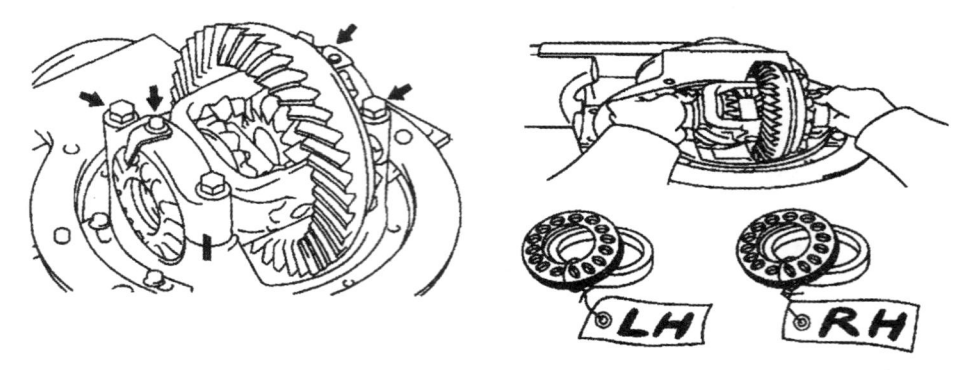

图1-4-20　拆下驱动桥壳

(5)拆下主动小齿轮的后轴承,如图1-4-21所示,检查后轴承及主减速器壳后轴承座圈有无异常的损坏。　　　　　　　　　　　　　　　　　　　　□有　□无

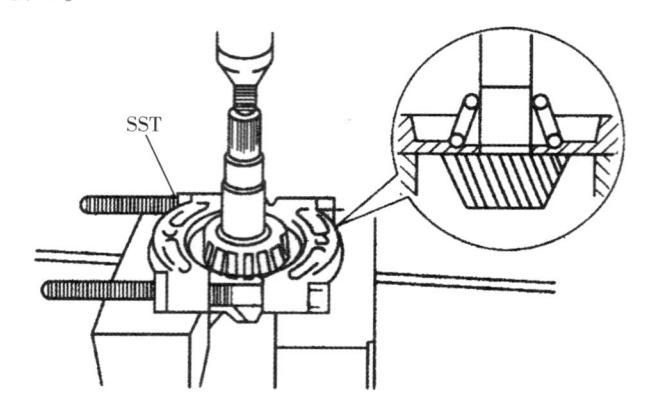

图1-4-21　拆下主动小齿轮的后轴承

(6)拆下从动齿圈,如图1-4-22所示。　　　　　　　　　　　　　□任务完成

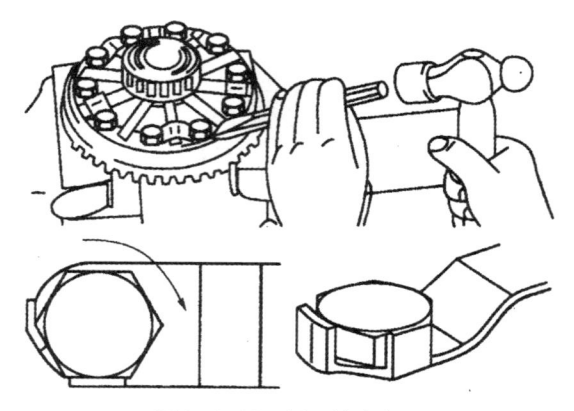

图1-4-22　拆下从动齿圈

①检查从动齿圈的齿是否有划伤、碎裂、断裂或其他异常现象,如图1-4-23所示。

☐是　☐否

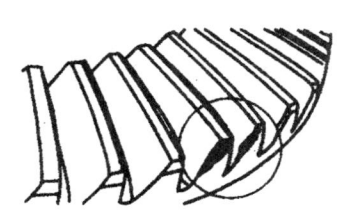

(a)划伤的齿　　(b)轮齿边缘的缺口或凸起

图1-4-23　检查从动齿圈的齿时可能情况

②当从动齿圈和主动锥齿轮中的某一个损坏时,维修时是否要将两者同时进行更换?请阐述原因。

_____

_____

(7)拆卸侧轴承,如图1-4-24所示,判断其滚子、轴承架是否有损坏现象。

☐是　☐否

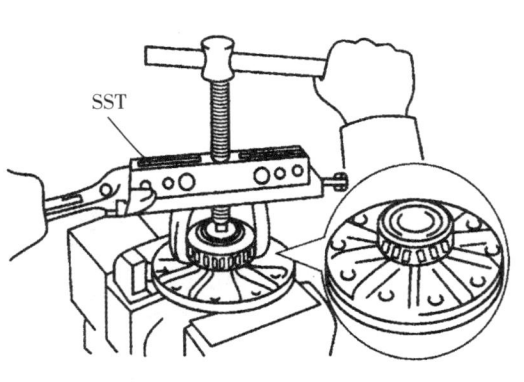

图1-4-24　拆卸侧轴承

(8)分解差速器。　　　　　　　　　　　　　　　　　　　　　　☐任务完成

(9)检查差速器组件,如图1-4-25所示。

①目检齿轮是否过度磨损或损坏。　　　　　　　　　　　　　☐是　☐否

②测量止推垫圈厚度及行星齿轮轴外径,并将检查数据填写在表1-4-2中。

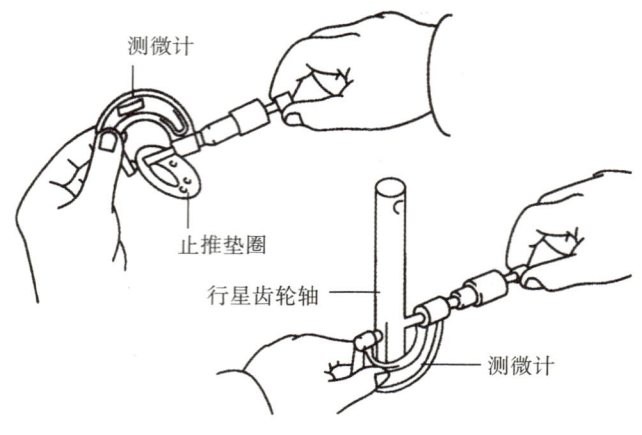

图 1-4-25　检查差速器组件

表 1-4-2　差速器组件的检测记录表

测量项目	测量数值	标准数值	维修建议
止推垫圈厚度			
行星齿轮轴外径			

3. 主减速器与差速器装配

（1）装配差速器总成，如图 1-4-26 所示。　　　　　　　　　　□任务完成

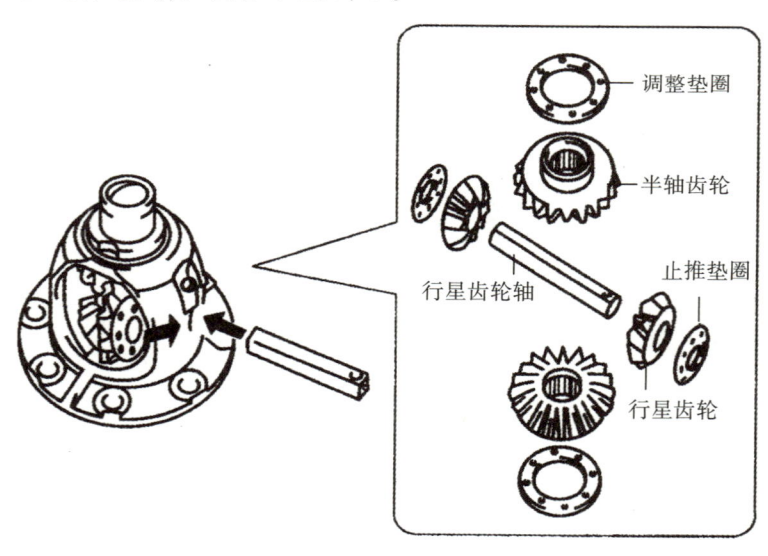

图 1-4-26　装配差速器总成

（2）测量半轴齿轮的啮合间隙，如图 1-4-27 所示，并将测量结果填写在表 1-4-3 中。如果测量的啮合间隙值过大，选择一个厚度_____（较大/较小）的垫圈，调整啮

合间隙。如果测量的啮合间隙值过小，选择一个厚度_____（较大/较小）的垫圈，调整啮合间隙。

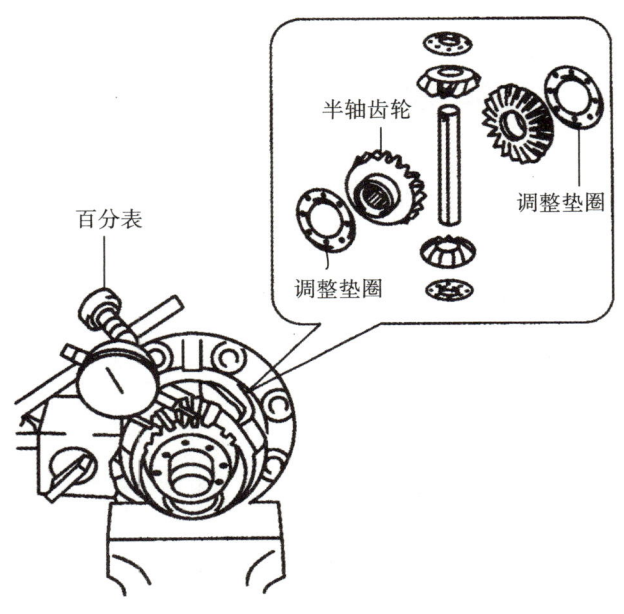

图1-4-27 测量半轴齿轮啮合间隙

表1-4-3 半轴齿轮检测记录表

测量项目	测量数值	标准数值	维修建议
半轴齿轮啮合间隙			

（3）安装主减速器齿圈，将齿圈螺栓的锁止片锁上，如图1-4-28所示。□任务完成

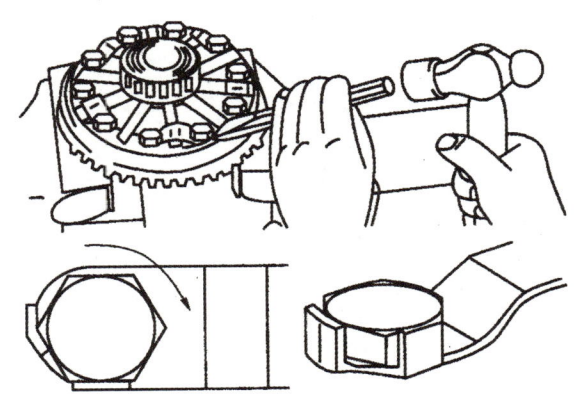

图1-4-28 安装主减速器齿圈，锁紧锁止片

（4）安装主动齿轮轴的内轴承，如图1-4-29所示。□任务完成

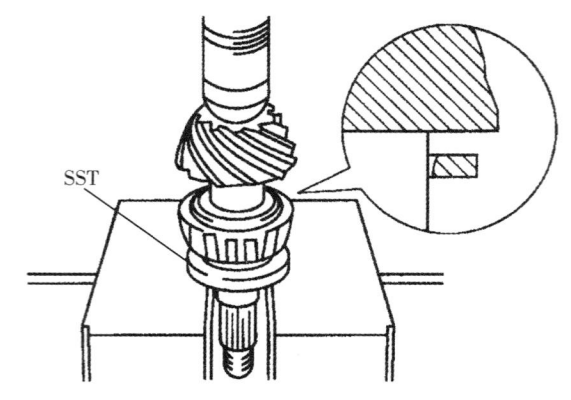

图 1-4-29　安装主动齿轮轴的内轴承

（5）安装主动齿轮轴的前轴承、隔套和甩油环，如图 1-4-30 所示。　　□任务完成

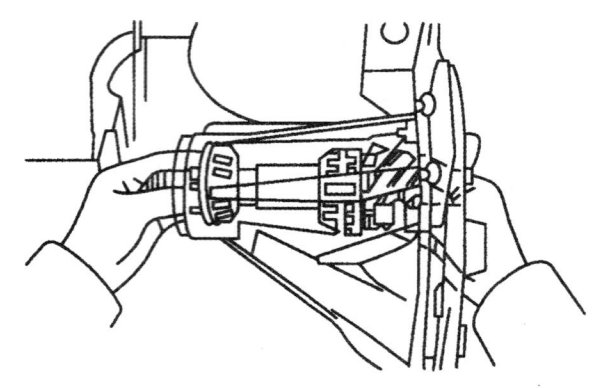

图 1-4-30　安装前轴承、隔套和甩油环

（6）安装主减速器油封，使用专用工具安装结合凸缘，如图 1-4-31 所示。

□任务完成

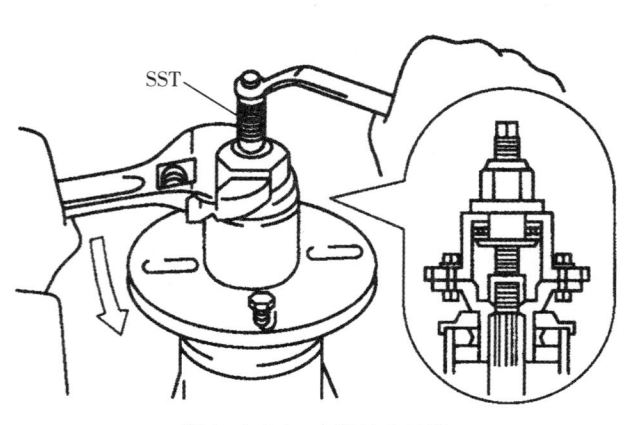

图 1-4-31　安装结合凸缘

4. 主动齿轮轴承预紧度的检查与调整

(1)使用扭力扳手测量主动齿轮轴承的预紧度。

①把专用工具连接到凸缘上,按规定扭矩拧紧凸缘盘紧固螺母,如图1-4-32(a)所示。　　　　　　　　　　　　　　　　　　　　　　　　　　　□任务完成

②用小读数(0~3 N·m)的扭力扳手测量主动齿轮轴承的预紧度,如图1-4-32(b)所示。　　　　　　　　　　　　　　　　　　　　　　　　　　　□任务完成

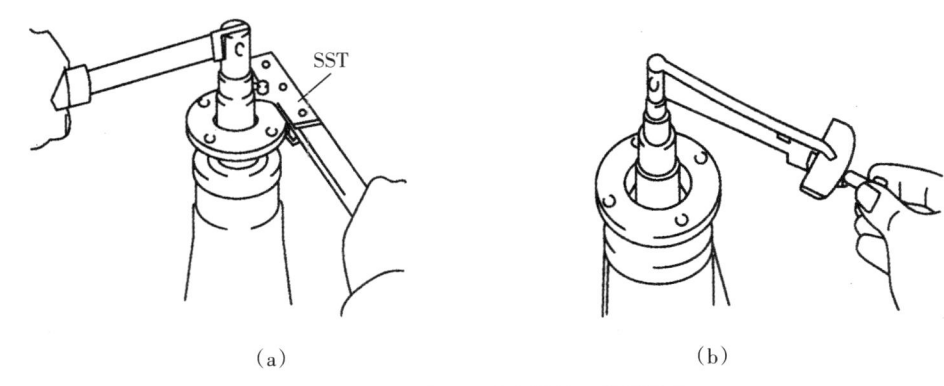

(a)　　　　　　　　　　　(b)

图1-4-32　检查主动齿轮轴承的预紧度

标准预紧扭矩(始动点):旧的轴承为0.5~0.8 N·m;新轴承为1.0~1.6 N·m。

实测的预紧扭矩:＿＿＿＿＿＿＿＿＿＿

(2)使用刚性隔套对主动锥齿轮轴承预紧度进行调整,如图1-4-33所示。

□任务完成

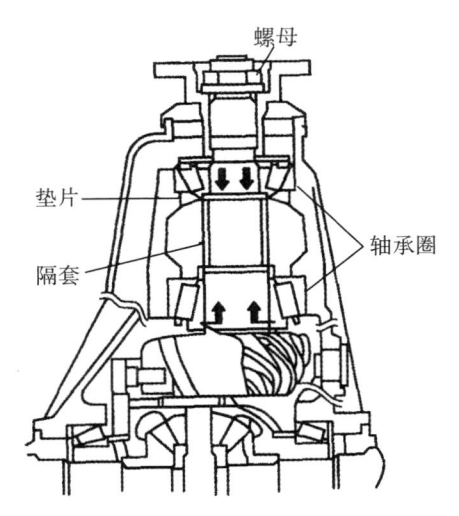

图1-4-33　调整主动锥齿轮轴承的预紧度

当测量的预紧扭矩比标准值大或小时,可以通过增加或减小两轴承间的调整垫片

厚度来使预紧扭矩达到标准值。

（3）将差速器总成装到主减速器壳上，如图1-4-34所示。　　□任务完成

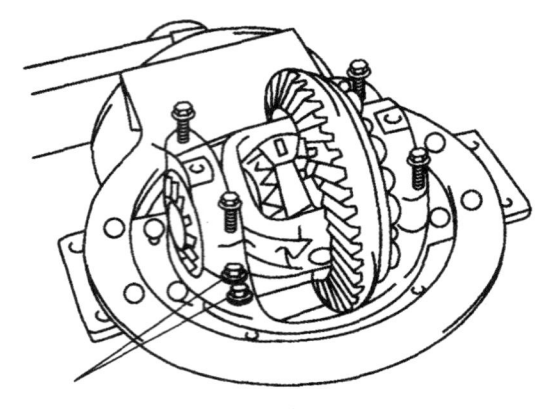

图1-4-34　安装差速器总成

轴承盖螺栓拧紧标准扭矩：_____

（4）差速器支承轴承预紧度的检查与调整，如图1-4-35所示。　　□任务完成

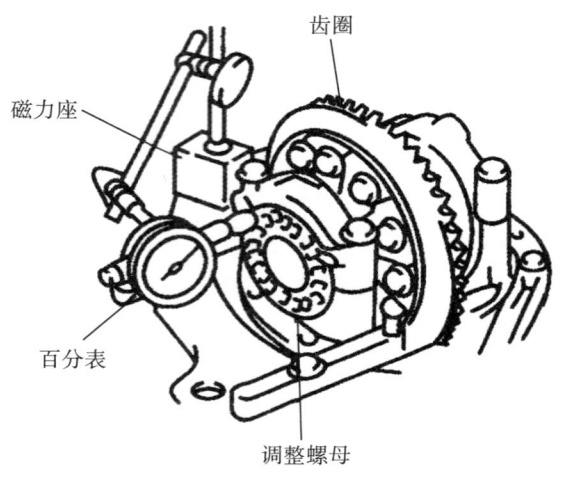

图1-4-35　轴承预紧度的检查

主动锥齿轮轴承、差速器侧轴承的预紧度过小或过大会有什么影响？
_____
_____

5. 主、从动锥齿轮啮合印痕的检查与调整步骤

（1）在与齿圈相邻120°的3处，每次取2~3个轮齿涂红丹，如图1-4-36所示。

□任务完成

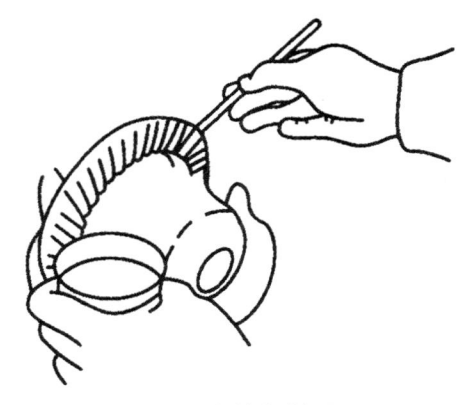

图 1-4-36　在轮齿涂红丹

（2）对主动小齿轮略施加压力，而后转动齿圈，观察轮齿上的啮合印痕的部位和形状。　　　　　　　　　　　　　　　　　　　　　　　　　　□任务完成

（3）查阅维修手册及相关资料，正常的啮合印痕部位应在工作齿面哪处？并在图1-4-37中画出正常的啮合印痕部位。　　　　　　　　　　　　　□任务完成

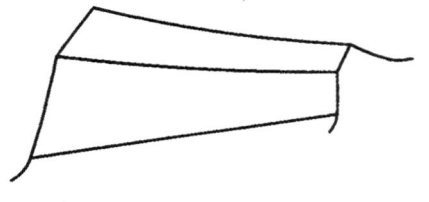

图 1-4-37　正常啮合印痕　　　　　　　　图 1-4-38　检查印痕

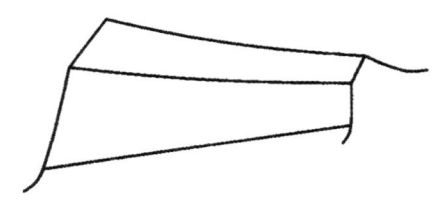

（4）用彩笔在图1-4-38画出检查实物印痕的位置。对比图1-4-37、图1-4-38的印痕，判断检查印痕是否正常。　　　　　　　　　　　□正常　　□不正常

（5）查阅相关资料，用彩笔在图1-4-39中画出齿轮工作齿面的大端与小端。

□任务完成

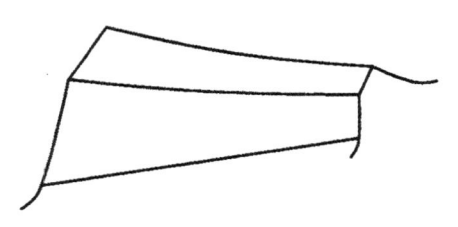

图 1-4-39　轮齿的大端与小端

想一想：能否在实物中找到与图1-4-39中齿面的大端与小端相对应的部位？

（6）查阅相关资料，用笔在图1-4-40中画出齿轮工作齿面的顶部与根部。

□任务完成

想一想：能否在实物中找到与图1-4-40中齿面的顶部与根部相对应的部位？

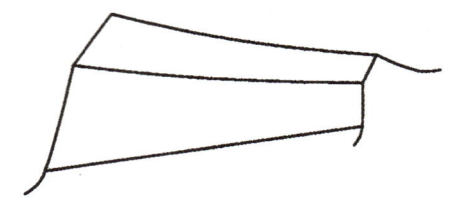

图1-4-40　轮齿的顶部与根部

（7）如果齿轮啮合印痕不正常，应该如何调整呢？查询相关资料，完成表1-4-4。

表1-4-4　啮合印痕的调整表

从动齿轮啮合印痕	是否正常	调整方法
印痕偏大端	□正常 □不正常	将从动齿轮向主动齿轮移近，如果啮合间隙过小，则将主动齿轮向外移开。
印痕偏小端	□正常 □不正常	
印痕偏顶端	□正常 □不正常	
印痕偏根部	□正常 □不正常	

6.检查啮合间隙,如图1-4-41所示

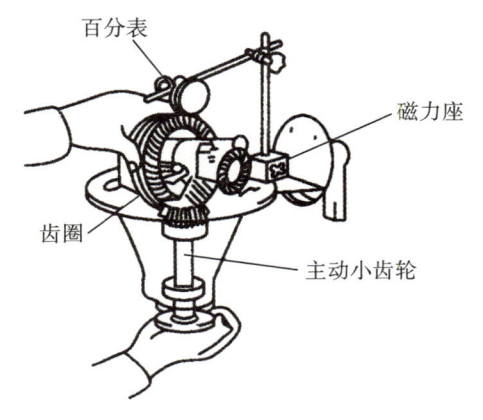

图1-4-41　检查啮合间隙

（1）将百分表触针垂直抵住齿圈齿轮大端。　　　　　　　　　　　□任务完成

（2）用手固定主动小齿轮,转动齿圈齿轮,从而可在百分表上读出啮合间隙值,并完成表1-4-5。

表1-4-5　啮合间隙检查记录表

单位:mm

测量项目	测量数值			标准数值
齿圈啮合间隙	位置1:	位置2:	位置3:	

（3）当实际测量的啮合间隙不符合规定数值时,该如何进行调整？查阅相关资料,完成表格1-4-6。

表1-4-6　啮合间隙不正常调整表

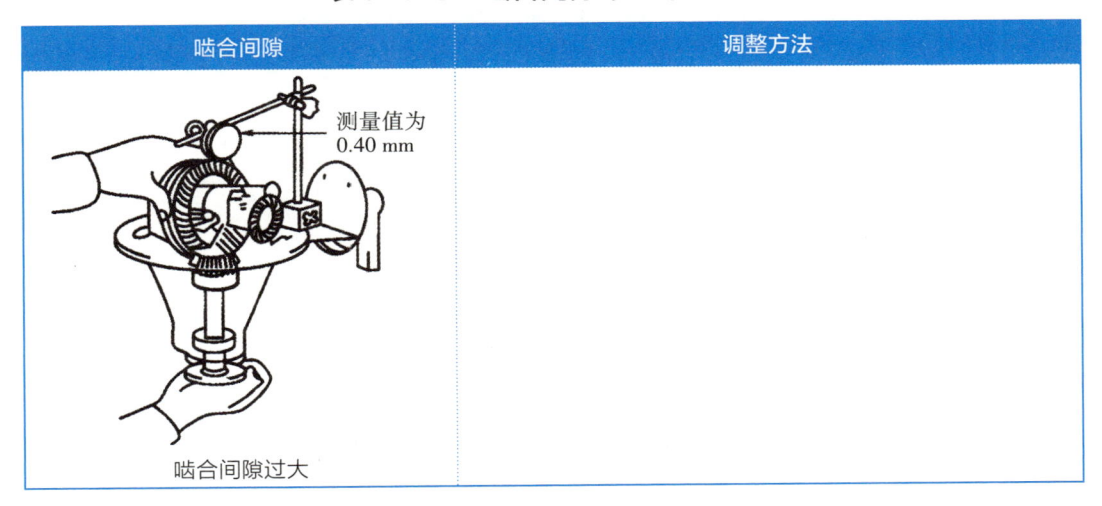

啮合间隙	调整方法
测量值为0.40 mm 啮合间隙过大	

项目一　汽车传动系统的拆检

续表

啮合间隙	调整方法
测量值为 0.05 mm 啮合间隙过小	

四、主减速器总成装车及检验

1. 按照与拆卸相反的顺序安装主减速器总成 　　　　　　□任务完成

2. 安装半轴及其他附件，按照与拆卸相反的顺序安装 　　□任务完成

3. 装上放油塞并加注主减速器油，如图1-4-42所示 　　　□任务完成

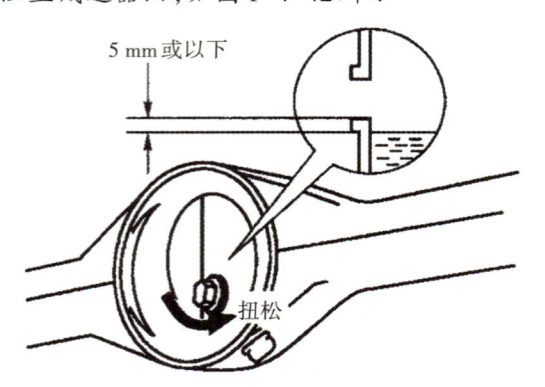

图1-4-42　加注主减速器油

4. 试车检查

（1）检查运转是否正常。　　　　　　　　　　　　　□是　□否

（2）检查转动是否有异响。　　　　　　　　　　　　□是　□否

（3）检查是否有漏油。　　　　　　　　　　　　　　□是　□否

【评价与反馈】

班级：_____　　姓名：_____　　指导教师：_____

序号	考核项目	配分	考核内容	配分	考核标准	得分
1	出勤/纪律	10	出勤	4	违规一次不得分	
			行为规范	6	违规一次不得分	
2	安全/保护/环保	20	着装	4	违规一次不得分	
			个人防护	4	违规一次不得分	
			8S/EHS	4	违规一次不得分	
			设备使用安全	4	违规一次不得分	
			操作安全	4	违规一次不得分	
3	学习能力	60	工单填写、工艺计划制订	10	未做不得分	
			学习总结	10	酌情扣1~4分	
			自我训练	40	未做不得分	
4	任务拓展	10	知识拓展任务	5	未做不得分	
			技能拓展任务	5	未做不得分	
	总分	100				
教师评价	优点					
	存在问题					
	解决方案					

教师签字：

项目二　汽车行驶系统的拆检

【项目目标】

1.知识目标
（1）能识别汽车行驶系统的组成及各部件的安装位置。
（2）能复述汽车行驶系统的作用和工作原理。
（3）能对行驶系统的简单故障进行分析，并能拆装与维修。

2.技能目标
（1）能按照维修手册的要求，正确使用工具对汽车行驶系统进行拆装和检测。
（2）能正确查阅维修手册，利用互联网等途径进行知识查询。

3.素质目标
（1）养成规范操作意识、纪律意识、安全意识、环保意识等。
（2）养成良好的清洁习惯和互帮互助的优秀品质等。

【项目准备】

常用工具：梅花扳手、套筒扳手、扭力扳手、开口扳手、风动工具等。

常用量具：万用表、千分尺、塞尺、游标卡尺等。

专用工具：诊断仪。

设备：多媒体教学设备、白板和展示板、发动机、翻转架、工具车、零件车、接油盆等。

资料：维修手册、维修工单、安全操作规程。

【工作流程】

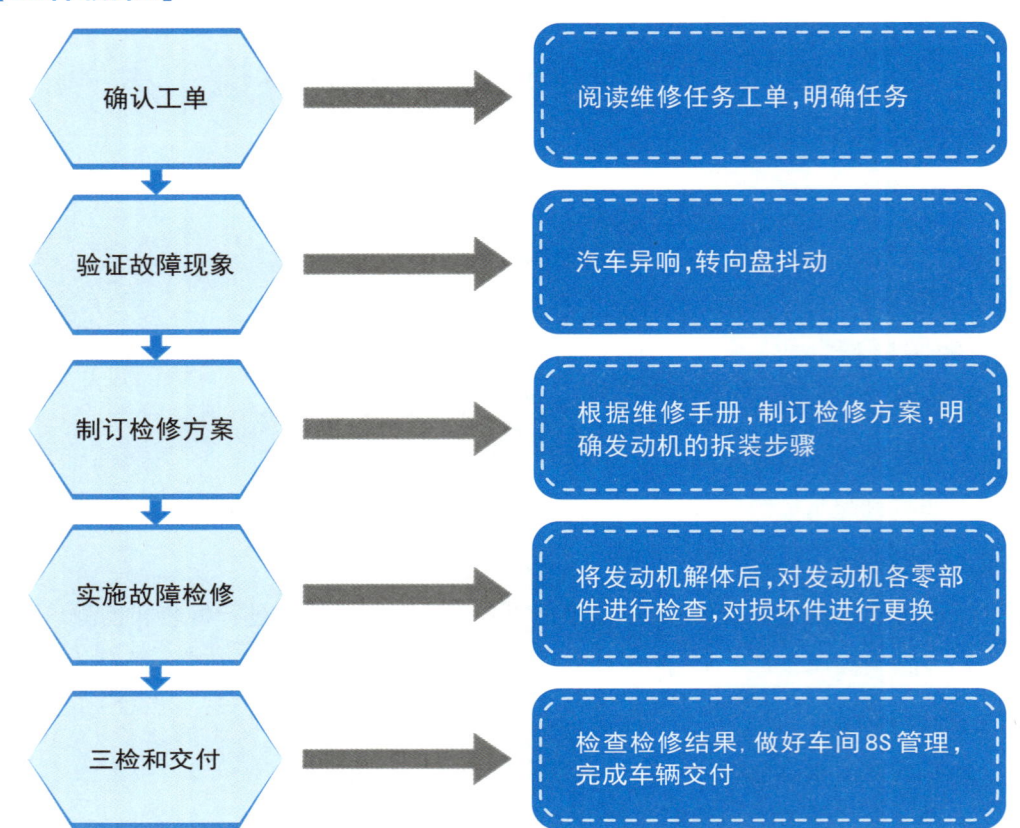

确认工单 →	阅读维修任务工单,明确任务
验证故障现象 →	汽车异响,转向盘抖动
制订检修方案 →	根据维修手册,制订检修方案,明确发动机的拆装步骤
实施故障检修 →	将发动机解体后,对发动机各零部件进行检查,对损坏件进行更换
三检和交付 →	检查检修结果,做好车间8S管理,完成车辆交付

任务一　车轮的检修与换位

轮胎的检修与换位

【任务描述】

　　一辆汽车被送进厂里维修,客户反映该汽车发生颠簸时出现"咯噔"的异响并且行驶时速在80~90 km时,出现转向盘抖动现象,时速超过90 km则恢复正常。维修技师通过初步检查,判断为悬架固定螺母松动引发悬架异响及车轮胎磨损不均引起转向盘抖动。维修人员需要根据维修手册相关要求,在规定时间内完成轮胎的动平衡调整和轮胎的换位、悬架固定螺母的紧固、驱动桥的检查与维修等操作,自检合格后交付班组长验收。

【学习重点】

　　(1)能复述汽车轮胎的作用。
　　(2)能正确选择并使用工具及设备。
　　(3)能根据维修手册的要求,在规定时间内,与组员共同进行车轮检修与换位,同时在作业过程中遵守安全操作规范。
　　(4)能在作业过程中自我检查贯彻规范操作的情况,做好过程记录。
　　(5)能合理回收废弃物,整理零部件。
　　(6)能对相关资料、互联网资源进行检索,完成工单、工作页的填写。

【建议学时】

　　6学时。

【学习地点】

　　一体化工作站。

【学习准备】

　　维修手册、互联网资源、车辆、工具设备、多媒体设备。

【学习过程】

一、汽车轮胎的作用

　　轮胎是在各种车辆上装配的接地滚动的圆环形弹性橡胶制品,是汽车正常安全行驶的重要部件,轮胎应具备如下作用。

（一）支撑负载（如图2-1-1所示）

此负载是指车辆本身负载和车辆在运动中的负载。当车辆加速制动转向时，作用于轮胎上的负载发生变化，因此在不同情况下，轮胎都必须具有支撑负载的能力。

图2-1-1　支撑负载

（二）保持操纵稳定性（如图2-1-2所示）

汽车转向时，产生回正力矩，使车辆做圆周运动。

图2-1-2　保持操纵稳定性

（三）产生驱动力、制动力和侧向力（如图2-1-3所示）

轮胎必须将发动机扭力从轮毂有效地传递到轮胎接地面，然后轮胎必须附着在地面，将发动机扭力转换成驱动力。同理制动时转换成制动力，转弯时产生侧向力。

图2-1-3　产生驱动力、制动力

（四）缓和来自路面的冲击力（如图2-1-4所示）

轮胎可以通过在负载情况下垂直屈曲变形，在很大程度上吸收振动，不仅对车辆起到保护作用，而且能够提高车辆的舒适性。

图2-1-4　缓和冲击力

二、轮胎的材料、结构及分类

（一）轮胎的材料

轮胎常在复杂和苛刻的条件下应用，汽车在行驶时轮胎承受着各种变形、负荷、力以及高低温作用，因此其必须具有较高的承载性能、牵引性能、缓冲性能。同时，还要求轮胎具备高耐磨性和耐屈挠性，以及低的滚动阻力与生热性。世界上橡胶的耗用量中轮胎生产占了一半。轮胎的材料组成常有以下几种：①橡胶（48%）；②纤维骨架材料（3%）；③配合剂（8%）；④炭黑（23%）；⑤钢丝（18%）。

（二）轮胎的结构

汽车轮胎的结构如图2-1-5所示、表2-1-1所述。

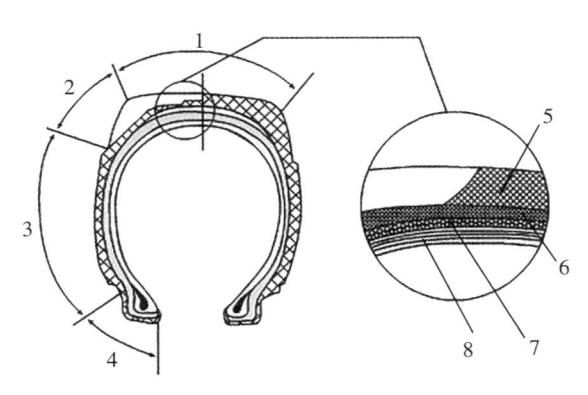

1—胎冠；2—胎肩；3—胎侧；4—胎圈；5—胎面；6—带束层；7—钢丝层；8—帘布层

图2-1-5　汽车轮胎结构断面图

表2-1-1　汽车轮胎结构及作用

序号	名称	位置	作用
1	胎冠	直接和路面接触的部分	厚橡胶层为胎面与路面间提供了界面。耐磨橡胶可以保护胎体和带束层，延长行驶寿命。
2	胎肩	轮胎肩状突出部位	胎肩位于胎面与胎侧之间，肩部橡胶最厚，因此，该设计必须满足轮胎在行驶过程中产生的热量容易扩散的要求。
3	胎侧	轮胎的侧面	这部分位于肩部和胎圈之间，具有良好弹性的胎侧保护着胎体，并提升驾驶体验。轮胎的型号、尺寸、结构、模型、生产公司、产品名及各种特征都将在此进行说明。
4	胎圈	直接和轮辋接触的部分	胎圈把轮胎附在轮辋上，在接口处包覆帘布。胎圈由胎圈钢丝、胎圈、胎圈包布和其他零件组成。一般设计是胎圈紧凑地绕着轮辋，并保证在气压突然增大时，轮胎也不会脱离轮辋。
5	胎体	轮胎结构	胎体的主要作用是维持气压，垂直负荷同时吸收振动。
6	缓冲层	位于胎面与胎体之间	缓冲层是位于胎面与胎体之间的一个帘布层，用以保护斜交轮胎的胎体。缓冲层可减少振动，防止胎体对胎面的直接伤害，同时也能防止橡胶层与胎体之间的断裂。
7	带束层	位于胎面与胎体之间	是子午线轮胎或带束斜交轮胎的胎面与胎体之间的一个强化层。它的功能与缓冲层相似，通过紧紧包裹胎体，增加胎面的刚性。
8	内部衬里	位于轮胎内侧	内部衬里其实是由一层橡胶组成的，它可以防止气体扩散并代替轮胎内部的内胎。内部衬里可保持轮胎内部的气体。

（三）轮胎的分类

1. 按胎体结构不同

轮胎可分为充气轮胎和实心轮胎，目前轿车用轮胎几乎都是充气轮胎。

2. 按承受充气压力不同

轮胎可分为高压轮胎、低压轮胎和超低压轮胎。

（1）高压轮胎：0.5~0.7 MPa。

（2）低压轮胎：0.15~0.45 MPa。

（3）超低压轮胎：0.15 MPa以下。

汽车几乎全部使用低压轮胎或超低压轮胎。因为它们弹性好、断面宽、接地面积大、壁薄散热好、平顺性好、稳定性好。

3. 按密封空气的不同

轮胎可分为有内胎轮胎和无内胎轮胎，目前轿车用轮胎几乎都是无内胎轮胎。

4. 根据胎体帘布层帘线的不同

轮胎可分为如图2-1-6(a)所示的斜交轮胎和如图2-1-6(b)所示的子午线轮胎，目前轿车用轮胎几乎都是子午线轮胎。

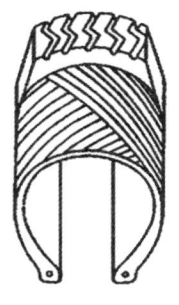

(a)斜交轮胎　(b)子午线轮胎

图2-1-6　斜交轮胎与子午线轮胎

(1)普通斜交轮胎：普通斜交轮胎的特点是帘布层和缓冲层各相邻层帘线交叉排列，各层帘线与胎冠中心线成35°~40°的交角，因而叫斜交轮胎。

(2)子午线轮胎：子午线轮胎的帘线与胎面中心夹角接近90°，并从一侧胎边穿过胎面到另一侧胎边，帘线分布像地球子午线，故得名。缺点：因胎侧较薄，胎冠较厚，在胎冠与胎侧的过渡区易产生裂口；侧面变形大，导致汽车的侧向稳定性差；制造技术要求高，成本也高。

子午线轮胎与斜交轮胎相比，有以下优点：操作性和稳定性优越且耐磨性好、发热少、滚动阻力小、滑动少、牵引力大，轿车在高速行驶时舒适性更高。

5. 根据胎面的花纹不同

轮胎分为普通花纹轮胎、混合花纹轮胎和越野花纹轮胎等，如图2-1-7所示，查阅相关资料完成表2-1-2。

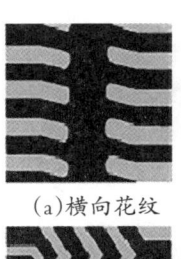

(a)横向花纹　(b)纵向花纹

(c)混合花纹　(d)越野花纹

图2-1-7　轮胎花纹

表2-1-2　不同花纹特点及适用车型

轮胎花纹		花纹特点及适用车型
普通花纹	横向花纹，如图2-1-7(a)	这种花纹细而浅，花纹接地面积大，耐磨性和附着性都较好，适用于比较好的硬路面。适合于牵引力比较大的中型或重型货车。
	纵向花纹，如图2-1-7(b)	这种花纹细而浅，花纹接地面积大，耐磨性和附着性都较好，适用于比较好的硬路面。纵向花纹轮胎，轿车、货车都可选用。
混合花纹，如图2-1-7(c)		它介于普通花纹和越野花纹之间，兼顾了两者的使用要求，中部为菱形，纵向为锯齿形或烟斗形花纹，两边为横向越野花纹，适用于在城市、乡村之间的路面行驶的汽车。现代货车驱动轮也采用这种花纹。
越野花纹，如图2-1-7(d)		花纹凹部深而且粗，在软路面上与地面附着性好，越野能力强，适用于在矿山、建筑工地作业的车，适用于越野车轮胎。安装人字形越野花纹轮胎时，驱动轮胎花纹的尖端应与旋转方向一致，不致使花纹被泥水阻塞。越野花纹轮胎不宜在好路上使用，否则会加大花纹磨损。

三、车轮总成的型号及识别

（一）车轮

1.车轮结构及功能

车轮是由轮辋、轮辐、轮毂组成，如图2-1-8所示。其功能是：安装轮胎，承受轮胎与车桥之间的各种载荷。车轮各部位的作用见表2-1-3。

图2-1-8　车轮结构

表2-1-3　车轮的结构及作用

序号	名称	作用
1	轮毂	轮胎内廓，支撑轮胎
2	轮辋	安装和固定轮胎
3	轮辐	连接轮毂和轮辋

2. 车轮轮辐

按轮辐的构造，车轮可分为辐板式车轮和辐条式车轮，如图2-1-9所示。

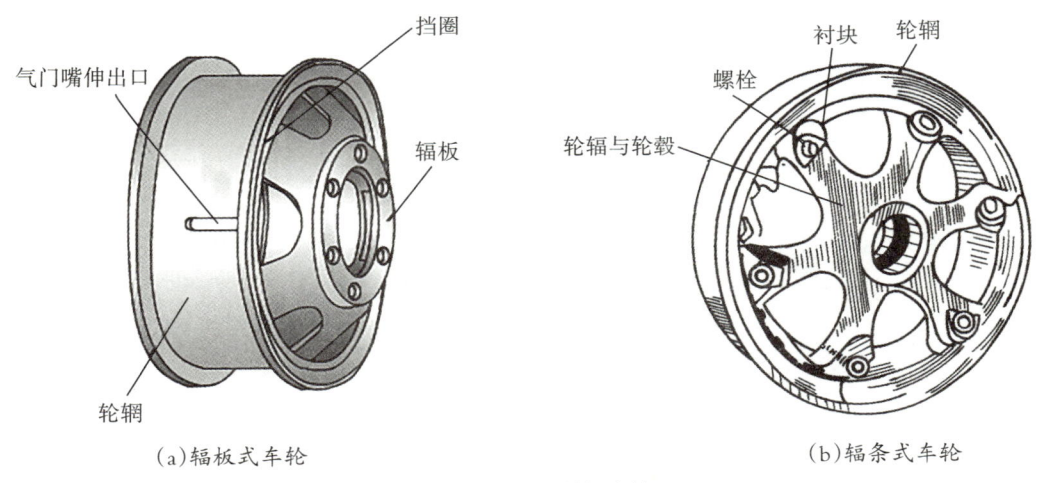

(a)辐板式车轮　　(b)辐条式车轮

图2-1-9　不同轮辐车轮

现代汽车的轮辐多种多样，与汽车造型融为一个整体，对整车起到了很好的装饰作用。采用少辐板的轮辐，也有利于制动器的散热，如图2-1-10所示。

图2-1-10　奔驰轿车五辐车轮

项目二　汽车行驶系统的拆检　99

3. 车轮轮辋

轮辋规格一般用轮辋直径和宽度来表示。

①轮辋直径：指轮辋外缘外侧轮圈的直径。

②轮辋宽度：指轮辋外缘两边内侧之间的距离。

（二）轮胎型号

轿车轮胎的主要参数如图2-1-11所示，查询表2-1-5、表2-1-6，完善表2-1-4。

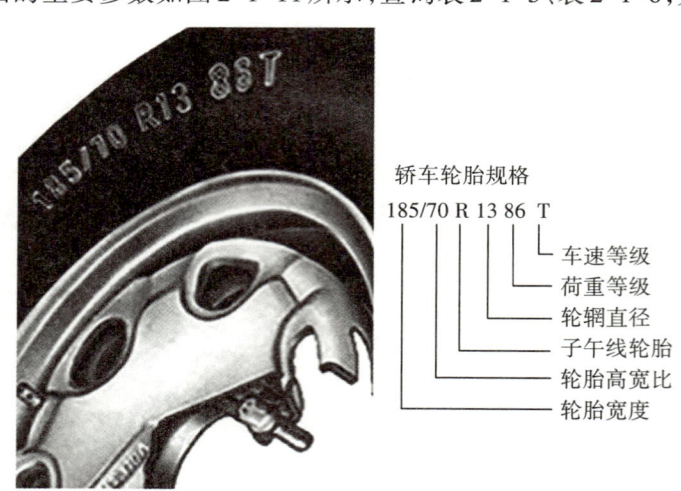

图2-1-11 轿车轮胎主要参数标记

轿车轮胎规格
185/70 R 13 86 T
- 车速等级
- 荷重等级
- 轮辋直径
- 子午线轮胎
- 轮胎高宽比
- 轮胎宽度

表2-1-4 轮胎参数及规格

轮胎胎侧标示参数	参数含义及规格
185	轮胎宽度185 mm。
60	扁平比为60%：扁平比为轮胎高度（H）与宽度（B）之比，扁平比有60、65、70、75、80五个级别。
R	子午线轮胎，即"radial"的第一个字母。
14	轮胎轮辋直径14英寸，即轮胎内径14英寸[①]。
86	荷重等级，即最大载荷质量。荷重等级为86的轮胎的最大载荷质量为（　　）。
T	速度等级，表明轮胎能行驶的最高车速。T的最高车速为（　　）km/h。

① 1英寸=2.54厘米。

表2-1-5　轮胎承载等级与轮胎最大承载能力

承载等级代码	最大承载能力(kg)	承载等级代码	最大承载能力(kg)	承载等级代码	最大承载能力(kg)
62	265	78	425	94	670
63	272	79	437	95	690
64	280	80	450	96	710
65	290	81	462	97	730
66	300	82	475	98	750
67	307	83	487	99	775
68	315	84	500	100	800
69	325	85	515	101	825
70	335	86	530	102	850
71	345	87	545	103	875
72	355	88	560	104	900
73	365	89	580	105	925
74	375	90	600	106	950
75	387	91	615	107	975
76	400	92	630	108	1000
77	412	93	650	109	1030

表2-1-6　轮胎车速代码与最高车速

车速代码	最高车速(km/h)	车速代码	最高车速(km/h)	车速代码	最高车速(km/h)
L	120	R	170	V	240
M	130	S	180	W	270
N	140	T	190	VR	210
P	150	U	200	ZR	240
Q	160	H	210	—	—

另外，"P"代表轿车轮胎；"REINFORCED"表示经强化处理；"RADIAL"表示子午线轮胎；"TUBELESS"（或TL）表示无内胎（真空胎）；"M+S"（Mud and Snow）表示适用于泥地和雪地；"→"表示轮胎旋向，不可装反。

（三）斜交轮胎的规格

表示方法：$B-d$，单位英寸，B 为轮胎断面宽度（即轮辋宽度），d 为轮辋名义直径代号，如图 2-1-12 所示。

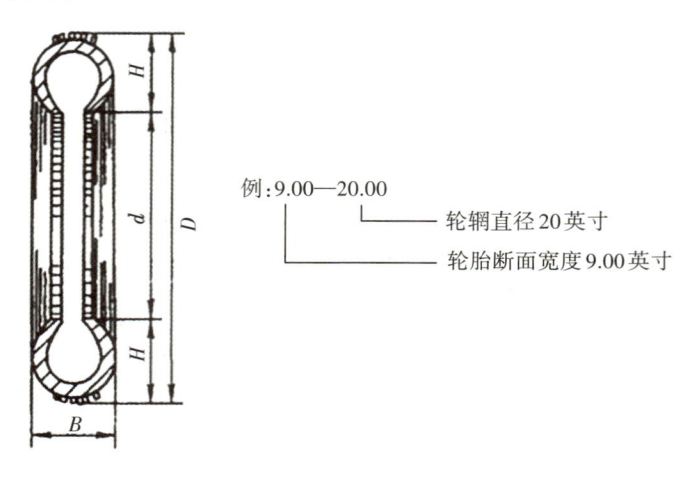

例：9.00—20.00
——轮辋直径 20 英寸
——轮胎断面宽度 9.00 英寸

B—轮胎断面宽度；d—轮辋直径；D—轮胎外径

图 2-1-12　轮胎尺寸标记

【技能要求】

要求1　轮胎的拆装与检测

一、分解轮胎

(1)释放轮胎内的空气。

(2)去掉轮辋上所有的平衡块。

(3)用轮胎挤压板挤压轮胎，使轮胎和轮辋分离。

(4)将轮辋放在卡盘上，踩下踏板，锁住轮辋。

(5)在轮胎内圈抹上润滑脂。

(6)将拆装臂拉下，使卡头内滚轮与轮辋边缘贴住，并将拆装臂位置锁紧。

(7)用撬棍将轮胎挑到扒胎机鸟头的位置，踩下踏板使机器卡盘旋转，将一侧轮胎扒出。

(8)用同样方法将另一侧轮胎扒出。

二、安装轮胎

（1）在轮胎内侧边缘涂抹润滑脂。

（2）用拆胎同样的方法将钢圈固定在卡盘上，将轮胎放在钢圈上沿，确定气门芯位置。

（3）移动拆装臂压住轮胎边缘，踩下踏板，逐渐将轮胎压入钢圈内。

（4）用同样的方法将上侧轮胎压入钢圈，完成轮胎安装。

（5）给轮胎充气。

三、轮胎动平衡检测

（1）清除轮胎表面的污泥、沙石、金属碎片等。

（2）检查轮胎是否有破损、变形。

（3）调节轮胎压力使其符合标准。

（4）拆掉车轮上旧的平衡块。

（5）把车轮安装在轮胎平衡机上。

（6）在控制面板上输入车轮数据。

（7）按下开始按钮，开始测量动平衡。

（8）根据控制面板上显示的数据调整轮胎内侧的动平衡。

（9）根据控制面板上显示的数据调整轮胎外侧的动平衡。

（10）重新按下开始按钮，检测动平衡，如内外两侧动平衡不同时为零，则重复步骤（8）（9），直到不均衡量为0。

学习检测

一、填空题

1. 按帘布层的结构不同，胎体还可分为普通斜交轮胎和_____。

2. 轮胎的维护作业主要有：_____、_____、_____。

3. 轮胎的换位有：_____和_____换位法。

4. 轮胎规格型号"195/60 R 14 85 H"中的"14"指的是_____。

5. 轮胎的组成有_____、胎面、缓冲层和_____。

二、选择题

1. 胎面对轮胎有（　　）作用。

A. 保护胎体　　　　B. 承受压力　　　　C. 传导外力　　　　D. 增强抓地力

2.轮胎气压过高,容易(　　　)。

A.使附着力减小　　　B.使驾驶员驾驶疲劳　　　C.使圆周龟裂　　　D.保护胎体

3.轮胎平衡所检测的是(　　　)。

A.动平衡　　　B.静平衡　　　C.动平衡和静平衡　　　D.共振

4.轮胎的扁平比是指(　　　)。

A.胎高/胎宽　　　B.胎高×胎宽　　　C.胎宽/胎面　　　D.以上皆是

5.世界三大轮胎品牌是(　　　)。

A.石桥、东洋、米其林　　　　　　　　B.米其林、固特异、倍耐力

C.石桥、横滨、固特异　　　　　　　　D.倍耐力、东洋、米其林

6.斜交轮胎与子午线轮胎是(　　　)装在同一轴上。

A.能　　　B.不能　　　C.可装在前轮　　　D.可装在后轮

7.子午线轮胎胎面,可修补的钉孔直径不得大于(　　　)mm。

A.10　　　B.8　　　C.6　　　D.5

三、汽车轮胎型号识别

根据图2-1-13信息完善空白处,轮胎品牌是_____。

MICHELIN：轮胎品牌
ENERGY XM1：轮胎花纹
195：横截面宽度_____
65：_____65%
R：_____
15：轮胎内径_____
TL：_____

图2-1-13　轮胎型号识别

自我训练

任务工单

任务名称	车轮的检修与换位	学生姓名	
班　级		学生学号	任务成绩

一、准备工作

1. 工量具、设备与材料

常用工具、举升机、钢直尺、维修手册、干净的抹布、橡胶条、轮胎拆装机、动平衡机等。

2. 安全防护用品

标准作业装、安全鞋、线手套。

3. 汽车信息收集

车牌号码：_____　　车辆型号：_____

VIN 码：_____　　行驶里程：_____

二、车轮维护与换位

1. 车轮维护

（1）检查轮胎是否有裂纹、起鼓、变形及其他损坏。　　□是　□否

（2）检查轮胎磨损情况。　　□正常　□不正常

小提示：常见的异常磨损有胎肩磨损、_____磨损、单侧磨损和_____磨损。

①胎肩磨损如图2-1-14所示，当轮胎内部的压力过低时，轮胎的中间出现凹陷，将载荷转移到胎肩上，因此胎肩的磨损比胎面中间的磨损更严重。

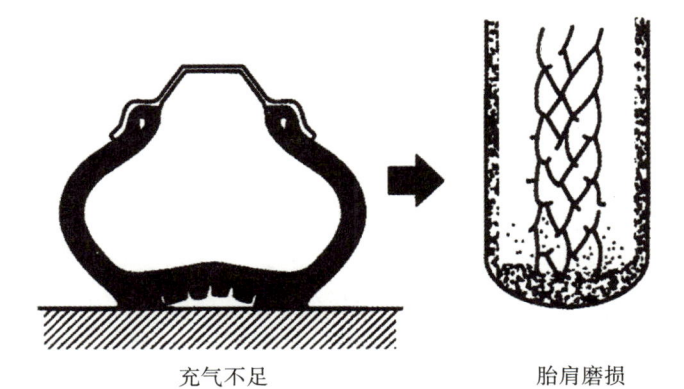

充气不足　　　　　　　胎肩磨损

图2-1-14　胎肩磨损

②胎面中间磨损如图2-1-15所示,轮胎充气压力过高时,中间会凸出,承受较大载荷,导致轮胎中间磨损比胎肩的磨损更严重。

充气过量　　　　　　　胎面中间磨损

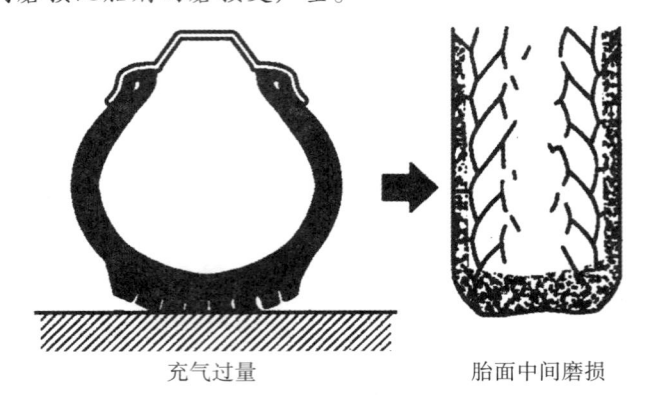

图2-1-15　胎面中间磨损

③单侧磨损,车轮外倾角不正确,则会导致胎面的两侧磨损不均匀;另外车辆在过高的车速下转弯,会造成转弯时轮胎滑动,产生斜形磨损;若悬架部件变形或间隙过大,会影响前轮定位,造成轮胎磨损异常。

④羽状磨损,主要是车轮前束调节不当或过量的车轮后束所致。

（3）挖出轮胎夹石和花纹中的杂物。　　　　　　　　　　　　□任务完成

（4）检查钢圈有无变形、锈蚀和其他损坏。　　　　　　　　　□有　□无

（5）检查轮胎(包括备胎)气压,并按标准补足。　　　　　　　□任务完成

注意: 备胎气压应高于使用中轮胎的气压。

小提示: 厂家一般推荐至少每月或每次长途旅行前检查一次胎压,包括备胎的胎压。

（6）检查气门嘴是否漏气、气门帽是否齐全。　　　　　　　　□是　□否

（7）检查备胎固定是否完好、紧固。　　　　　　　　　　　　□是　□否

（8）测量胎面花纹深度。

①查询维修手册,胎面花纹深度:_____,极限值为_____

小提示: 轮胎磨损严重导致花纹过浅,会严重影响汽车行驶安全。根据统计数据,轮胎问题的90%是发生在它的寿命最后的10%的时间内。我国国家标准规定轿车用的子午线轮胎花纹磨损极限为1.6 mm,货车和客车用的子午线轮胎花纹磨损极限为2.0 mm。轮胎花纹深度可用深度尺进行测量,也可以通过观察胎面磨损标志进行判断。胎面磨损标志位于胎面花纹沟底部,当胎面磨损到磨损标志处时,花纹沟断开,该轮胎必须停止使用。按国家标准规定每个轮胎应沿等距离设置不少于4个磨损标志。如图2-1-16所示为带有6个磨损标志的轮胎,为便于用户找到磨损标志所在的位置,

通常在磨损标志对应的胎肩处标出"TWI"和(或)"△"等符号。

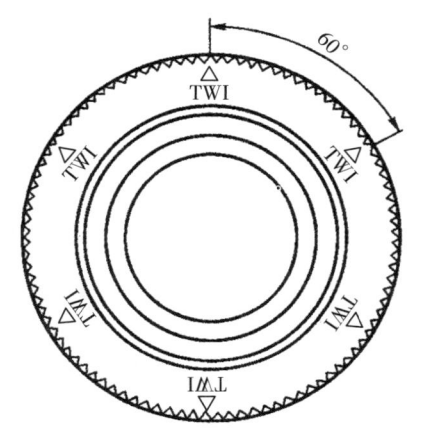

图2-1-16　轮胎磨损标志

②找到轮胎上胎面磨损标志,检查磨损是否正常。　　　　　□是　□否

(9)按规定力矩紧固轮胎螺栓。　　　　　　　　　　　　　□任务完成

查询维修手册,车轮螺栓扭紧力矩：_____

2.轮胎的换位

按时换位可使轮胎磨损均匀,可延长约20%的使用寿命,应结合车辆二级维护定期换位。在路面拱度较大的地区或夏季,可适当增加换位次数。厂家一般推荐5000~10000 km时将轮胎换位一次。常用的轮胎换位方法有交叉换位法、循环换位法。

(1)六轮二桥汽车轮胎换位法。

①循环换位法,如图2-1-17(a)。　　　　　　　　　　　　□任务完成

②交叉换位法,如图2-1-17(b)。　　　　　　　　　　　　□任务完成

左右两交叉：主胎(后内)换前胎,前胎换帮胎(后外)、帮胎换主胎。

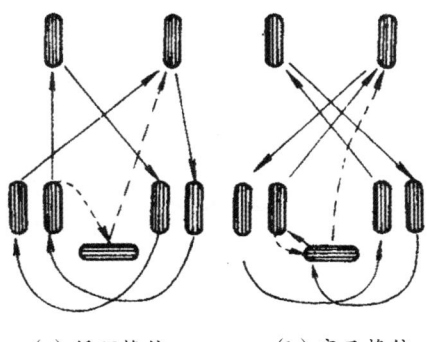

(a) 循环换位　　　(b) 交叉换位

图2-1-17　六轮二桥汽车轮胎换位法

项目二　汽车行驶系统的拆检

（2）四轮二桥汽车轮胎换位法。

①交叉换位：斜交轮胎，如图2-1-18（a）所示。　　　　　　　☐任务完成

②循环换位：子午线轮胎，如图2-1-18（b）所示。　　　　　　☐任务完成

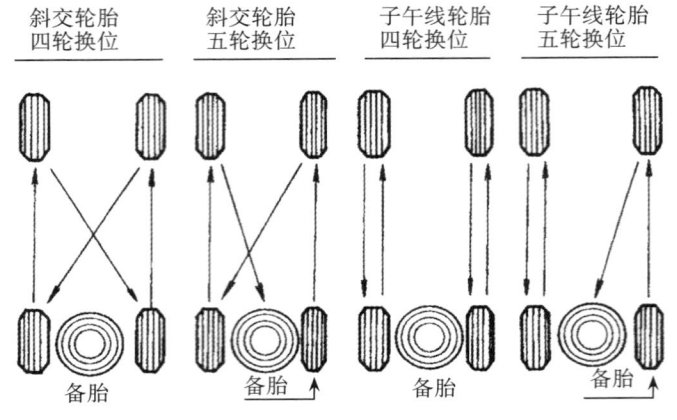

图2-1-18　四轮二桥汽车轮胎换位法

三、拆卸、修补、安装轮胎，轮胎动平衡检测

正确进行轮胎的修补、轮胎拆卸和轮胎动平衡调整，能大大提高轮胎的寿命。

1．轮胎拆卸

想一想：你知道图2-1-19所示的轮胎拆装机各部分零件的名称及作用吗？

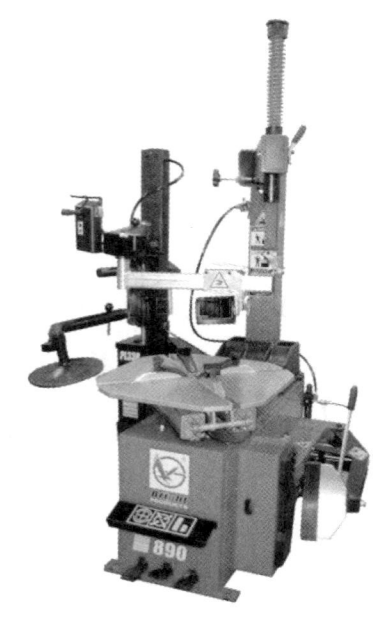

图2-1-19　轮胎拆装机

(1)释放轮胎内的空气。　　　　　　　　　　　　　　　□任务完成

小提示：可以用轮胎气体压力表进行放气,放完气后,使用专用工具拆下气门芯。

(2)去掉轮辋上所有的平衡块。　　　　　　　　　　　□任务完成

(3)用轮胎挤压板挤压轮胎,使轮胎和轮辋分离。　　　□任务完成

小提示：轮胎挤压板要靠近轮圈边缘,远离气门芯位置。

(4)将轮辋放在卡盘上,踩下踏板,锁住轮辋。　　　　□任务完成

(5)在轮胎内圈抹上润滑脂。　　　　　　　　　　　　□任务完成

(6)将拆装臂拉下,使卡头内滚轮与轮辋边缘贴住,并将拆装臂位置锁紧。

　　　　　　　　　　　　　　　　　　　　　　　　　□任务完成

(7)用撬棍将轮胎挑到扒胎机鸟头的位置,踩下踏板使机器卡盘旋转,将一侧轮胎扒出。　　　　　　　　　　　　　　　　　　　　　　　□任务完成

(8)用同样方法将另一侧轮胎扒出。　　　　　　　　　□任务完成

2.轮胎修补

轮胎创口有大有小,如果被刺、钉或者割开2.6 mm以内的口,都可以进行修补。如果超过这个数值,则需要更换新轮胎。下面采用修补轮胎常用的两种方法。

(1)从轮胎内部修理。

①标记轮胎创口位置。　　　　　　　　　　　　　　□任务完成

②拆下轮胎。　　　　　　　　　　　　　　　　　　□任务完成

③清洁创口区域。　　　　　　　　　　　　　　　　□任务完成

④打磨轮胎受损区域。　　　　　　　　　　　　　　□任务完成

小提示：可用砂纸或专用打磨工具,打磨到有平滑绒状摩擦面产生为止。

⑤修整创口。　　　　　　　　　　　　　　　　　　□任务完成

小提示：用锥子修整,切下或拆下钢束带层上任何可松动的钢丝材料。

⑥贴补丁,并切除多余补丁。　　　　　　　　　　　□任务完成

⑦在补丁和创口区域涂上化学硫化剂粘胶,等待其变干。　□任务完成

⑧使用挤压工具从中心往四周在补丁上施加作用力,排除所有留存在补丁和轮胎之间的气体。　　　　　　　　　　　　　　　　　　　　　□任务完成

⑨重新把轮胎固定在轮辋上,并与第①步所做的标记对齐,按照标准为轮胎充气,再次检查轮胎是否漏气。　　　　　　　　　　　　　　　　□任务完成

(2)用橡胶塞杆修补轮胎。

①检查轮胎并清洁受损区域。　　　　　　　　　　　□任务完成

②选择合适的专用橡胶塞杆。 □任务完成
③用专用工具由外到内穿刺橡胶塞杆。 □任务完成
④再用专用工具从轮胎的里面往外面用力拔出并固定橡胶塞杆。 □任务完成
⑤清理凸出于轮胎的多余的塞杆。 □任务完成

3.安装轮胎

(1)在轮胎内侧边缘涂抹润滑脂。 □任务完成
(2)用类似扒胎的方法将钢圈固定在卡盘上,将轮胎放在钢圈上沿,确定气门芯位置。 □任务完成
(3)移动拆装臂压住轮胎边缘,踩下踏板,逐渐将轮胎压入钢圈内。 □任务完成
(4)用同样的方法将上侧轮胎压入钢圈,完成轮胎安装。 □任务完成
(5)给轮胎充气。
①查找该车型使用说明,找出轮胎气压(车轮冷态)标准,前轮气压 _____,后轮气压 _____。

小提示:轮胎充气压力标准值常见于油箱盖、左侧B柱。

②将轮胎充气机的管嘴直接压在轮胎气门,然后再对轮胎进行充气。 □任务完成
③安装气门芯,继续充气直到空气压力符合标准。 □任务完成
④检查轮胎是否漏气。 □正常 □不正常
检查漏气的方法: □用耳朵听 □用手摸 □在轮胎气门嘴涂抹肥皂水

4.轮胎动平衡检测

(1)清除轮胎表面的污泥、沙石、金属碎片等。 □任务完成
(2)检查轮胎是否有破损、变形。 □是 □否
(3)调节轮胎压力使其符合标准。 □任务完成

小提示:轮胎气压应该在轮胎冷却后再进行检查和调整。

(4)拆掉车轮上旧的平衡块。 □任务完成

小提示:注意不要弄花轮辋表面。

(5)把车轮安装在轮胎平衡机上。 □任务完成

小提示:要注意区分车轮的内侧、外侧,如图2-1-20进行安装,切不可装反了。

图2-1-20　将车轮安装在轮胎平衡机上

（6）在控制面板上输入车轮数据。　　　　　　　　　　　□任务完成

小提示：轮辋宽度是B，轮辋直径为d，动平衡机上拉尺测量平衡机到轮辋边缘的距离为a。

（7）按下开始按钮，开始测量动平衡。　　　　　　　　　□任务完成

注意：测量过程中轮胎会旋转，注意保持安全距离。

（8）根据控制面板上显示的数据调整轮胎内侧的动平衡。

①慢慢转动轮胎，直到内侧的指示灯全亮。　　　　　　　□任务完成

②在内侧的12点钟方向按照面板显示的数据加平衡块。　　□任务完成

（9）根据控制面板上显示的数据调整轮胎外侧的动平衡。

①慢慢转动轮胎，直到外侧的指示灯全亮。　　　　　　　□任务完成

②在外侧的12点钟方向按照面板显示的数据加平衡块。　　□任务完成

小提示：平衡块规格一般是以5 g递增，加平衡块时选择相近的一个规格。

（10）重新按下开始按钮，检测动平衡，如内外两侧动平衡不同时为零，则重复步骤（8）（9），直到不均衡量为0。　　　　　　　　　　　　　　　　□任务完成

【评价与反馈】

班级：_____ 姓名：_____ 指导教师：_____

序号	考核项目	配分	考核内容	配分	考核标准	得分
1	出勤／纪律	10	出勤	4	违规一次不得分	
			行为规范	6	违规一次不得分	
2	安全／保护／环保	20	着装	4	违规一次不得分	
			个人防护	4	违规一次不得分	
			8S/EHS	4	违规一次不得分	
			设备使用安全	4	违规一次不得分	
			操作安全	4	违规一次不得分	
3	学习能力	60	工单填写、工艺计划制订	10	未做不得分	
			学习总结	10	酌情扣1～4分	
			自我训练	40	未做不得分	
4	任务拓展	10	知识拓展任务	5	未做不得分	
			技能拓展任务	5	未做不得分	
	总分	100				
教师评价		优点				
		存在问题				
		解决方案				
教师签字：						

任务二　悬架的检查与维修

悬架拆装与维修

【任务描述】

一车辆被送进厂里维修,客户反映汽车发生颠簸时出现"咯噔"的异响。维修技师经初步检查,判断为悬架固定螺母松动引发悬架异响。维修人员需要按照维修手册相关要求,在规定时间内完成对悬架固定螺母的紧固,自检合格后交付班组长验收。

【学习重点】

（1）能复述悬架的作用。

（2）能正确选择并使用工具及设备。

（3）能根据维修手册的要求,在规定时间内,与组员共同进行悬架的检查与维修,并对相关零部件进行标记,同时在作业过程中遵守安全操作规范。

（4）能在作业过程中自我检查贯彻规范操作的情况,做好过程记录。

（5）能合理回收废弃物,整理零部件。

（6）能对相关资料、互联网资源进行检索,完成工单、工作页的填写。

【建议学时】

4学时。

【学习地点】

一体化工作站。

【学习准备】

维修手册、互联网资源、发动机与翻转架、工具设备、多媒体设备。

【学习过程】

一、悬架的作用

（1）悬架的安装位置,如图2-2-1所示,A为汽车前悬架,采用的是独立悬架,B为汽车后悬架,采用的是非独立悬架。

（2）无论独立悬架还是非独立悬架,发挥作用都是基于以下几点：

①连接车身和车轮,把路面作用于车轮上的垂直反力、纵向反力和侧向反力以及这些反力所造成的力矩传递到车架(或承载式车身)上,保证汽车的正常行驶,即起传力作用。

②利用弹性元件和减振器起到缓冲减振的作用,改善乘坐舒适性。

③利用悬架的某些传力构件使车轮按一定轨迹相对于车架或车身跳动,即起导向作用。

④利用悬架中的辅助弹性元件——横向稳定器,防止车身在转向等行驶情况下发生过大的侧向倾斜。

图2-2-1 悬架的安装位置

二、汽车悬架的组成部分及工作原理

悬架主要由弹性元件、减振器和导向装置三大部件构成,如图2-2-2所示。

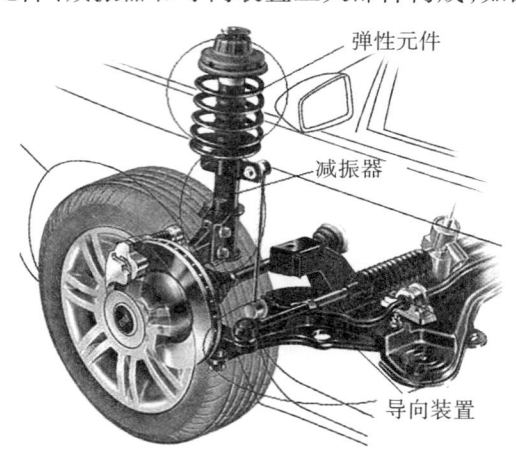

图2-2-2 悬架的组成

(一)弹性元件

弹性元件的作用是减缓来自路面的冲击,改善乘坐的舒适性。按制作材料可划分为金属弹簧和非金属弹簧两种,其中金属弹簧包括螺旋弹簧、钢板弹簧和扭杆弹簧,非金属弹簧包括橡胶弹簧和气体弹簧。

1.螺旋弹簧

螺旋弹簧用弹簧钢棒卷制而成(如图2-2-3所示),常用于各种独立悬架。其特点是没有减振和导向的功能,只能承受垂直载荷。在螺旋弹簧悬架中必须另装减振器和导向机构,前者起减振作用,后者用以传递垂直力以外的各种力和力矩,并起导向作用。

2.钢板弹簧

钢板弹簧常被用作非独立悬架的弹性元件,如图2-2-4所示。多片式钢板弹簧可以同时起到缓冲、减振、导向和传力的作用,用于货车后悬架时可以不装减振器,使得悬架系统大为简化。

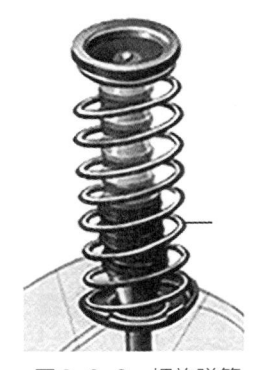

图2-2-3 螺旋弹簧

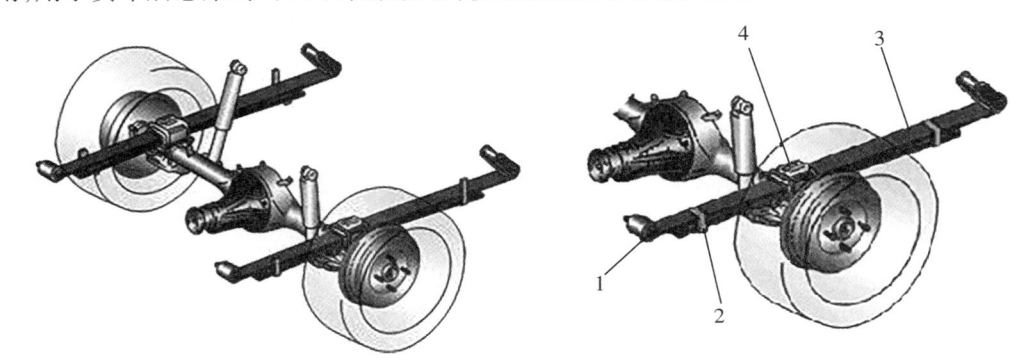

1—卷耳;2—弹簧夹;3—钢板弹簧;4—中心螺栓

图2-2-4 钢板弹簧与非独立悬架

3.扭杆弹簧

扭杆弹簧本身是一根由弹簧钢制成的杆,如图2-2-5所示。扭杆断面通常为圆形,少数为矩形等。其两端可以做成花键、方形、六角形或带平面的圆柱形等,以便一端固定在车架上,另一端固定在悬架的摆臂上。摆臂还与车轮相连。当车轮跳动时,摆臂便绕着扭杆轴线摆动,使扭杆产生扭转弹性变形,借以保证车轮与车架的弹性联系。

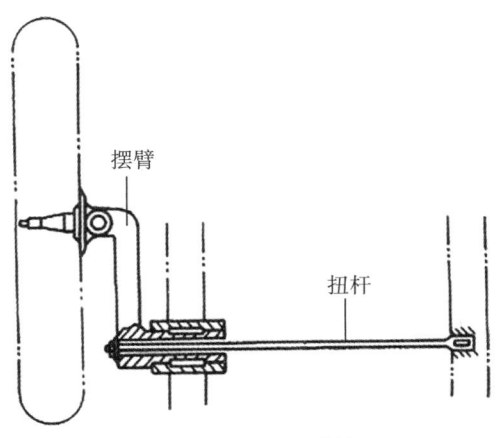

图2-2-5 扭杆弹簧

项目二 汽车行驶系统的拆检 115

4.气体弹簧

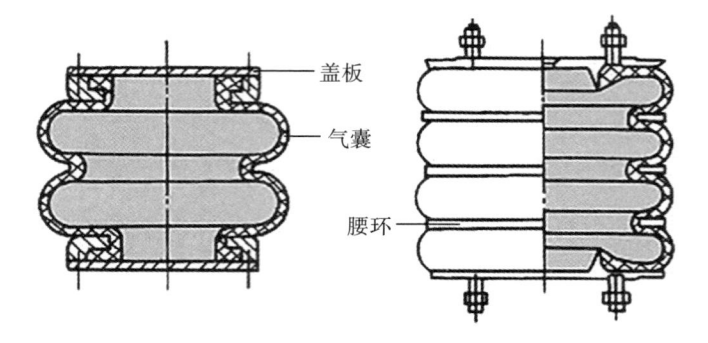

图2-2-6 囊式空气弹簧

气体弹簧是在一个密封的容器中充入压缩气体,利用气体可压缩性实现弹簧的作用。气体弹簧的特点是,作用在弹簧上的载荷增加时,容器中气压升高,弹簧刚度增大;反之,当载荷减小时,气压下降,刚度减小。气体弹簧具有理想的变刚度特性。

气体弹簧分空气弹簧(图2-2-6所示为囊式空气弹簧)和油气弹簧(如图2-2-7所示)两种。

5.橡胶弹簧

橡胶弹簧利用橡胶本身的弹性发挥弹性元件的作用。它可以承受压缩载荷和扭转载荷,如图2-2-8所示。橡胶的内摩擦较大,所以橡胶弹簧还具有一定的减振能力。橡胶弹簧多用作悬架的副簧和缓冲块。

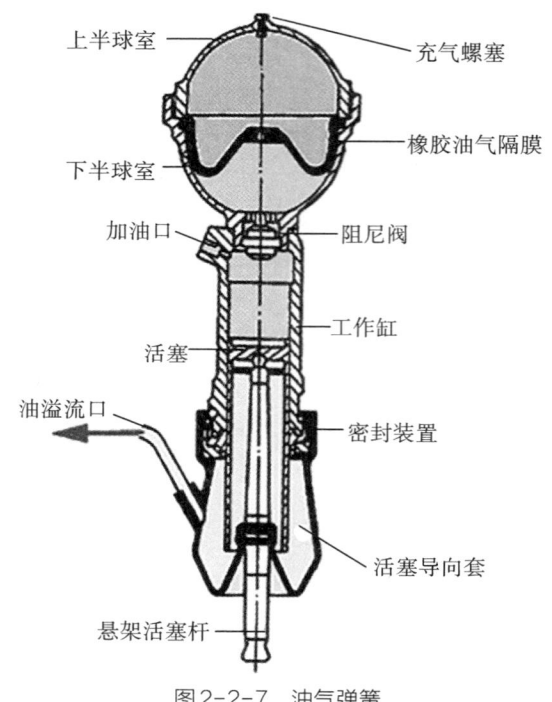

图2-2-7 油气弹簧

(a)受压缩载荷　　　　(b)受扭转载荷

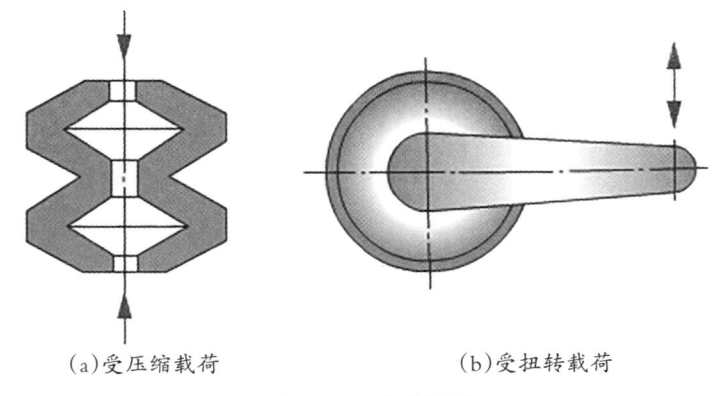

图2-2-8　橡胶弹簧

（二）减振器

弹簧虽然可以减轻道路对车身的冲击,但如果不让它的振动尽快停下来,后续车身仍会振动。因此,要在弹簧运动的过程中加上一定的阻尼,使弹簧的振动迅速衰减。不带减振器的弹簧与带减振器的弹簧的工作情况:没有减振器时,振动所持续的时间会较长;有减振器时,能在较短的时间内减缓振动。

1.减振器的作用

（1）抑制车辆在行驶时传达给车身的大振动,延长车身寿命,提高乘车舒适感。

（2）抑制车辆在行驶时车轮的快速振动,以防止轮胎离开路面,从而改善行驶稳定性。

2.减振器的结构

图2-2-9为筒式减振器的结构。

1—活塞杆;2—工作缸筒;3—活塞;
4—伸张阀;5—储油缸筒;6—压缩阀;
7—补偿阀;8—流通阀;9—导向座;
10—防尘罩;11—油封

图2-2-9　筒式减振器的结构

3.减振器的工作过程

从产生阻尼的材料角度划分,减振器主要有液压和充气两种,还有一种可变阻尼的减振器,本任务只介绍液压减振器的工作过程。

液压减振器利用液体在小孔中流过时所产生的阻力来达到减缓冲击的效果。活塞把油缸分为上下两个部分,如图2-2-10(a)所示。当弹簧被压缩时,活塞向下运行,活塞下部的空间变小,油液被挤压后向上部流动;反之,油液向下部流动。不管油液向上还是向下流动,都要通过活塞上的阀孔。油液通过阀孔时遇到阻力,使活塞运行变

项目二　汽车行驶系统的拆检　117

缓,冲击的力量有一部分被油液吸收减缓了。

（1）减振器压缩行程,如图2-2-10(b)所示,表示减振器受力缩短的过程。

活塞向下运行,流通阀开启,油缸下部的油液受到压力通过流通阀向油缸上部流动。压力达到一定程度时,压缩阀开启,油缸下部的油液通过压缩阀流向油缸外部储存空间。

图中大箭头表示活塞运动方向,小箭头表示油液流动方向。

（2）减振器伸张行程,如图2-2-10(c)所示,表示减振器在弹簧的作用下恢复原状的过程。

活塞向上运行,伸张阀开启,油缸上部的油液受到压力通过伸张阀向油缸下部流动。压力达到一定程度时,补偿阀开启,油缸外部储存空间的油液流回到油缸下部。

图中大箭头表示活塞运动方向,小箭头表示油液流动方向。

图2-2-10　减振器工作示意图

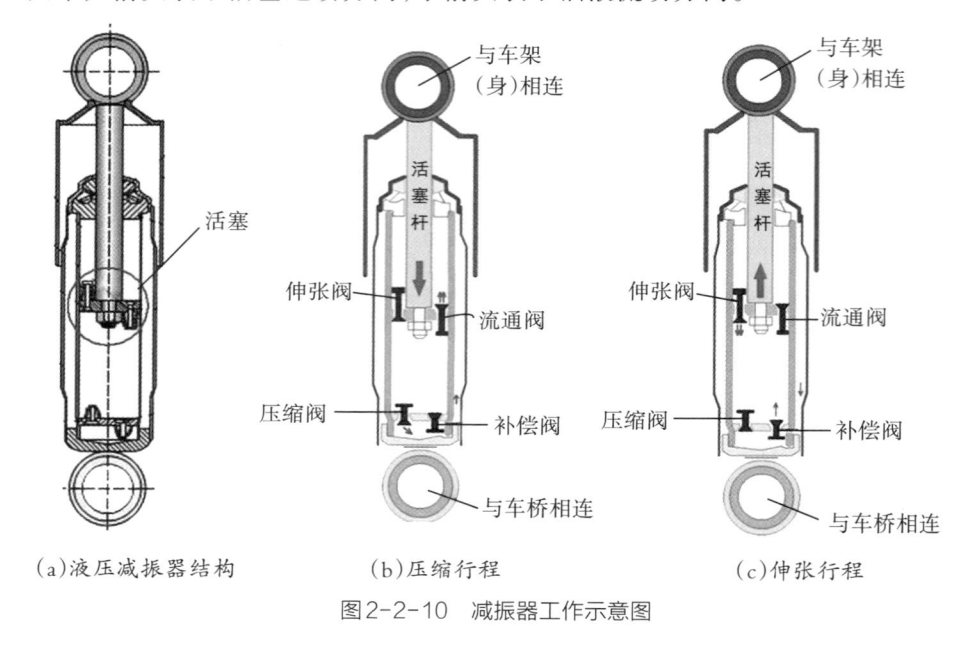

（三）导向装置

导向装置也称连接机构,如图2-2-11所示。主要由上摆臂、下摆臂、悬架臂和横向稳定杆等连杆部件组成。

(a)前悬架 (b)后悬架

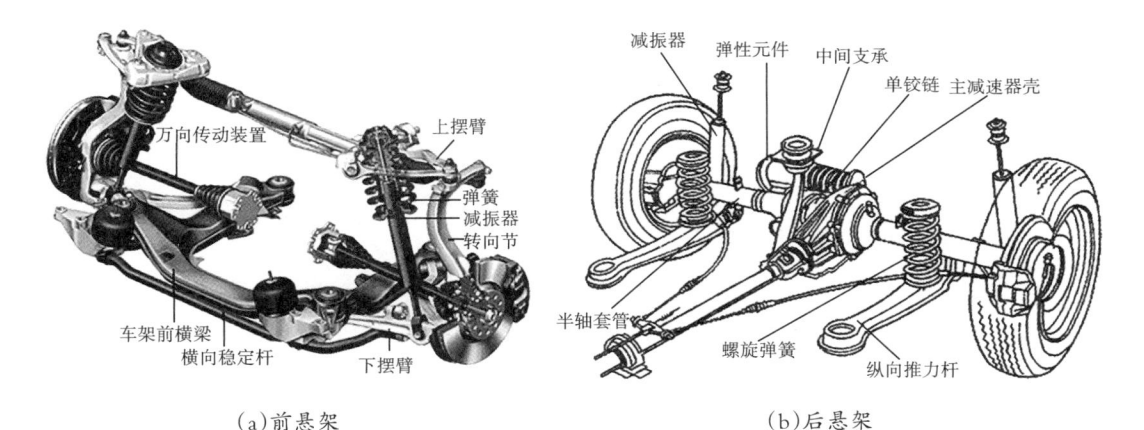

图 2-2-11　导向装置示意图

通过这些连杆部件可以将弹簧、减振器、稳定杆、车轮和车身等连接起来,起到承受车辆质量及车轮运动的作用。

1. 球头

既连接前悬架的上摆臂与转向节,也连接前悬架的下摆臂与转向节。球头短轴,根部为球面,埋入轮毂,由于球头轴可以自由地进行前、后、左、右倾斜或旋转,因此可避免部件之间发生直接碰撞,使悬架工作柔顺。

2. 横向稳定杆

稳定杆用以防止汽车的横向摆动。当车子倾斜且轮胎一侧下沉时,通过稳定杆扭曲,可将下沉一侧的车轮反向提升。

横向稳定杆由弹簧钢制成,呈扁的 U 型形状,稳定杆可以减小转弯时车身倾斜的程度,主要用于前轮,有时也用于后轮。中间部位通过橡胶杆产生的扭矩可以阻碍悬架弹簧变形,从而减小车身的横向倾斜和横向角振动。

三、悬架类型结构和工作过程

悬架按汽车导向装置的不同,可分为独立悬架与非独立悬架,如图 2-2-12。

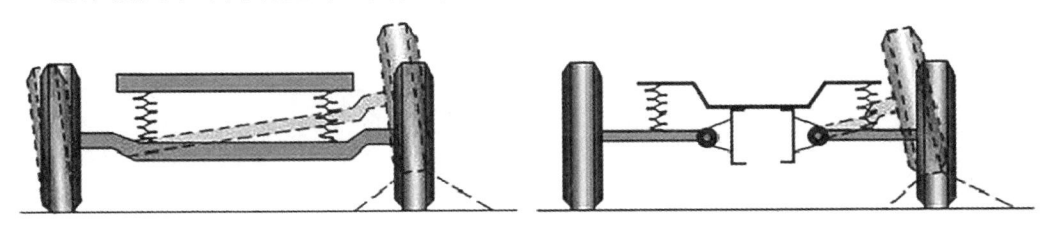

(a)独立悬架 (b)非独立悬架

图 2-2-12　独立悬架与非独立悬架

（一）独立悬架

1.独立悬架的组成

独立悬架的车桥分成两段，每只车轮用螺旋弹簧独立地安装在车身（或车架）下面。

2.独立悬架的工作过程

两侧车轮独立地与车架或车身弹性连接，当一侧车身受到冲击时，其运动不会直接影响到另一侧车轮，汽车的平稳性和舒适性好。

3.独立悬架的特点

现代汽车，特别是轿车上广泛采用独立悬架。独立悬架能使两侧车轮各自独立地与车架或车身弹性连接，其具有以下优点：

（1）由于左右车轮的运动相对独立、互不影响，可以减少行驶时车架或车身的振动，同时可以减弱转向轮的偏摆。

（2）独立悬架的非簧载质量小，可以减小来自路面的冲击和振动，提高行驶平顺性。

小提示：簧载质量是指汽车上由弹性元件支承的质量；而非簧载质量是指弹性元件下吊挂的质量。对于非独立悬架，整个车桥和车轮都属于非簧载质量，而对于独立悬架，只有部分车桥是非簧载质量，而主减速器、差速器、壳体等都装在车架或车身上，成了簧载质量，所以独立悬架的非簧载质量要比非独立悬架的小。

（3）独立悬架与断开式车桥配用，可以降低汽车的重心，提高汽车行驶的平顺性。

缺点：独立悬架存在着结构复杂、成本高、维修不便的缺点。

4.独立悬架的类型

现代轿车大都采用独立悬架，按其结构形式的不同，独立悬架又可分为横臂式、纵臂式、多连杆式、烛式以及麦弗逊式等，如图2-2-13所示。其中麦弗逊式独立悬架在中级以下轿车上应用较广泛。

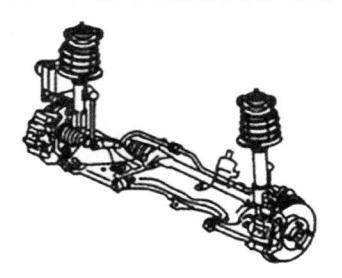

(a)麦弗逊式独立悬架 　　(b)双横臂式独立悬架 　　(c)半纵臂式独立悬架

图2-2-13　独立悬架类型

（二）非独立悬架

1.非独立悬架的组成
两侧车轮通过整体式车桥相连，车桥通过悬架与车架或车身相连。

2.非独立悬架的工作过程
如果行驶中路面不平，一侧车轮被抬高，整体式车桥将迫使另一侧车轮产生运动。

3.非独立悬架的特点
非独立悬架的结构特点是两侧车轮由一根整体式车桥相连，车轮连同车桥一起通过弹性悬架悬挂在车架或车身的下面。非独立悬架具有结构简单、成本低、强度高、保养容易、行车中前轮定位变化小的优点，但由于其舒适性及操纵稳定性都较差，在现代轿车上基本已不再使用，多用在货车和大客车上。

4.非独立悬架的类别
非独立悬架可分为钢板弹簧非独立悬架、螺旋弹簧非独立悬架、空气弹簧非独立悬架。

四、多轴汽车的平衡悬架

如果多轴车辆的全部车轮都是单独地刚性悬挂在车架上，在不平道路上行驶时将不能保证所有车轮同时接触地面，如图2-2-14(a)所示。当使用弹性悬架且道路不平度较小时，虽然不一定会出现车轮悬空现象，但各个车轮间垂直载荷的分配比例会有很大改变。当车轮垂直载荷变小甚至为零时，车轮对地面的附着力随之变小甚至为零。转向车轮遇此情况将使汽车的操纵性大大降低以致失去操纵；驱动车轮遇此情况将不能产生足够的驱动力。此外，还会使其他车桥及车轮有超载的危险。全部车轮采用独立悬架，可以保证所有车轮与地面的良好接触，但将使汽车结构变得复杂，对于全轮驱动的多轴汽车尤其如此。

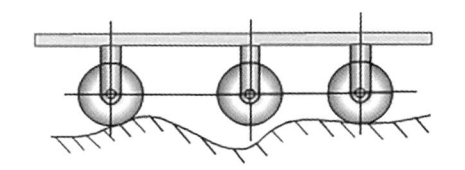

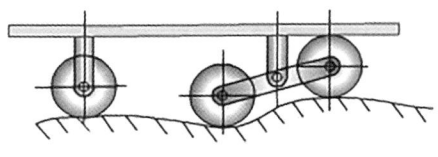

(a)各个车轮刚性悬挂在车架上　　(b)车轮通过平衡悬架挂在车架上

图2-2-14　三轴汽车在不平道路上行驶的情况示意图

如果将两个车桥(如三轴汽车的中桥与后桥)装在平衡杆的两端，而将平衡杆的中部与车架做铰链式连接，一个车桥抬高将使另一车桥下降。由于平衡杆两臂等长，使两个车桥上的垂直载荷在任何情况下都相等,这种能保证中后桥车轮垂直载荷相等的悬架称为平衡悬架,如图2-2-14(b)所示。

【技能要求】

要求1　底盘的检查与拆卸

一、检查悬架固定螺栓

（一）车身前部

(1)检查悬架横梁与车身之间连接的螺栓是否松动。

(2)检查悬架横梁与悬架臂之间连接的螺栓是否松动。

(3)检查悬架臂与悬架臂球头之间连接的螺栓是否松动。

(4)检查悬架臂球头与转向节之间连接的螺栓是否松动。

(5)检查转向节与减振器之间连接的螺栓是否松动。

(6)检查稳定杆与前横梁之间连接的螺栓是否松动。

(7)检查减振器上安装点是否有松动。

（二）车身后部

(1)检查后桥支架与车身之间连接的螺栓是否松动。

(2)检查后桥支架与后桥之间连接的螺栓是否松动。

(3)检查后桥拖臂与减振器之间连接的螺栓是否松动。

(4)检查减振器上安装点是否有松动。

二、拆卸及安装减振器

1.拆卸前悬架减振器及弹簧总成

(1)拆下车轮。

(2)举升车辆。

(3)拆卸稳定器。

(4)拆下固定制动软管的E形环,并从托架上拆下制动软管。

(5)拆下减振器与车架固定螺栓。

(6)拆下减振器与转向节连接螺栓前要做好左、右标记,以免安装时装错位置,拆卸后为避免损伤驱动轴护套,应用布将其盖上。

（7）拆卸减振器及弹簧总成。

①用维修专用工具压紧螺旋弹簧。

②用专用工具夹紧弹簧座，使其不能转动，拆下螺母。

③拆下悬架支承、弹簧座、防尘密封圈、弹簧、隔振座和减振垫。

（8）按安装方向顺序安装。

学习检测

一、填空题

1. 悬架一般由_____、_____和_____组成。
2. 减振器装在_____与_____之间。
3. 如果减振器发生故障，会导致_____困难，_____很容易撞击限位块。
4. 汽车悬架可以分为_____和_____。
5. 独立悬架与_____车桥配合。

二、判断题

1. 减振器的作用是减振或控制汽车的运动。（　　）
2. 减振器必须成对更换。（　　）
3. 常规减振器是速度传感的液压减振装置。（　　）
4. 减振器的运动速度越快其阻力越大。（　　）
5. 减振器以一定角度安装的目的是延长使用寿命。（　　）
6. 减振器与减振元件是串联安装的。（　　）
7. 减振器在汽车行驶中变热是不正常的。（　　）
8. 减振器在伸张行程时阻力应尽可能小，以发挥弹性元件的缓冲作用。（　　）

三、单项选择题

1. 一般载货汽车的悬架未设（　　）。

   A. 弹性元件　　　　B. 减振器　　　　C. 导向机构

2. （　　）独立悬架是车轮沿摆动的主销轴线上下移动的悬架。

   A. 双横臂式　　　　B. 双纵臂式　　　　C. 烛式　　　　D. 麦弗逊式

3. 轿车通常采用（　　）悬架。

   A. 独立　　　　B. 非独立　　　　C. 平衡　　　　D. 非平衡

自我训练

任务工单

任务名称	悬架的检查与维修	学生姓名	
班　级		学生学号	任务成绩

一、准备工作

1. 工具、设备与材料

常用工具、举升机、实训车辆、减振器拆卸专用工具、球头拆卸专用工具、维修手册、干净的抹布。

2. 安全防护用品

标准作业装等。

3. 汽车信息收集

车牌号码：_____　　　　车辆型号：_____

VIN码：_____　　　　行驶里程：_____

二、路试和车辆静态检查

汽车悬架出现故障后表现突出的现象为异响，维修技术人员可通过路试和车辆静态检查，查找故障部位并维修。

1. 路试检查

结合客户反映的情况、路况以及行驶状态确定发生噪声或故障的时间和位置。

□任务完成

小提示：结合道路测试，查看悬架部件之间接触刮伤或生锈的部位，初步确定损坏零部件。

2. 基本检查

（1）检查减振器。

①检查减振器的阻尼状态。　　　　　　　　　　　　□正常　□不正常

小提示：将车辆反复摇动3次或4次，每次推力尽量相同。回弹时应注意支柱的阻力和车身回弹的次数，并且检查车身停止晃动的时间长短。若松手回弹1~2次，车身立即停止回弹，且左右两侧的回弹次数相同，则表明减振器（支柱）正常。

②目检减振器是否损坏。　　　　　　　　　　　　　□是　□否

③目检减振器是否漏油。　　　　　　　　　　　　　□是　□否

④检查防尘套和缓冲块是否有裂纹或损坏。　　　　　　　　□是　□否

（2）检查减振弹簧。

①目检弹簧保护漆层是否有腐蚀、刮伤、划痕或麻点的现象。　□是　□否

②弹簧座圈上的橡胶垫是否老化、变形或损坏。　　　　　　□是　□否

小提示：在维修过程中不要碰掉弹簧外部的保护漆层，以免引起硬裂增加，使弹簧失效。

（3）检查稳定杆铰链接头和稳定杆衬套。

①目检稳定杆是否有变形及其他损坏。　　　　　　　　　　□是　□否

②检查稳定杆支承处拉杆是否移位和是否有间隙。　　　　　□是　□否

③检查衬套是否老化、有裂痕、损坏。　　　　　　　　　　□是　□否

（4）检查悬架固定螺栓，查询维修手册，将检查结果记录在表2-2-1。

表2-2-1　悬架固定螺栓检查记录表

序号	检查紧固部位	紧固扭力	检查结果
车身前部			
①	检查悬架横梁与车身之间连接的螺栓是否松动。		□是　□否
②	检查悬架横梁与悬架臂之间连接的螺栓是否松动。		□是　□否
③	检查悬架臂与悬架臂球头之间连接的螺栓是否松动。		□是　□否
④	检查悬架臂球头与转向节之间连接的螺栓是否松动。		□是　□否
⑤	检查转向节与减振器之间连接的螺栓是否松动。		□是　□否
⑥	检查稳定杆与前横梁之间连接的螺栓是否松动。		□是　□否
⑦	检查减振器上安装点是否有松动。		□是　□否
车身后部			
①	检查后桥支架与车身之间连接的螺栓是否松动。		□是　□否
②	检查后桥支架与后桥之间连接的螺栓是否松动。		□是　□否
③	检查后桥拖臂与减振器之间连接的螺栓是否松动。		□是　□否
④	检查减振器上安装点是否有松动。		□是　□否

（5）检查下悬臂橡胶衬套与球头。

①检查悬架球头是否松动。　　　　　　　　　　　　　　　□是　□否

②检查悬架臂有无裂纹、变形或损坏。　　　　　　　　　　□有　□无

③检查悬臂衬套有无破损、变形和裂纹。　　　　　　　　　□有　□无

④检查悬臂球头防尘罩有无损坏。　　　　　　　　　　　　□有　□无

小提示：若悬臂在球头不能分离，则两者之一有损坏，应更换悬臂总成。

(6)检查后悬架。

①检查后桥及拖臂是否有损坏。　　　　　　　　　　　　□是　□否

②检查后桥衬套有无破损、变形和裂纹。　　　　　　　　□有　□无

三、拆卸与安装悬架部件并检查

如何规范地进行悬架部件的拆卸与安装？对拆卸下来的部件如何进行检查？

1.拆卸前悬架减振器及弹簧总成

(1)拆下车轮。　　　　　　　　　　　　　　　　　　　□任务完成

(2)举升车辆。　　　　　　　　　　　　　　　　　　　□任务完成

(3)拆卸稳定器。　　　　　　　　　　　　　　　　　　□任务完成

(4)拆下固定制动软管的E形环,并从托架上拆下制动软管。□任务完成

(5)拆下减振器与车架固定螺栓。　　　　　　　　　　　□任务完成

(6)拆下减振器与转向节连接螺栓前要做好左、右标记,以免安装时装错位置,拆卸后为避免损伤驱动轴护套,应用布将其盖上。　　　　　　　　　　□任务完成

小提示：拆卸减振器和螺旋弹簧前,记下原来的位置,便于重新安装减振器时能将原部件恢复到原来位置,否则会导致车轮定位参数发生变化。

(7)拆卸减振器及弹簧总成。

小提示：不可随意拆开减振器的任何部件,以免受压的螺旋弹簧因张力迅速反弹,造成维修人员受伤。因此,一定要按维修手册规定的操作步骤进行规范操作。

①用维修专用工具压紧螺旋弹簧,如图2-2-15(a)所示。　□任务完成

②用维修专用工具夹紧弹簧座,使其不能转动,拆下螺母,如图2-2-15(b)所示。

□任务完成

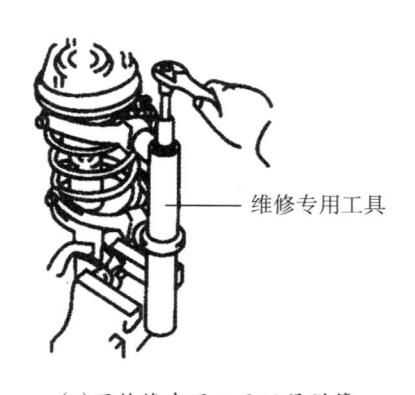

(a)用维修专用工具压紧弹簧　　　　(b)分解减振器及弹簧

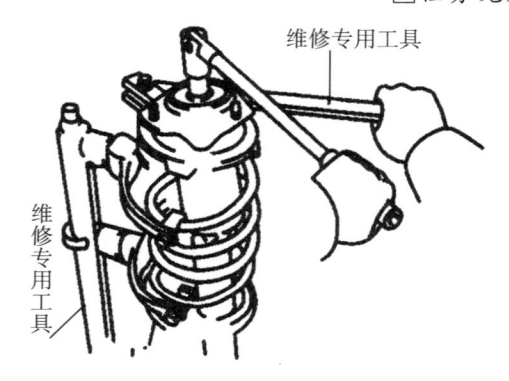

图2-2-15　减振器及弹簧总成的拆卸

③拆下悬架支承、弹簧座、防尘密封圈、弹簧、隔振座和减振垫。拆解零部件如图 2-2-16 所示。　　　　　　　　　　　　　　　　　　　　□任务完成

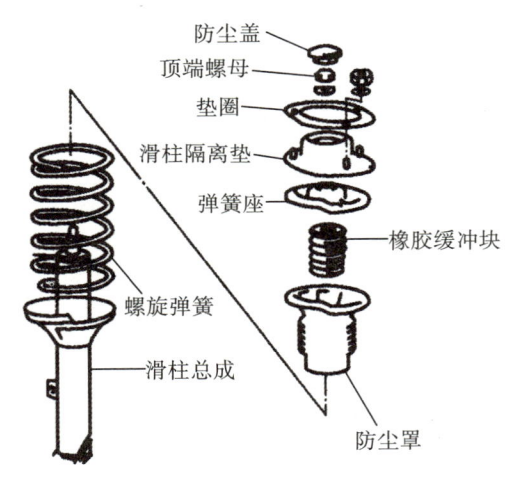

图 2-2-16　前悬架减振器及弹簧总成分解图

(8)检查分解的减振器及弹簧总成,并把检查结果记录在表 2-2-2 中。

表 2-2-2　减振器及弹簧总成检查结果记录表

序号	检查部位	检查结果	判断能否继续使用
①	检查弹簧座是否变形。	□是　□否	□更换　□继续使用
②	检查缓冲块有无破裂。	□有　□无	□更换　□继续使用
③	检查轴承转动时是否有异响。	□是　□否	□更换　□继续使用
④	检查轴向轴承径向或轴向拉动有无松动。	□有　□无	□更换　□继续使用
⑤	检查减振器的阻力效果。	□大　□小	□更换　□继续使用
⑥	检查弹簧是否变形、损坏。	□是　□否	□更换　□继续使用

小提示:用台钳固定减振器的下端,上下快速拉动减振器,如果阻力较大,则减振器正常;如果阻力较小或没有,则必须更换减振器。

2.拆卸悬架臂与球头

(1)拆下下悬架臂与前横梁连接螺栓。　　　　　　　　　　　□任务完成

(2)拆下转向节与下悬架臂连接螺栓。　　　　　　　　　　　□任务完成

(3)取下下悬架臂。　　　　　　　　　　　　　　　　　　　□任务完成

(4)检查下悬架臂和球头。

①如图 2-2-17 所示,旋转检查下悬架臂球头。　　　　　　　□任务完成

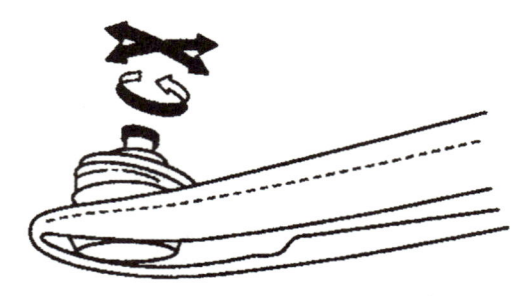

图2-2-17 检查悬架臂和球头示意图

②轴向拉动球头,检查是否有轴向间隙。　　　　　　　　　　□任务完成

四、装复悬架部件并检查

拆卸悬架部件进行检查后如何装复,装复后如何检查?

1. 根据拆卸后悬架部件的检查结果,更换相应部件　　　　　□任务完成

2. 按照与拆卸相反的顺序对前悬架减振器及弹簧总成、悬架臂与球头进行安装

□任务完成

小提示:注意某些元件可能有安装方向的要求,各螺栓在安装后必须用扭力扳手紧固在规定扭矩。

3. 装复后,该如何对悬架系统进行安全检查与测试

(1)在维修并安装悬架部件后,须对车辆定位进行检测和调整,使悬架部件恢复正常,保证车辆的稳定行驶。　　　　　　　　　　　　　　　　□任务完成

(2)道路测试后,检查是否解决了车辆故障,并把测试结果记录下来。　□是　□否

【评价与反馈】

班级:_____　姓名:_____　指导教师:_____

序号	考核项目	配分	考核内容	配分	考核标准	得分
1	出勤/纪律	10	出勤	4	违规一次不得分	
			行为规范	6	违规一次不得分	
2	安全/保护/环保	20	着装	4	违规一次不得分	
			个人防护	4	违规一次不得分	
			8S/EHS	4	违规一次不得分	
			设备使用安全	4	违规一次不得分	
			操作安全	4	违规一次不得分	

续表

序号	考核项目	配分	考核内容	配分	考核标准	得分
3	学习能力	60	工单填写、工艺计划制订	10	未做不得分	
			学习总结	10	酌情扣1～4分	
			自我训练	40	未做不得分	
4	任务拓展	10	知识拓展任务	5	未做不得分	
			技能拓展任务	5	未做不得分	
	总分	100				
教师评价	优点					
	存在问题					
	解决方案					
教师签字：						

项目三　汽车转向与操纵系统的维修

【项目目标】

1. 知识目标

（1）描述汽车转向及操纵系统各部件的作用。
（2）描述汽车转向及操纵系统的类型。
（3）认识汽车转向及操纵系统的主要零件。
（4）描述汽车车轮及轮胎的作用。
（5）认识车轮及轮胎的结构及类型。
（6）描述汽车机械转向系统的主要零部件及作用。
（7）描述汽车转向器的类型。
（8）认识汽车机械转向系统的工作过程。
（9）描述汽车助力转向系统及各部件的作用。
（10）描述助力转向系统的类型。
（11）认识助力转向系统的主要零件。
（12）描述汽车悬架部件的作用。
（13）描述汽车悬架布置的类型。
（14）认识汽车悬架的主要零件。
（15）叙述车轮定位的作用。
（16）认识四轮定位仪各参数的含义。

2. 技能目标

（1）能对转向系统的简单故障进行分析，并能进行拆装与维修。
（2）能对维修现场严格按照8S管理规定进行清理。
（3）能叙述转向系统的拆装安全操作规程，并在作业过程中贯彻。
（4）能对相关资料、互联网资源进行检索，完成工单、工作页的填写。
（5）能及时展示成果，进行任务评价，优化方案。

3.素质目标

（1）养成纪律意识、规范操作意识、安全意识、环保意识等。

（2）养成良好的清洁习惯和互帮互助的优秀品质等。

（3）能在实践过程中培养创新精神和实践能力，养成爱岗敬业的工作态度和职业责任感。

【项目准备】

常用工具：梅花扳手、套筒扳手、扭力扳手、开口扳手、风动工具等。

常用量具：百分表、千分尺、游标卡尺等。

专用工具：四轮定位仪、减振弹簧拆装器。

油料、材料：机油、润滑脂、清洗液、修理包等。

设备：多媒体教学设备、白板和展示板、教学车辆、工具车、零件车、手套等。

资料：维修工单、安全操作规程。

【工作流程】

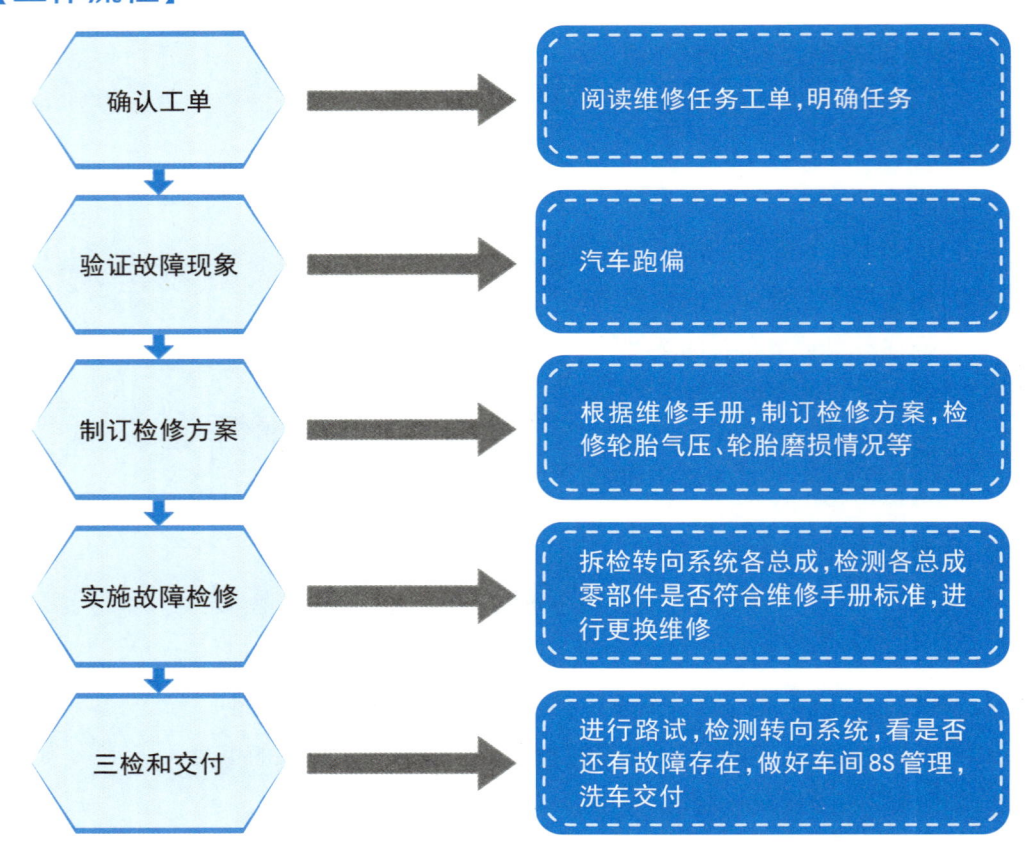

确认工单	阅读维修任务工单，明确任务
验证故障现象	汽车跑偏
制订检修方案	根据维修手册，制订检修方案，检修轮胎气压、轮胎磨损情况等
实施故障检修	拆检转向系统各总成，检测各总成零部件是否符合维修手册标准，进行更换维修
三检和交付	进行路试，检测转向系统，看是否还有故障存在，做好车间8S管理，洗车交付

任务一　转向系统的维护

【任务描述】

很多车主不知如何判断车辆是否存在跑偏问题,其实可以很直观地感受到。汽车行驶中,在转向盘保持不动的前提下,如果道路平坦一般都为直线行驶(此时要注意路面问题,首先要保证路面水平,乡间和城市的一般路面不是水平的,这会影响汽车的行驶路线),如果方向出现向左或向右的偏差就可能存在跑偏问题。当然很多因素会导致汽车跑偏。汽车维修人员需要根据维修手册相关要求,在规定时间内完成对底盘传动系统的检查与零部件的更换,自检合格后交付班组长验收。

【学习重点】

(1)描述汽车转向系统及各部件的作用。

(2)描述汽车转向系统的类型。

(3)认识汽车转向系统的主要零件。

(4)描述汽车车轮及轮胎的作用。

(5)认识车轮及轮胎的结构及类型。

【建议学时】

4学时。

【学习地点】

一体化工作站。

【学习准备】

车辆、工具设备、互联网资源、多媒体设备等。

【学习过程】

一、转向系统的作用

用来改变或保持汽车行驶或倒退方向的一系列装置称为汽车转向系统。汽车转向系统的功能就是按照驾驶员的意愿控制汽车的行驶方向,即驾驶员通过转动转向盘来控制汽车的行驶方向。汽车转向系统通过转向盘和一系列的杆件将转向力传递到车轮,从而实现驾驶员的驾驶意愿。转向系统的构成如图3-1-1所示。

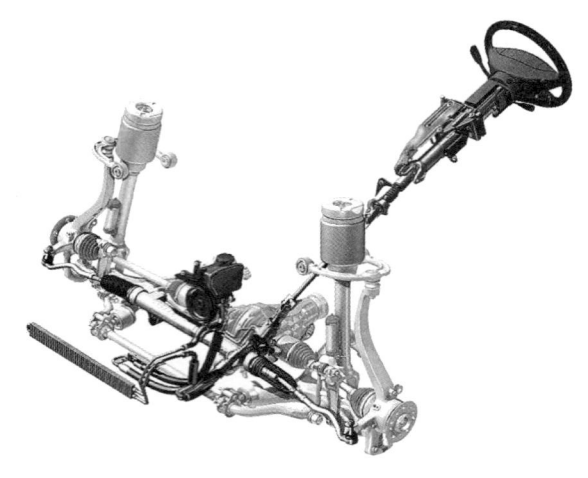

图3-1-1 转向系统

二、转向系统的分类

汽车转向系统按照转向的动力来源分为两大类:机械转向系统和动力转向系统。其中,常见的转向器有齿轮齿条式、循环球式、蜗杆曲柄指销式和蜗杆滚轮式4种类型。

(一)机械转向系统

完全靠驾驶员手动操纵的转向系统称为机械转向系统,主要组成部件有转向盘、转向管柱、转向传动机构和转向轮,如图3-1-2所示。

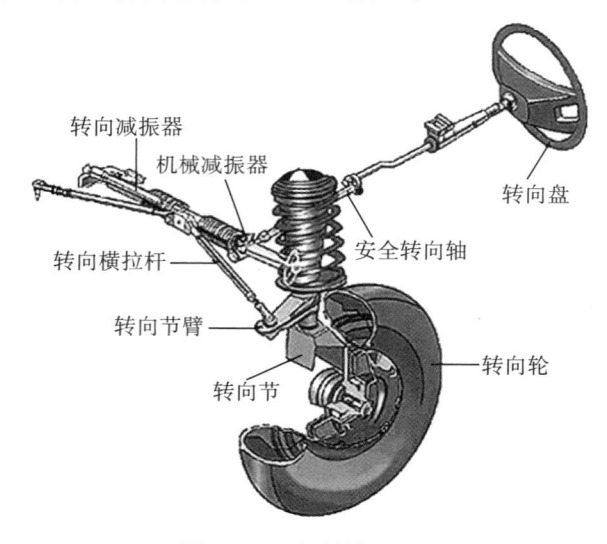

图3-1-2 机械转向系统

缺点:无法同时满足转向轻便和转向灵敏两个需求。

（二）动力转向系统

借助动力来操纵的转向系统称为动力转向系统。动力转向系统是在机械转向系统基础之上增加一套转向加力装置。动力转向系统又可分为液压动力转向系统和电动助力动力转向系统。

1. 液压动力转向系统

转向加力装置的部件包括转向液压泵、转向油管、转向油罐以及位于整体式转向器内部的控制阀及转向动力缸等，如图3-1-3所示。

2. 电动助力动力转向系统

简称电动式EPS（Electronic Power Steering System）或EPS，在机械转向机构的基础上，增加信号传感器、电子控制单元和转向助力机构，如图3-1-4所示。

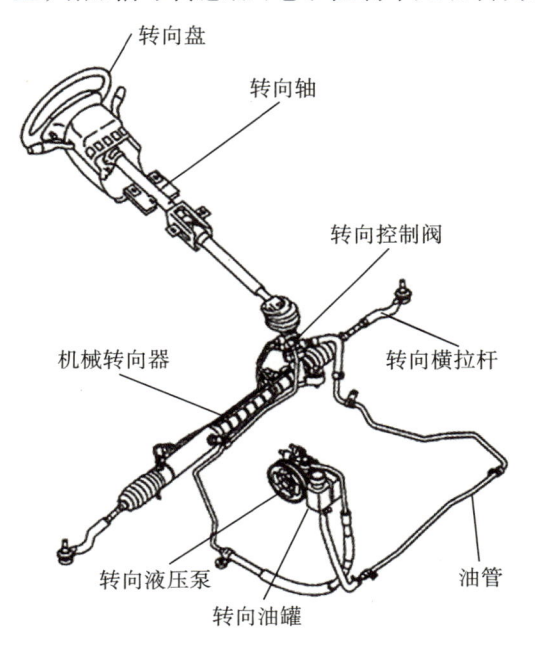

图3-1-3　液压动力转向系统

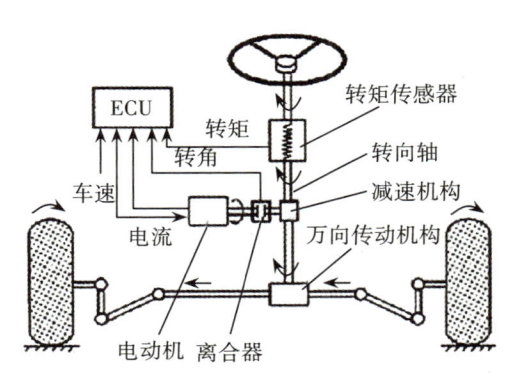

图3-1-4　电动助力动力转向系统

三、不同转向系统的优缺点对比

表3-1-1　不同转向系统的优缺点

转向系统	优　点	缺　点
机械转向系统	可靠性高、成本低、结构简单。	输出转向力矩相对较小，转向费力，转向器磨损严重，各部件寿命短，转向角度不易把控。

续表

转向系统	优点	缺点
动力转向系统 — 液压动力转向系统	采用机械液压助力时,方向盘与转向轮之间全部是通过机械部件连接,操控精准,路感直接,信息反馈丰富;液压泵由发动机驱动,转向动力充沛,大小车辆都适用;技术成熟,可靠性高,平均制造成本低。	液压系统的管路结构非常复杂,功率消耗大,容易产生泄漏,转向力不易被有效控制;控制油液的阀门数量繁多,后期的保养维护成本较高;整套油路经常保持高压状态,使用寿命也会受影响。
动力转向系统 — 电动助力动力转向系统	省去了液压动力转向系统的转向液压泵、转向油管、转向油罐、传送带和装于发动机上的皮带轮,既节省能量,又保护了环境。另外,还具有调整简单、装配灵活以及在多种状况下都能提供转向助力的优点。	成本和重量降低,系统小型化、轻量化,易于布置,零件数量少,无泄漏,故障率低;能满足在不同行驶工况下都有最佳助力作用的要求,低速轻便、高速稳定,低速助力大、高速助力小。

四、车身结构及分类

按车身的结构分类,现代汽车的车身主要分成承载式车身和非承载式车身两大类。

1.非承载式车身

非承载式车身,如图3-1-5(a)所示,就是将粗壮的钢梁焊接或铆合起来成为一个钢架,然后在这个钢架上安装引擎、悬架、车身等部件,这个钢架就是"车架"。其优点是钢梁提供很强的承载能力和抗扭刚度,而且结构简单,开发容易,生产工艺的要求也较低。缺点是钢制大梁沉重,车架重量占全车总重的很大一部分;此外,粗壮的大梁纵贯全车,影响整车的布局和空间利用率,大梁的厚度使安装在其上的坐厢和货厢的地台升高,使整车重心偏高。非承载式车身适用于有载重要求的货车、中大型客车,以及对车架刚度要求很高的车辆,如越野车。

(a)非承载式车身 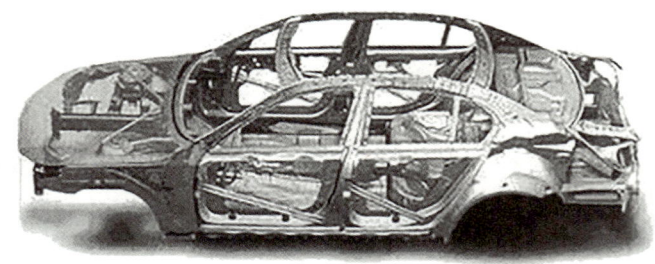 　　　　　　(b)承载式车身

图3-1-5　非承载式车身与承载式车身

2.承载式车身

承载式车身也称整体式或单体式车架,如图3-1-5(b)。承载式车身是用金属制成坚固的车身,再将发动机、悬架等机械部件直接安装在车身上。这个车身承受所有的载荷,充当车架,所以更准确地应称"无车架结构的承载式车身"。承载式车身由钢(较先进的是铝)经冲压、焊接而成,对设计和生产工艺的要求都很高,这也是中国车身设计开发需要突破的点。成型的车架是个带有驾乘舱、发动机舱和底板的骨架,我们看到的光滑汽车车身则是嵌在骨架上的覆盖件。

轿车一般采用承载式车身,因为这种结构将车架和车身合二为一,重量轻、可利用空间大、重心低,而且冲压成型的制造方式十分适合现代化的大批量生产。但是除了开发制造难度高外,刚度(尤其是抗扭刚度)不足也是承载式车身的一大缺陷,为了弥补这一缺陷,常对部分构件进行加粗加厚,作为抵抗扭力和承受撞击力的主要部件,其中最为常见的就是横梁和纵梁。特别是大马力、大扭力的高性能跑车,要求很高的车架刚度,普通承载式车身就显得刚度不足。因此对于高性能汽车,除了不断提升马力外,各车厂也致力于提高车身的刚度,主要办法是优化车架的几何形状和进行局部增粗或补焊以加强抗扭能力。

承载式车身将全车所有部件,包括引擎、悬架、车身等连成一体,具有很好的操控反应,而且传递的振动、噪声都较少,这是非承载式车身不可比拟的。因此不仅是轿车,就连一些针对良好道路环境设计的越野车也有弃大梁式车架而改用承载式车身的趋势,这就是所谓的"城市化越野车"。另外针对大梁式车架地台高的弊病,出现了采用承载式车身的大型客车(称为"无大梁车身"),由于取消了大梁,旅游大巴可以在车底腾出巨大且左右贯通的行李空间,市区公共汽车则可以将地台降至与人行道等高,以便乘客上下车(要配合特殊的低置车桥)。低地台是客车的一个重要发展方向。

【技能要求】

要求　转向系统的检查

(1)检查转向助力油。
(2)检查转向系统的外观。
(3)检查横拉杆及球头。
①检查横拉杆球头是否松旷。
②检查横拉杆有无弯曲和损坏。

③检查防尘套是否开裂及损坏。

④检查下摆臂球头是否有滑动间隙及垂直游隙。

⑤检查下摆臂球头防尘套是否损坏。

(4) 检查转向节是否损坏。

(5) 检查驱动轴护套。

①检查内、外侧驱动轴护套是否有裂纹和其他损坏。

②检查内、外侧驱动轴润滑脂是否渗漏。

(6) 检查车轮轴承。

①检查车轮轴承是否松旷。

②检查车轮轴承转动状况是否良好,是否有异响。

学习检测

一、填空题

1. 汽车悬架系统的作用是使汽车平顺、安全地行驶,并具有_____和_____。

2. 在进行汽车悬架系统外观检查时,要检查弹簧_____、衬套_____、减振器_____、稳定杆或衬套是否有故障以及控制臂或支柱_____。

3. 转向系统可按转向能源的不同分为_____和_____两大类。

4. 机械转向系统由_____、_____和_____等部分组成。

5. 转向系统的作用是_____。

6. 液压式动力转向系统中,转向加力装置由_____、_____、_____和_____组成。

7. 与非独立悬架配用的转向传动机构主要包括_____、_____、_____和_____。

二、选择题

1. 在动力转向系统中,转向所需的能源来源于( )。

　A. 驾驶员的体能　　　B. 发动机动力　　C. A、B 均有　　　D. A、B 均没有

2. 转弯半径是指由转向中心到( )。

　A. 内转向轮与地面接触点之间的距离　　　B. 外转向轮与地面接触点之间的距离

　C. 内转向轮之间的距离　　　　　　　　　D. 外转向轮之间的距离

3. 汽车的装配体是( )。

　A. 车架　　　　　B. 发动机　　　C. 车身　　　　D. 车轮

三、判断题

1. 转向系统的作用是保证汽车实现转向。（　　）
2. 汽车的转弯半径越小,汽车的转向机动性能越好。（　　）
3. 汽车的轴距越小,转向机动性能越好。（　　）
4. 转向系统的角传动比越大,则转向越轻便、越灵敏。（　　）
5. 所有汽车的悬架组成都包含弹性元件。（　　）

自我训练

任务工单

任务名称	悬架与转向系统的维护	学生姓名	
班　　级		学生学号	任务成绩

一、准备工作

1. 工量具、设备与材料

常用工具、实训车辆、举升机、钢直尺、维修手册、干净的抹布等。

2. 安全防护用品

标准作业装、安全鞋、线手套。

3. 汽车信息收集

车牌号码：_____　　　车辆型号：_____

VIN 码：_____　　　行驶里程：_____

二、汽车转向系统的维护

1. 检查转向助力油

（1）检查转向液压油液位是否正常。　　　　　　　　　　□是　□否

（2）检查转向助力油质量是否正常。　　　　　　　　　　□是　□否

小提示：如果缺少,应及时补加,但是所添加的油的品质要与原油液相同。液压动力转向系统所使用的油液牌号,应符合原厂的要求,油液应具有良好的黏温特性、耐磨性、抗氧化性、润滑性,无杂质和沉淀物。同时,定期清洗液压油杯及滤芯,防止液压油过脏或变质,建议每行驶 30000 km 更换一次液压油。

2. 检查转向系统外观

（1）检查转向助力泵皮带的松紧度是否符合要求。　　　　□是　□否

（2）检查转向助力泵皮带是否有磨损、裂纹、脱层或其他损坏。　　　　□是　　□否

小提示：松紧度应以手指按下 10 mm 左右为宜。

（3）检查液压系统的管接头是否有漏油现象。　　　　　　　　　　　□是　　□否

（4）检查液压油管是否由于与其他部件摩擦导致破损、漏油。　　　　□是　　□否

（5）检查转向器是否泄漏。　　　　　　　　　　　　　　　　　　　□是　　□否

（6）检查动力转向助力泵是否泄漏。　　　　　　　　　　　　　　　□是　　□否

小提示：液压胶管应定期更换,防止胶管内脱皮堵塞管道。

3.横拉杆及球头检查

（1）检查横拉杆球头是否松旷,如图3-1-6所示。　　　　　　　　　□是　　□否

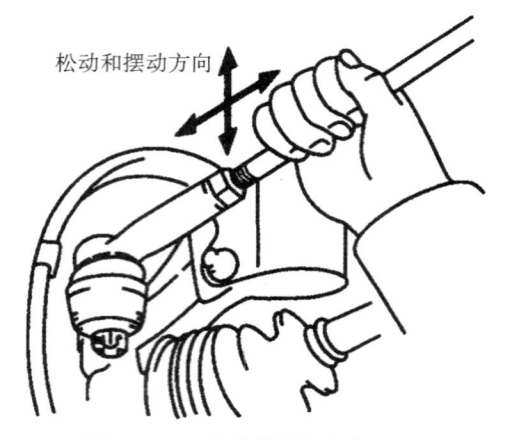

图3-1-6　检查横拉杆球头

（2）检查横拉杆有无弯曲和损坏。　　　　　　　　　　　　　　　　□有　　□无

（3）检查防尘套是否开裂及损坏,如图3-1-7所示。　　　　　　　　□是　　□否

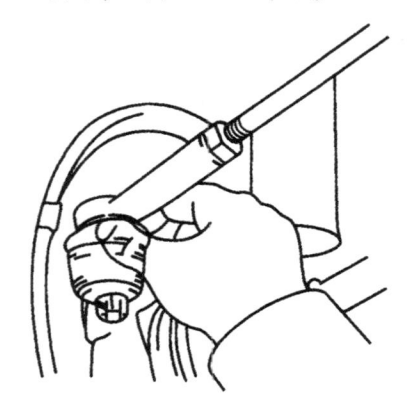

图3-1-7　检查防尘套是否开裂及损坏

（4）检查下摆臂球头是否有滑动间隙及垂直游隙,如图3-1-8所示。　□是　　□否

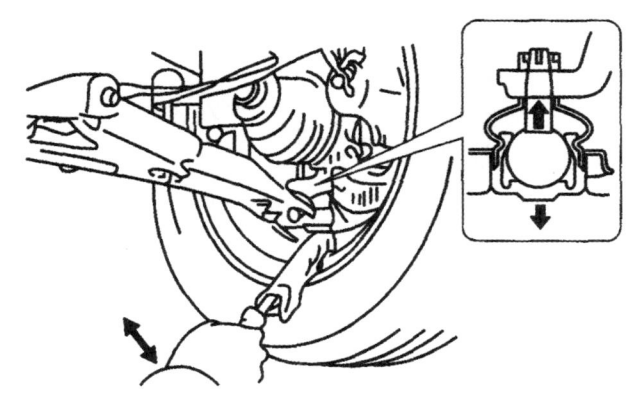

图3-1-8　检查下摆臂球头

（5）检查下摆臂球头防尘套是否损坏。　　　　　　　　　　　　□是　□否

4. 检查转向节是否损坏　　　　　　　　　　　　　　　　　　　　□是　□否

5. 检查驱动轴护套

检查驱动轴护套，如图3-1-9所示。

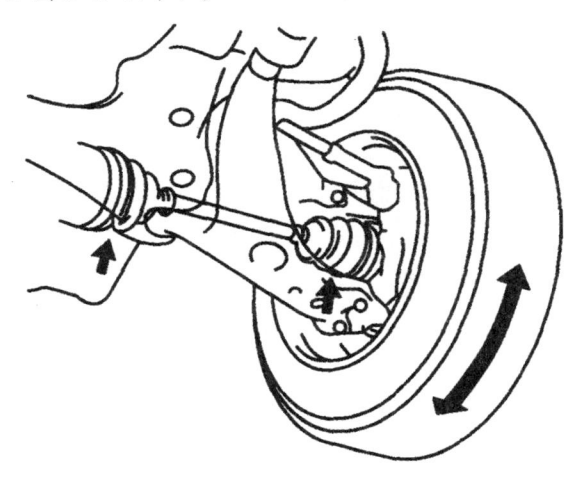

图3-1-9　检查驱动轴护套

（1）检查内、外侧驱动轴护套是否有裂纹和其他损坏。　　　　　□是　□否
（2）检查内、外侧驱动轴润滑脂是否渗漏。　　　　　　　　　　　□是　□否

6. 检查车轮轴承

（1）检查车轮轴承有无松旷，如图3-1-10（a）所示。　　　　　　□有　□无
（2）检查车轮轴承转动状况是否良好，是否有异响，如图3-1-10（b）所示。

　　　　　　　　　　　　　　　　　　　　　　　　　　　　　　　□是　□否

项目三　汽车转向与操纵系统的维修　　141

(a)   (b)

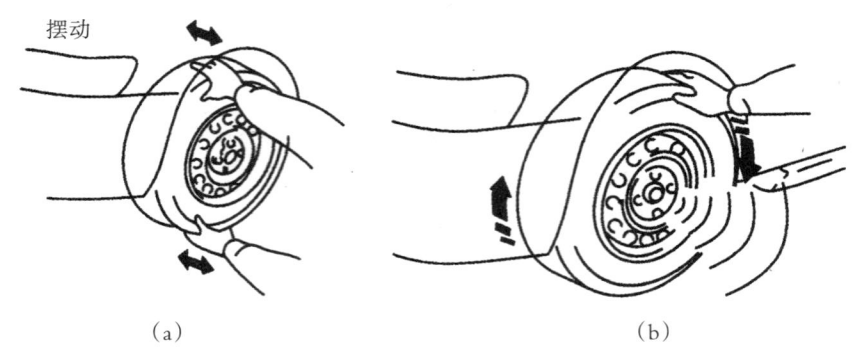

图3-1-10　车轮轴承检查

三、汽车悬架系统的维护

1. 检查车辆倾斜状况

目测检查车辆倾斜状况,如图3-1-11所示。　　　　　　　　□任务完成

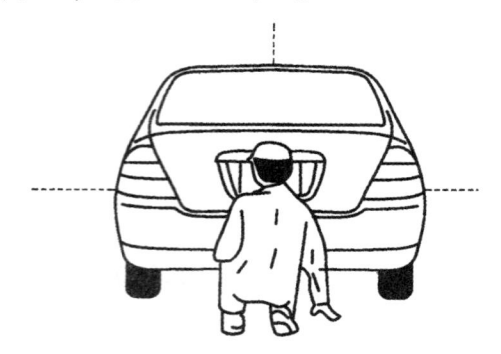

图3-1-11　目检车辆的倾斜状况

小提示:目视观察车辆是否倾斜。如果车辆倾斜,还需检查轮胎气压、左右车轮的尺寸及车辆承载是否均匀。

2. 检查减振器

(1)检查减振器的阻尼状态,如图3-1-12所示。　　　　　　　□任务完成

图3-1-12　检查减振器的阻尼状态

小提示：在车前、车后通过上下晃动车身确定减振器的阻尼大小，并确定车身停止晃动的时间长短。

（2）目检减振器是否损坏。　　　　　　　　　　　　　□是　□否

（3）目检减振器是否漏油。　　　　　　　　　　　　　□是　□否

（4）检查防尘套是否有裂纹或损坏。　　　　　　　　　□是　□否

3.检查钢板弹簧或螺旋弹簧、扭杆弹簧等是否有裂纹或损坏　□是　□否

4.检查悬架的其他部位，如摆臂、稳定杆、推力杆等是否损坏　□是　□否

5.车轮检查

（1）检查轮胎是否有裂纹和损坏。　　　　　　　　　　□是　□否

（2）检查轮胎是否嵌入金属碎片和异物并清除。　　　　□是　□否

（3）检测轮胎花纹深度是否低于1.6 mm（以轮胎花纹最浅位置为准），如图3-1-13所示。　　　　　　　　　　　　　　　　　　　　　　　□正常　□不正常

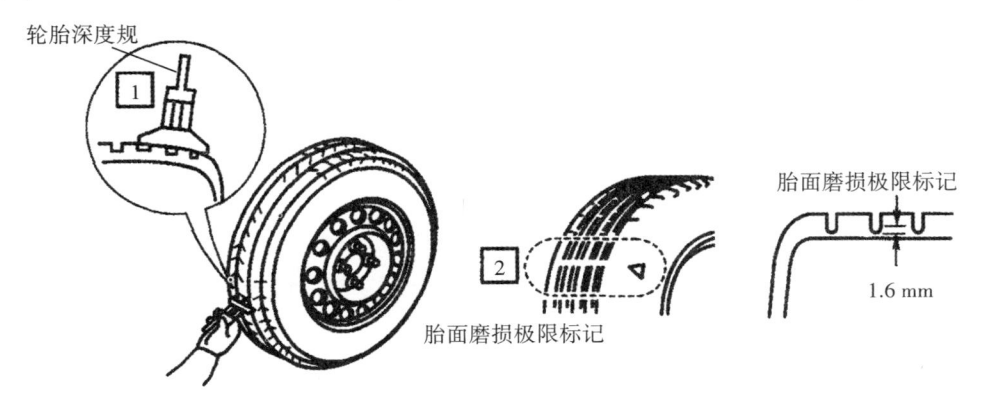

图3-1-13　检测轮胎花纹深度

（4）检查轮胎花纹是否有异常磨损。　　　　　　　　　□是　□否

轮胎常见异常磨损形式如图3-1-14所示。

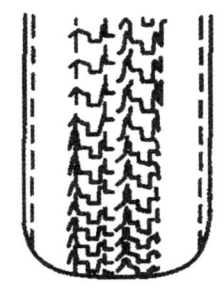

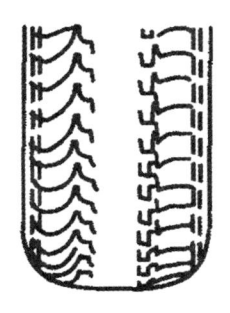

（a）单边磨损　　（b）双边磨损　　（c）中间磨损

图3-1-14　轮胎异常磨损形式

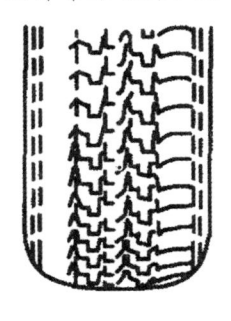

（5）检查轮胎气压及漏气情况，记录测量值到表3-1-3并判断。

表3-1-2　轮胎气压测量记录表

	前轮气压	后轮气压	备胎气压
标准值			
测量值			
判断结果	□正常　□不正常	□正常　□不正常	□正常　□不正常
漏气	□正常　□不正常	□正常　□不正常	□正常　□不正常

小提示：若轮胎压力不足，则说明轮胎漏气，应该检查并确定轮胎的漏气位置。

（6）检查车钢圈是否有损坏或腐蚀。　　　　　　　　　　　□是　□否

6.检查连接情况

（1）用手晃动悬架的主要元件，检查是否磨损或松动。　　　□是　□否

（2）最后用扭力扳手将螺母或螺栓按规定力矩紧固。　　　　□任务完成

任务二　机械转向系统的检查与维修

【任务描述】

汽车被送进厂里维修，客户反映该汽车行驶过程中发出"咯噔咯噔"的响声，特别是转动转向盘时有明显的异响。造成转向盘异响的问题有很多，一般跟转向助力油少、万向节、平面轴承等故障有关。汽车维修专业人员根据维修手册相关要求进行检测及修理，完成对机械转向系统的检查与零部件的更换，合格后交付班组长验收。

【学习重点】

（1）描述汽车机械转向系统的主要零部件及作用。
（2）描述汽车转向器的类型。
（3）认识汽车机械转向系统的工作过程。

【建议学时】

4学时。

【学习地点】

一体化工作站。

【学习准备】

车辆、工具设备、互联网资源、多媒体设备等。

【学习过程】

一、机械转向系统的组成及作用

（一）机械转向系统的组成

汽车机械转向系统由转向操纵机构、转向器和转向传动机构三大部分组成，如图3-2-1所示。

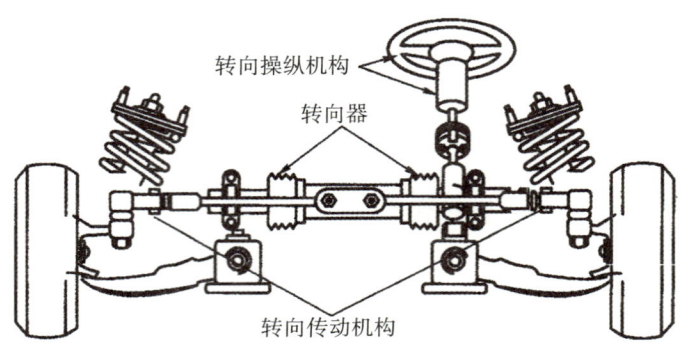

图 3-2-1　机械转向系统结构

(二)机械转向系统各部分的作用

表 3-2-1　机械转向系统组成及其作用

序号	名 称	零件名称	组成及作用
1	转向操纵机构	转向盘	由一个轮圈和辐条组成,转向盘中心和转向轴上端装配在一起,多数转向盘的轮毂内由内花键与转向轴的外花键装配,通过中心轮毂的螺母将内外花键固定在转向轴上。驾驶员通过转向盘控制车辆转向。
		转向轴	由转向轴、中间轴和万向节等零件组成。通过转向轴可以把转向盘的旋转运动传递到转向器上。
2	转向器	转向器	将转向盘的回转运动转换为传动机构的往复运动。
3	转向传动机构	转向直拉杆	将转向器(或摇臂)传来的力和运动传给转向梯形臂(或转向节臂)。
		球头	活动铰接转向横拉杆与转向节。
		转向节	接受转向横拉杆推力使车轮偏转。

二、机械转向系统的类型及工作过程

(一)机械式转向器的类型

机械式转向器有齿轮齿条式、循环球式、蜗杆曲柄指销式和蜗杆滚轮式 4 种形式。齿轮齿条式转向器是一种常见的转向器,基本结构是一对相互啮合的齿轮齿条和一些附件。

（二）齿轮齿条式转向系统的工作过程

转向盘的旋转运动被传递到转向器上，经转向器放大后的力和减速后的运动被传到齿条，再被传给固定于转向节上的转向节臂，使转向节和它所支承的转向轮偏转，从而改变汽车的行驶方向。图3-2-2是齿轮齿条式转向系统的工作示意图。

齿轮齿条式转向器具有结构简单、成本低廉、转向灵敏和体积小等优点，同时还能够直接带动横拉杆和通过横拉杆来转动转向轮，因此在轿车上得到广泛应用。

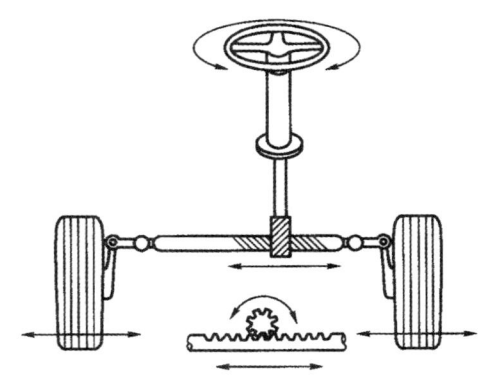

图3-2-2 齿轮齿条式转向系统的工作示意图

（三）转向盘自由行程

1.转向盘自由行程的含义

转向系统各连接零件之间和传动副之间，存在着装配间隙。转向盘自由行程是指当汽车直线行驶时，为消除这些间隙和克服机件的弹性形变使汽车所发生的偏转，即转向盘转过的角度。但是由于角度不易测量，因此在实际操作过程中常使用转向盘圆周转过的长度来代替角度自由行程，单位为毫米（mm）。

2.转向盘自由行程的检查与调整

汽车停好后，前轮处于直线行驶的状态，用手轻轻地左右转动转向盘，检查转向盘自由行程。如果不符合要求，先检查转向系统各零部件的连接是否松旷，再对转向器进行检查和调整。

不同车辆有不同的自由行程最大值。通常转向盘从直行中间位置向任一方向转动的自由行程不超过10～15 mm，当转向盘的自由行程超过15 mm，需要调整或换件，但有些车型转向盘的自由行程最大为30 mm。

三、机械转向系统主要部件

（一）转向盘

为了司机有很好的视野，转向盘（如图3-2-3所示）上部的空隙一般较大。转向盘由驾驶员灵活操作，转向

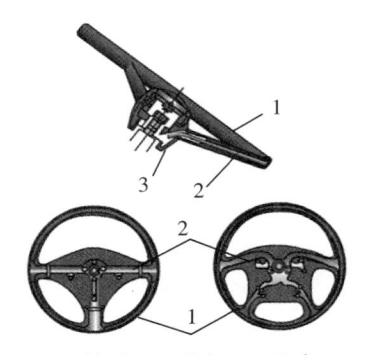

1—轮圈；2—轮辐；3—轮毂
图3-2-3 转向盘

系统很好地隔绝了来自道路的剧烈振动。不仅如此,好的转向系统还能为驾驶者带来一种与道路亲密无间的感受。

(二)转向柱

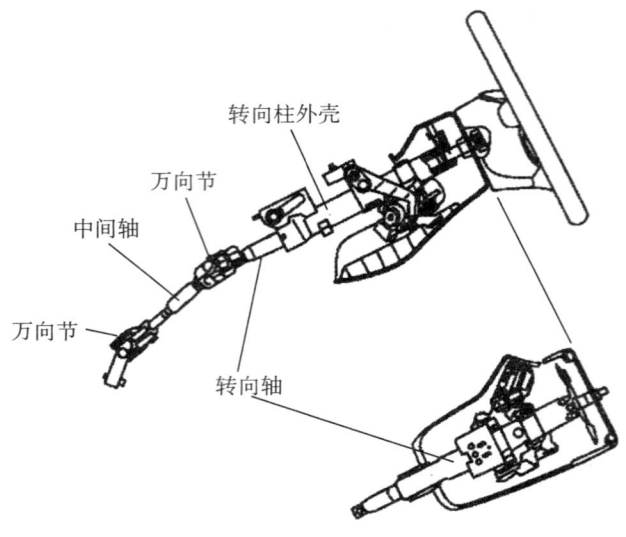

图 3-2-4　转向柱

转向柱(如图 3-2-4 所示)主要由转向轴、中间轴和万向节等部件组成。转向柱可以把转向盘的旋转运动传递到转向器上。转向轴的作用是将驾驶员作用于转向盘的转向操纵力矩传给转向器的传力轴,它的上部与转向盘固定连接,下部装有转向器。现代汽车的转向轴除装有柔性万向节外,有的还装有能改变转向盘的工作角度(转向轴的传动方向)和高度(转向轴轴向长度)的机构,以方便不同体型驾驶员的操纵。

(三)转向摇臂

转向摇臂(如图 3-2-5 所示)的作用是把转向器输出的力和运动传给直拉杆或横拉杆,进而推动转向轮偏转。

(四)转向直拉杆

转向直拉杆的作用是将转向摇臂传来的力和运动传给转向梯形臂(或转向节臂)。它所受的力既有拉力,也有压力,因此直拉杆都是采用优质特种钢材制造的,以保证工作可靠。直拉杆的典型结构如图 3-2-6 所示。在转向轮偏转或因悬架弹性变形而相对于车架跳动时,转向直拉杆与转向摇臂及转向节臂的相对运动都是空间运动,为了不发生运动干涉,上述三者间的连接都采用球头连接。

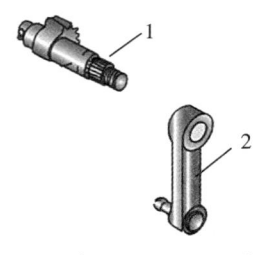

1—摇臂轴;2—转向摇臂
图 3-2-5　转向摇臂与摇臂轴

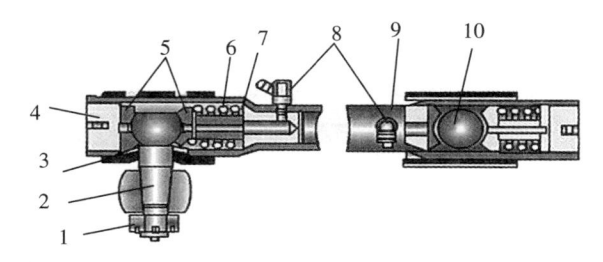

1—螺母；2—球头；3—橡胶防尘垫；4—螺塞；5—球头座；6—压缩弹簧；7—弹簧座；
8—油嘴；9—直拉杆体；10—转向摇臂球头

图3-2-6　转向直拉杆

（五）转向横拉杆

转向横拉杆是联系左、右梯形臂并使其协调工作的连接杆，它在汽车行驶过程中反复承受拉力和压力，因此多采用高强度冷拉钢管制造。

（六）转向器

转向器是转向系统中的减速增扭装置，并改变转向扭矩的传动方向。机械式转向器主要有齿轮齿条式、循环球式、蜗杆曲柄指销式和蜗杆滚轮式4种。

齿轮齿条式转向器是以齿轮和齿条作为传动机构，适合与麦弗逊式独立悬架配用，常用于轿车、微型货车和轻型货车，常见的齿轮齿条式转向器类型如下：

（1）转向器一侧作为动力输出，如桑塔纳轿车转向器，其结构如图3-2-7所示。

这类转向器主要由转向器壳、转向齿条、转向齿轮等部件组成。

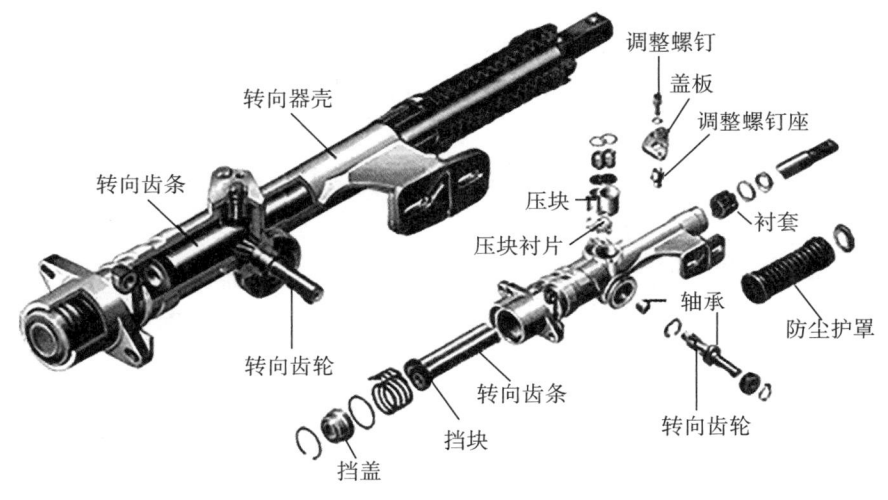

图3-2-7　桑塔纳轿车齿轮齿条式转向器结构

（2）转向器两端作为动力输出，如捷达轿车转向器，结构如图3-2-8所示。

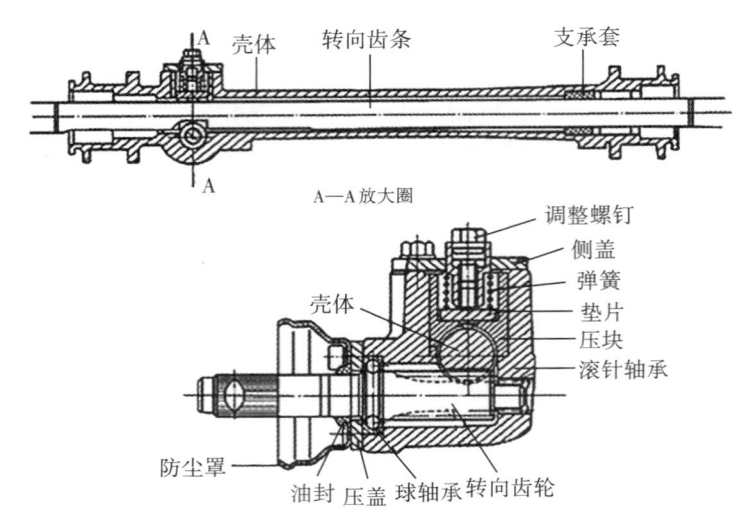

图 3-2-8　捷达轿车齿轮齿条式转向器结构

捷达轿车转向器的安装及布置如图 3-2-9 所示。转向器通过两个U形支架和橡胶管支承固定在副车架上,两个转向横拉杆分别通过球头销与转向齿条的两端相连。

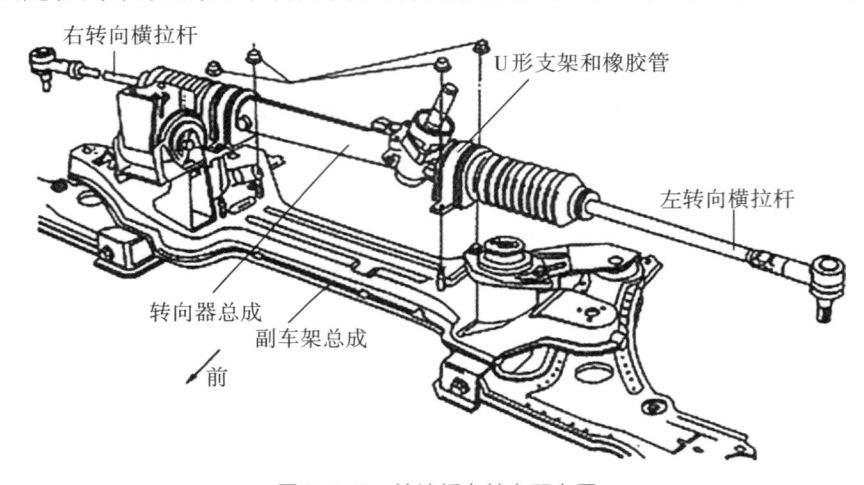

图 3-2-9　捷达轿车转向器布置

(3)有些轿车转向器的动力不是两端输出,而是中间输出,如图 3-2-10 所示。

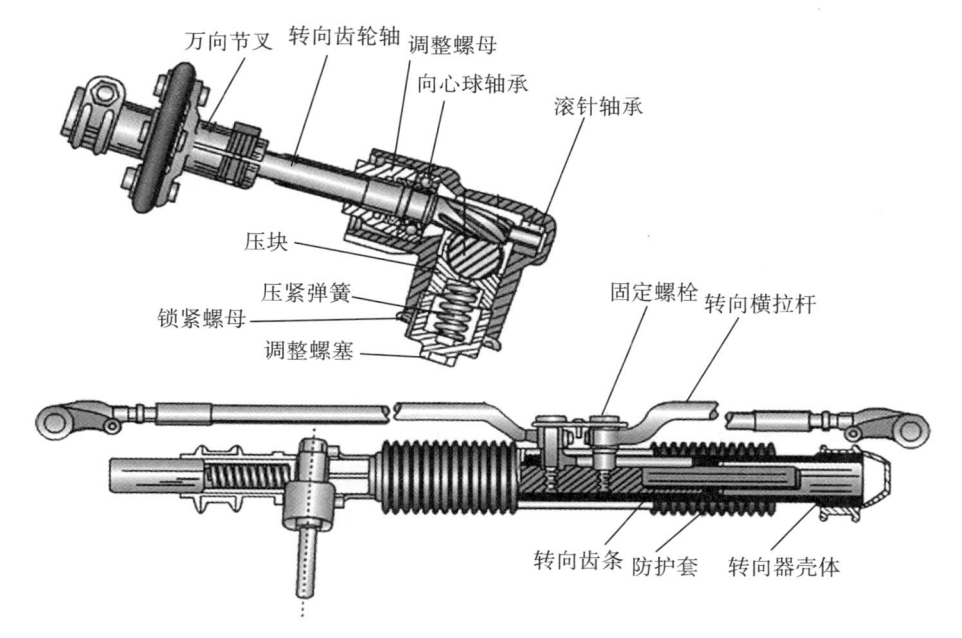

图 3-2-10　中间输出的齿轮齿条式转向器

四、转向器结构

（一）循环球式转向器

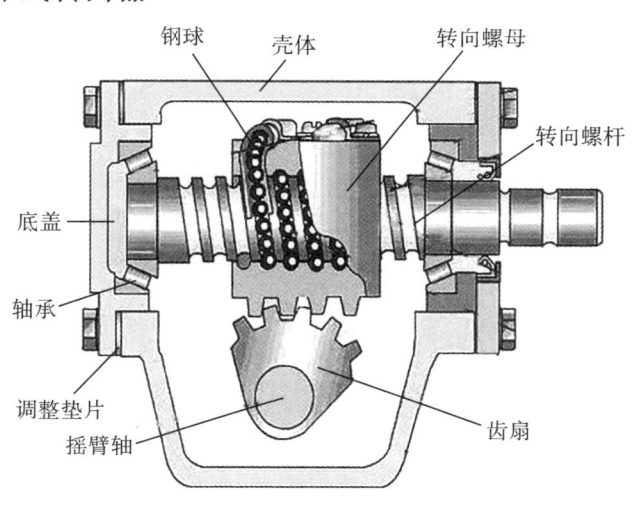

图 3-2-11　循环球式转向器

循环球式转向器（如图 3-2-11 所示）是目前国内外应用最广泛的转向器之一，一般有两级传动副，第一级是螺杆螺母传动副，第二级是齿条齿扇传动副。为了减少转向螺杆与转向螺母之间的摩擦，二者的螺纹并不直接接触，其间装有多个钢球，以实现滚动摩擦。转向螺杆和转向螺母上都加工出断面轮廓，为两段或三段不同心圆弧组成的近似半圆的螺旋槽。二者的螺旋槽能配合形成近似圆形断面的螺旋管状通道。转向螺母侧面有两对通孔，可将钢球从此孔塞入螺旋管状通道内。转向螺母外有两根钢球导管，每根导管的两端分别插入转向螺母侧面的一对通孔中。导管内也装满了钢球。这样，两根导管和转向螺母内的螺旋管状通道组合成两条各自独立的封闭钢球流道。转向螺杆转动时，通过钢球将力传给转向螺母，转向螺母即沿轴向移动。同时，在转向螺杆及转向螺母与钢球间的摩擦力偶的作用下，所有钢球便在螺旋管状通道内滚动，形成"球流"。在转向器工作时，两列钢球只是在各自的封闭流道内循环，不会脱出。循环球式转向器实物如图3-2-12所示。

图3-2-12　循环球式转向器实物图

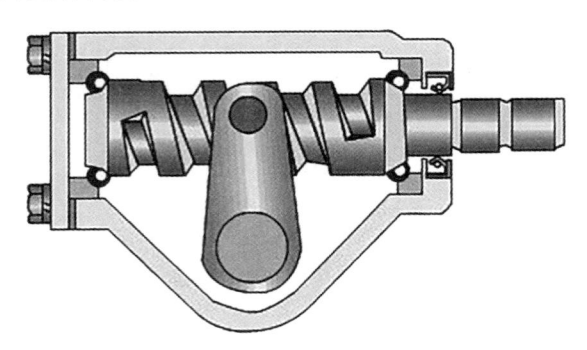

（二）蜗杆曲柄指销式转向器

蜗杆曲柄指销式转向器（如图3-2-13所示）的传动副是以转向蜗杆为主动件，其从动件是装在摇臂轴曲柄端部的指销。转向蜗杆转动时，与之啮合的指销绕摇臂轴轴线做圆弧运动，并带动摇臂轴转动。

图3-2-13　蜗杆曲柄指销式转向器

【技能要求】

要求　机械转向系统的检查

一、检查转向盘自由行程

（1）停止车辆，并将轮胎对准正前方。

（2）使用白垩粉在转向盘测量点做一标记，向左和向右慢慢转动转向盘，检查转向盘自由行程如图3-2-14。转向盘最大自由行程：30 mm。

图3-2-14　转向盘自由行程检测

二、拆卸横拉杆

（1）让汽车保持直线行驶状态，拆卸左前轮。

（2）松开横拉杆前束调整端头锁止螺母。

（3）拆卸横拉杆外端螺母的开口销及螺母。

（4）使用专用工具分离横拉杆球头与转向节连接。

（5）拆卸横拉杆球头。

（6）按照与拆卸相反的步骤装复。

学习检测

一、填空题

1. 常用的转向器有_____、_____和_____等结构。
2. 循环球式转向器由_____、_____、_____、_____4个主要零件组成。

二、选择题

1.转向系统角传动比越大,转向时驾驶员越(　　)。

　　A.省力　　　　　　　　B.费力　　　　　　　　C.无影响

2.转向盘自由行程越大,路面传递的力(　　)。

　　A.越明显　　　　　　　B.越不明显　　　　　　C.变化不大

3.循环球式转向器是(　　)转向器。

　　A.单传动比　　　　　　B.双传动比　　　　　　C.三传动比

4.横拉杆两端螺纹旋向(　　)。

　　A.都是左旋　　　　　　B.都是右旋　　　　　　C.一个左旋,一个右旋

5.转向盘出现"打手"现象,主要是因为(　　)。

　　A.转向盘自由行程小　　B.转向盘自由行程大　　C.车速太高

自我训练

任务工单

任务名称	机械转向系统的检查与维修	学生姓名	
班　　级		学生学号	任务成绩

一、准备工作

1.工量具、设备与材料

常用工具、轮胎气压表、钢直尺、维修手册、若干抹布等。

2.安全防护用品

标准作业装、安全鞋、线手套。

3.汽车信息收集

车牌号码:＿＿＿＿＿＿＿　　　车辆型号:＿＿＿＿＿＿＿

VIN码:＿＿＿＿＿＿＿　　　　行驶里程:＿＿＿＿＿＿＿

二、检查与维护机械转向系统

由于汽车转向系统影响到车辆行驶安全,机械转向系统的检查与维护非常重要。

1.机械转向系统检查

(1)让汽车保持直线行驶方向检查转向盘的自由行程是否恰当,如图3-2-15所示。查询转向盘自由行程标准值＿＿＿＿＿＿,测量转向盘自由行程＿＿＿＿＿＿。

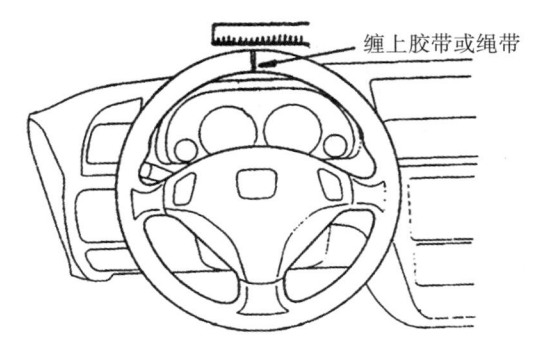

图3-2-15　转向盘自由行程测量

（2）让汽车保持直线行驶状态检查其方向是否对正。　　　　　　　　□是　□否
（3）检查转向盘是否能左右转向自如和是否有"咔嗒"声。　　　　　　□是　□否
（4）左右转动转向盘到极限，检查是否对称，转向开关能否自动回位。　□是　□否
（5）检查转向横拉杆保护罩是否有泄漏及损坏，如图3-2-16所示。　　□是　□否

图3-2-16　转向横拉杆保护罩检查

（6）检查转向螺栓和转向螺母是否拧紧，必要时，应重新拧紧。　　　　□是　□否

2.当机械转向系统转向盘自由行程过大，主要进行如下检查和调整

（1）检查转向轴、万向节是否有松动。　　　　　　　　　　　　　　　□是　□否
（2）转向节球头检修，如图3-2-17所示，将前桥车轮支起，检查转向是否松弛。
　　　　　　　　　　　　　　　　　　　　　　　　　　　　　　　　　□是　□否

项目三　汽车转向与操纵系统的维修　155

支撑起前桥车轮，来回摆动车轮。

图3-2-17　转向节球头检修

（3）检查横拉杆球头是否有松动。　　　　　　　　　　□是　□否

（4）转向器的调整。

转向器的调整包括转向小齿轮的轴承预紧力和转向小齿轮与齿条的啮合间隙的调整。

①用扭力扳手调整小齿轮轴承的调整螺钉并锁紧，如图3-2-18所示。　□任务完成

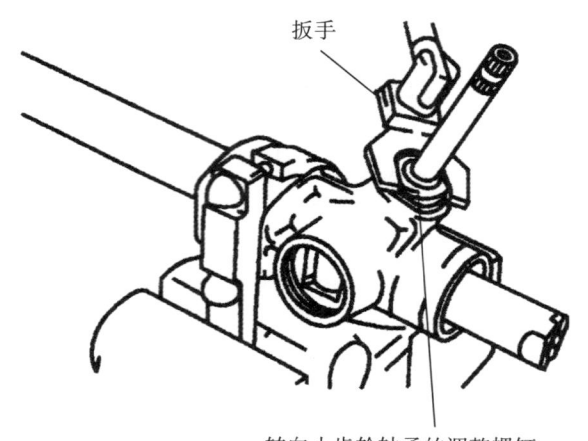

扳手

转向小齿轮轴承的调整螺钉

图3-2-18　小齿轮轴承的调整

小提示：使用扭力扳手在两个方向上测量轴承的预紧扭矩。转动时的预紧扭矩为 0.1~0.2 N·m，调整完后将轴承调整螺钉上的锁紧螺母拧紧。

②转向小齿轮与齿条的啮合间隙调整可以通过改变齿条导套中的调整弹簧预紧力的方式来进行。调整弹簧的位置，如图3-2-19所示。

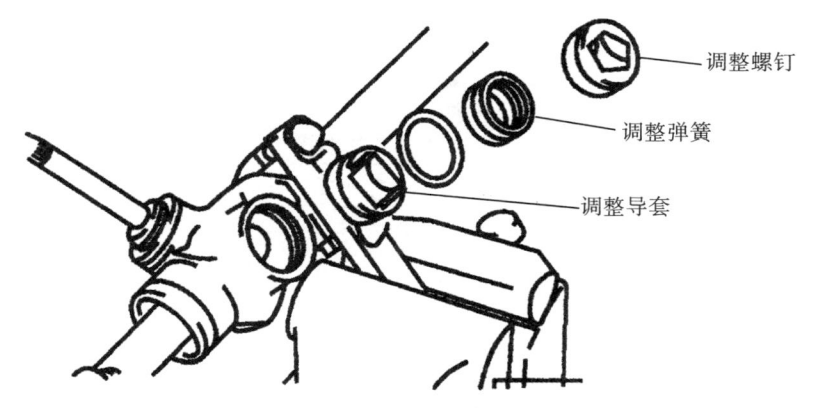

图3-2-19 调整弹簧的位置

以 25 N·m 扭矩拧紧调整螺钉,再将调整螺钉往松开的方向回转 25°,如图 3-2-20 所示。　　　　　　　　　　　　　　　　　　　　　　　　　　　□任务完成

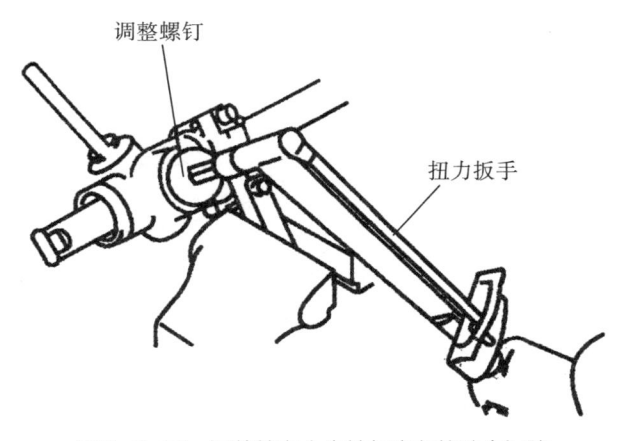

图3-2-20 调整转向小齿轮与齿条的啮合间隙

③使用专用维修工具和扭力扳手在两个方向测量从中间位置开始一圈之内的总预紧扭矩,转动时的预紧扭矩为 0.7~1.7 N·m,调整后将调整螺钉上的锁紧螺母拧紧。

□任务完成

(5)检查转向盘的自由行程。　　　　　　　　　　　　　　　□任务完成

三、更换转向横拉杆球头

当转向横拉杆球头松旷时,需要更换转向横拉杆球头,如何更换转向横拉杆球头?

(1)横拉杆球头在车辆上的安装位置,如图 3-2-21 所示。转向横拉杆球头分内外球头。

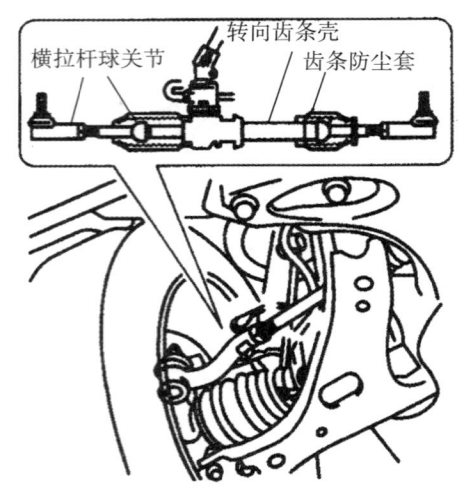

图3-2-21　横拉杆球头在车辆上的安装位置

（2）更换横拉杆球头（以左前外球头为例）步骤如下：

①让汽车保持直线行驶状态，拆卸左前轮。　　　　　　　　　　　□任务完成

②松开横拉杆前束调整端头锁止螺母，如图3-2-22所示。　　　　□任务完成

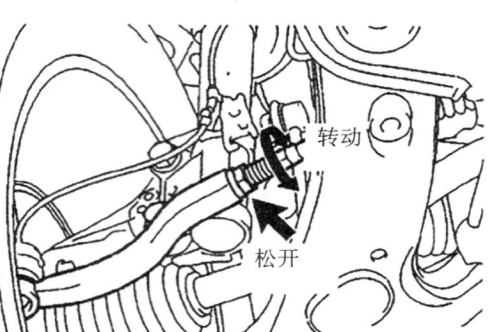

图3-2-22　松开横拉杆前束调整端头锁止螺母

③拆卸横拉杆外端螺母的开口销及螺母，如图3-2-23所示。　　　□任务完成

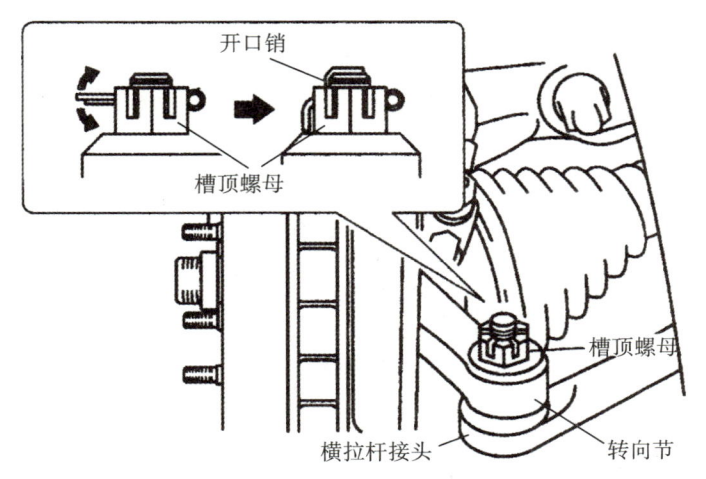

图3-2-23 拆卸横拉杆外端螺母

（3）使用专用工具将横拉杆端头从转向节上脱离，如图3-2-24所示。　　□任务完成

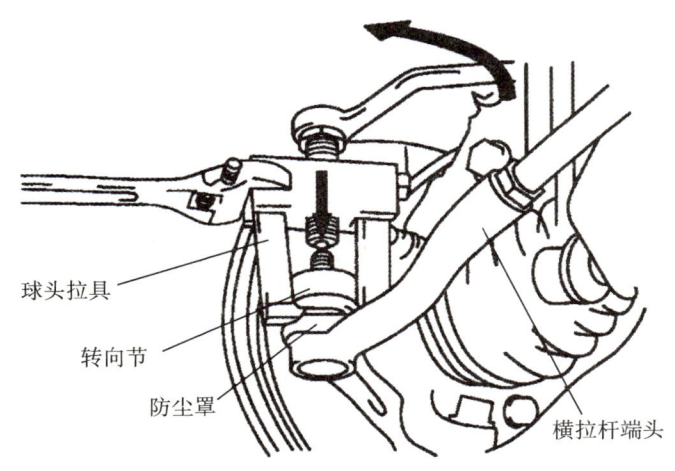

图3-2-24 使用专用工具分离横拉杆端头

（4）拆卸横拉杆球头。　　　　　　　　　　　　　　　　　　　　　　□任务完成
（5）更换新横拉杆球头，按照与拆卸相反的步骤装复。　　　　　　　　□任务完成
（6）调整前束，确保转向盘处于正直方向。　　　　　　　　　　　　　□任务完成

四、转向系统维修后检查

（1）检查操控是否灵活。　　　　　　　　　　　　　　　　　□是　□否
（2）检查操控是否有异响。　　　　　　　　　　　　　　　　□是　□否
（3）检查转向盘位置是否对正。　　　　　　　　　　　　　　□是　□否
（4）检查转向操作力是否适当，复位是否平稳。　　　　　　　□是　□否

项目三　汽车转向与操纵系统的维修　159

任务三 助力转向系统的检查与维修

助力转向器
拆装与维修

【任务描述】

汽车被送进厂里维修,客户反映该汽车行驶过程中突然出现转向盘变重、转向异响、转向盘回正能力差等现象。该现象可能涉及的原因有很多,例如控制系统线束插接件接触不良、系统保险丝烧断、继电器损坏、动力转向系统中含有大量空气或传感器损坏等。汽车维修专业人员根据维修手册相关要求进行检测及修理,完成对助力转向系统的检查与零部件的更换,合格后交付班组长验收。

【学习重点】

(1)认识助力转向系统的主要零部件。
(2)描述助力转向系统及各零部件的作用。
(3)描述助力转向系统的类型。

【建议学时】

4学时。

【学习地点】

一体化工作站。

【学习准备】

车辆、工具设备、互联网资源、多媒体设备等。

【学习过程】

一、助力转向系统的作用及类别

(一)助力转向系统作用

助力转向系统是将发动机输出的部分机械能转化为压力能(或电能),并在驾驶员的控制下,对转向传动机构或转向器中某一传动件施加辅助作用力,使转向轮偏摆,以实现汽车转向的一系列装置。采用助力转向系统可以减小驾驶员的转向操纵力。

(二)助力转向系统分类

按传动介质不同可分为气压式、液压式和电动式3种。

1.气压助力转向系统

气压助力转向系统的工作压力较低(一般不高于0.7 MPa),部件尺寸较大。

2.液压助力转向系统

液压助力转向系统的工作压力高(可高达10 MPa以上),部件尺寸小,其结构如图3-3-1(a)所示。液压助力转向系统优点是系统工作时无噪声,工作滞后时间短,而且能吸收来自不平路面的冲击。

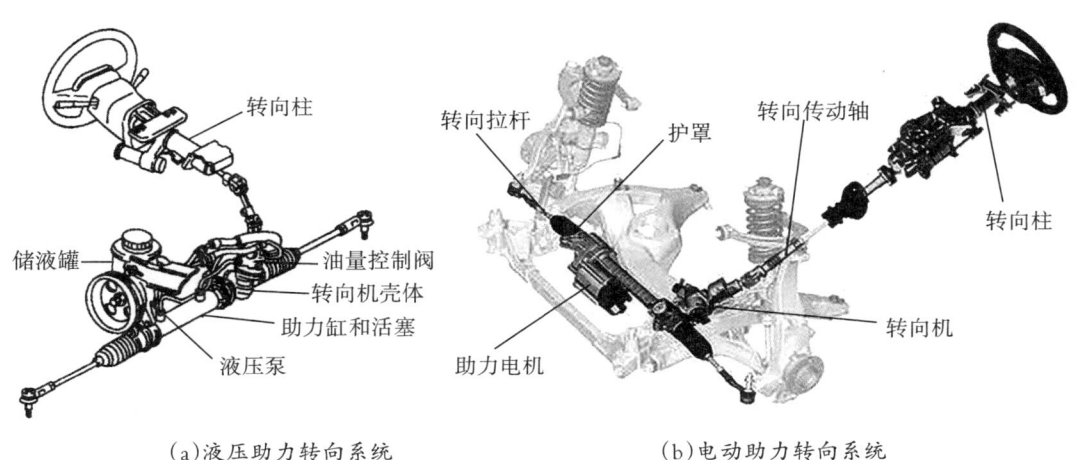

(a)液压助力转向系统　　　(b)电动助力转向系统

图3-3-1　液压与电动助力转向系统

3.电动助力转向系统

电动助力转向系统结构如图3-3-1(b)所示。优点:只在转向时电机才提供助力,可以显著降低燃油消耗;能够兼顾低速时转向的轻便性和高速时操纵的稳定性,回正性能好;结构紧凑,质量轻,易于装配,易于维护保养。

二、液压助力转向系统的组成及作用

(一)液压助力转向系统的组成

液压助力转向系统已在各类各级汽车上获得广泛应用。汽车的液压助力转向系统是在机械转向系统的基础上加设一套液压系统而成的。液压助力转向系统主要由转向油罐、转向油泵、转向控制阀、转向动力缸等组成。由转阀、齿轮齿条式转向器和转向动力缸组成的整体式动力转向器,转向动力缸的助力直接作用在齿条上。

(二)液压助力转向系统主要部件及其作用

1.转向油罐

转向油罐的作用是储存、滤清并冷却液压助力转向系统的工作油液。

2. 转向油泵

（1）转向油泵分类。

转向油泵是液压助力转向系统的供能装置，其作用是将输入的机械能转换为液压能输出。转向油泵有齿轮式、叶片式、转子式、柱塞式等。

叶片式油泵具有工作压力较高和体积较小等优点，因此在汽车助力转向系统中应用最为广泛。

（2）叶片式油泵的结构及工作过程。

叶片式油泵主要由定子、转子、叶片、配油盘、传动轴和泵体等组成。

定子内表面是由2段长半径圆弧、2段短半径圆弧和4段过渡曲线组成，且定子和转子是同心的。转子旋转时，叶片靠离心力和根部油压作用紧贴在定子的内表面上，两两叶片之间和转子的圆柱面，定子内表面及前后配油盘，形成了一个个密封工作腔。如图3-3-2中转子逆时针旋转时，密封工作腔的容积在右上角和左下角处逐渐减小，形成局部真空而吸油，为吸油区；密封工作腔在左上角和右下角处逐渐增大而压油，为压油区。吸油区和压油区之间有一段封油区把它们隔开。这种泵的转子每转一周，每个密封工作腔吸油、压油各2次，故称双作用叶片泵。

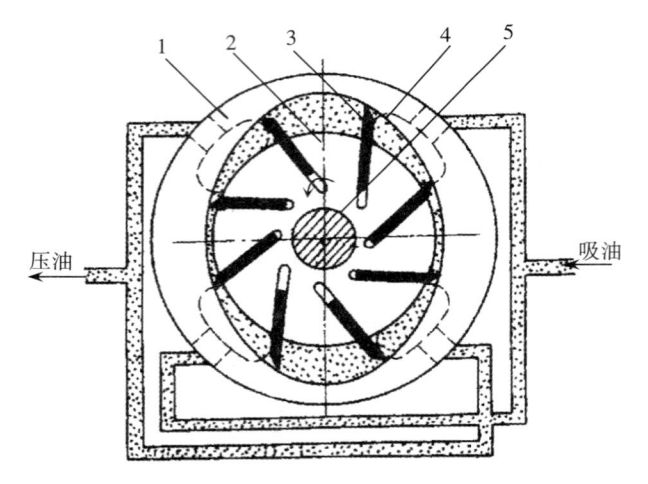

1—定子；2—转子；3—叶片；4—配油盘；5—传动轴

图3-3-2 叶片式油泵工作示意图

3. 转向控制阀

转向控制阀分为滑阀式转向控制阀和转阀式转向控制阀两种。

（1）滑阀式转向控制阀。

通过阀体沿轴向移动来控制油液流量的转向控制阀，称为滑阀式转向控制阀，简称滑阀。滑阀分为常流式和常压式，其结构及工作过程如图3-3-3所示。

(a)常流式滑阀　　　　　(b)常压式滑阀

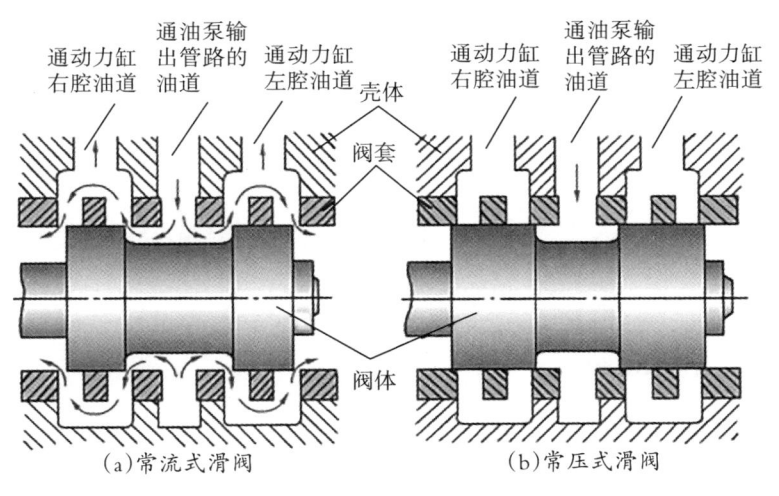

图3-3-3　滑阀式转向控制阀工作示意图

(2)转阀式转向控制阀。

通过阀体绕其轴线转动来控制油液流量的转向控制阀,称为转阀式转向控制阀,简称转阀。

4.转向动力缸

转向动力缸是液压助力转向系统的输出装置,其作用是将输入的液压能转换为机械能输出。

三、液压助力转向系统工作过程

(一)助力产生的原理

液压系统的作用力由压力产生,根据物理学中的帕斯卡定律:$P=F\div S$,可以换算成:$F=P\times S$。其中:P—压强;F—作用力;S—受力面积。

(二)工作过程

(1)当转向盘处于正直方向时,控制阀不动,油泵泵出来的工作液又经过控制阀回到油泵,动力缸活塞两端压力平衡,活塞不动,如图3-3-4(a)所示。

(2)当转向盘向右转动时,在转向轴的带动下,控制阀也随之移动,将其中一条油路关闭,这时另一油路打开,在动力缸活塞两端产生压力差,于是活塞向低压方向运动,从而产生助力,如图3-3-4(b)所示。

(3)当转向盘向左转动时,如图3-3-4(c)。

(a)直线行驶　　　　　　(b)向右转　　　　　　(c)向左转

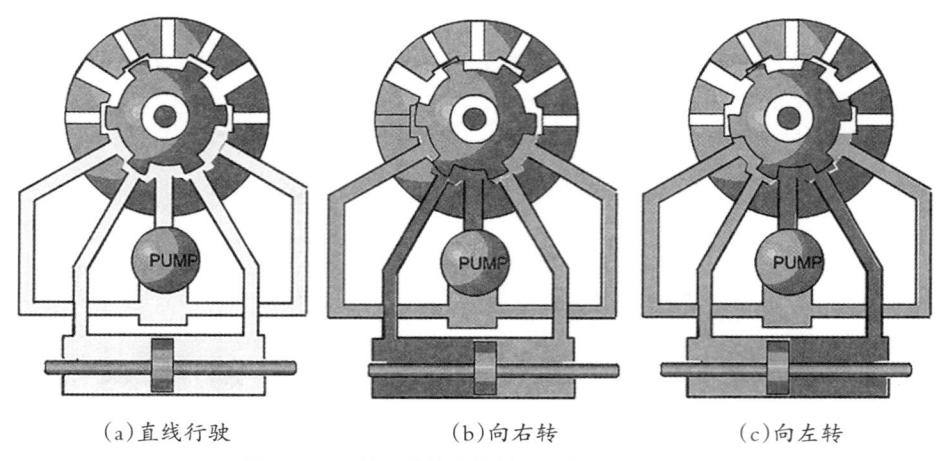

图3-3-4　转阀式转向控制阀工作示意图

四、电动助力转向系统

(一)电动液压助力转向系统

电动助力转向系统(EPS)利用直流电动机提供转向动力,辅助驾驶员进行转向操作。电动助力转向系统根据助力机构的不同可以分为电动液压式(EPHS)和电动机直接助力式两种。

在传统液压助力转向系统的基础上加装电控系统,使辅助转向力的大小不仅与转向盘的转角增量(或角速度)有关,还与车速有关,形成了电动液压助力转向系统,如图3-3-5所示。与传统液压助力转向系统相比,增加了液压反应装置、液流分配阀和电控系统,而加设的电控系统则包括动力转向电子控制器(ECU)、电磁阀和车速传感器等。电动液压助力转向系统利用电子控制器分析车速并以此调节作用在转向盘上的阻力大小,通过控制转向控制阀的开启程度改变液压助力系统辅助力的大小,从而实现辅助转向力随车速而变化的助力特性。

电动液压助力转向系统的转向油泵(齿轮泵)通过电动机驱动,与发动机在机械上毫无关系,助力效果只与转向盘角速度和汽车行驶速度有关,是典型的可变助力转向系统。其特点是由ECU提供供油功能,汽车低速行驶时助力作用大,驾驶员操纵轻便灵活;在汽车高速行驶时转向系统的助力作用减弱,驾驶员的操纵力增大,具有明显的"路感",既保证了汽车转向操纵的舒适性和灵活性,又提高了高速行驶中转向的稳定性和安全感。

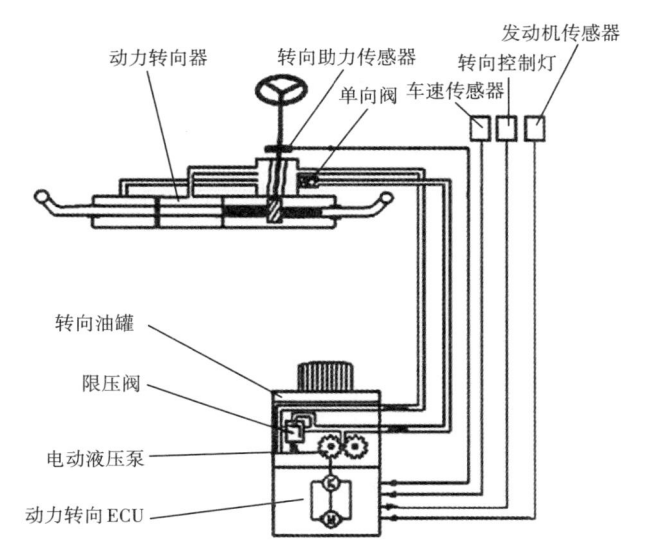

图3-3-5　波罗轿车电动液压助力转向系统

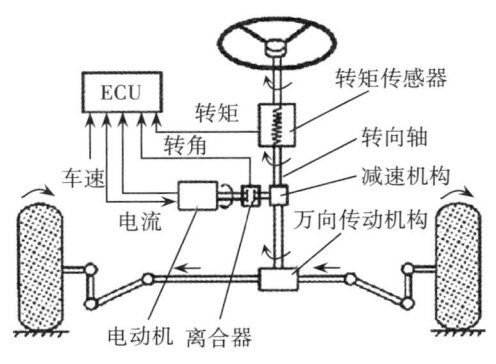

(二)电动机直接助力系统

电动机直接助力系统是汽车转向系统的发展方向。该系统在机械转向机构的基础上,增加信号传感器、电子控制单元和转向助力机构,如图3-3-6所示。由电动机直接提供转向助力,省去了液压助力转向系统所必需的动力转向油泵、软管、液压油、传送带和装于发动机上的皮带轮,既节省能量,又保护了环境。另外,还具有调整简单、装配灵活以及在多种状况下都能提供转向助力的特点。

图3-3-6　电动机直接助力系统

项目三　汽车转向与操纵系统的维修　　165

【技能要求】

要求　液压助力转向系统检查

一、检查外观

（1）检查油管及接头是否漏油。

（2）检查油管是否断裂或弯折。

（3）检查转向器壳体是否有由裂纹所引起的漏油。

二、检查皮带扭矩及松紧度

皮带的松紧度与助力系统的工作情况息息相关。皮带过松会导致助力过小甚至没有助力，皮带过紧会产生异响或皮带由于过载而被拉断等，因此须对皮带松紧度进行检查调整。

三、检查油量

（1）在热态和冷态两种状态下，检查油量是否充足。

（2）在常温状态下进行冷态检查。

（3）热态检查应在80 ℃下进行。

（4）只有按照以热态检查为标准，以冷态检查为参考的原则所进行的检查才能正确反映转向器工作时的油量。进行转向油液的检查时，按照此原则进行操作。

四、检查转向系统是否有空气

启动发动机后，来回转动转向盘，检查转向油罐是否出现气泡或乳化物。

学习检测

一、填空题

1.液压助力转向系统按传能介质分为_____和_____、_____3种。

2.液压助力转向系统主要由_____、_____、_____、_____组成。

3.转向油泵是液压助力转向系统的供能装置，其作用是将输入的_____转换为液压能输出。转向油泵的结构形式有_____、_____、_____柱塞式等。

4.现代轿车常用的助力转向系统是_____。

5.电动助力转向系统分为_____、_____两种。

二、选择题

1. 助力转向（　　）应用。
   A. 只能在转向摇臂式转向系统
   B. 只能在齿轮齿条式转向系统
   C. A 和 B 都可以　　　　　D. A 和 B 都不可以　　　　　E. 只能在轻型车辆

2. 转向油泵由（　　）驱动。
   A. 转向传动机构　　　　　B. 曲轴带动的传动带　　　　C. 差速器
   D. 传动轴　　　　　　　　E. 转向器

3. 助力转向中的控制阀安装在（　　）。
   A. 转向传动机构外面
   B. 整体转向器和转向摇臂总成里
   C. 转向盘里　　　　　　　D. 齿轮齿条机构里　　　　　E. 以上所有都是

4. 下列哪些阀是通过转动来改变油路通道的？（　　）
   A. 滑阀　　　　　　　　　B. 转阀　　　　　　　　　　C. 容积阀
   D. 连杆阀　　　　　　　　E. 叶片阀

自我训练

任务工单

任务名称	助力转向系统的检查与维修	学生姓名	
班　级		学生学号	任务成绩

一、准备工作

1. 工量具、设备与材料

常用工具、实训车辆、举升机、钢尺、维修手册、干净的抹布等。

2. 安全防护用品

标准作业装、安全鞋、线手套。

3. 汽车信息收集

车牌号码：_____　　车辆型号：_____

VIN 码：_____　　　行驶里程：_____

液压助力转向系统是在机械转向系统的基础上增加了一套液压系统,机械部分结构基本一样。所以转向系统故障可能是机械部分的原因,也可能是液压系统的原因。在诊断液压助力转向系统故障时应先排除机械方面的原因,机械方面原因的诊断方法可参考上一节,本任务只讨论液压系统的故障诊断。

二、液压助力转向系统检查

1.基本检查

(1)外观检查。

①检查油管及接头是否漏油。　　　　　　　　　　　　□是　□否

②检查油管是否断裂或弯折。　　　　　　　　　　　　□是　□否

③检查转向器壳体是否有由裂纹所引起的漏油。　　　　□是　□否

(2)皮带的检查,如图3-3-7所示。

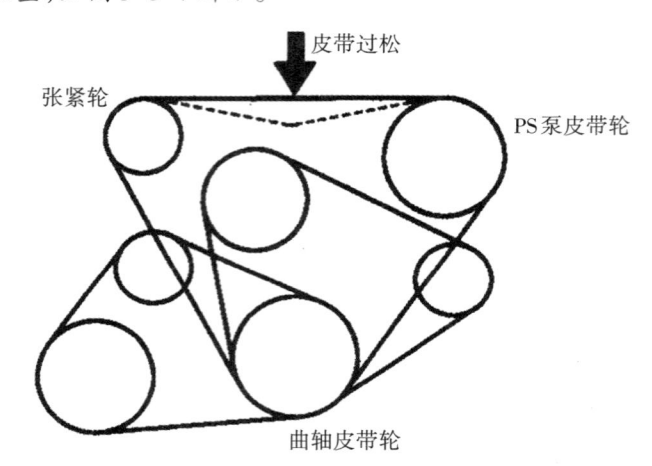

图3-3-7　皮带的检查

①压紧皮带扭矩：　　□ 50 N·m　　□ 60 N·m　　□ 90 N·m

②松紧度应为：　　　□ 10~15 mm　□ 20~25 mm　□ 30~35 mm

(3)油量的检查,如图3-3-8所示。

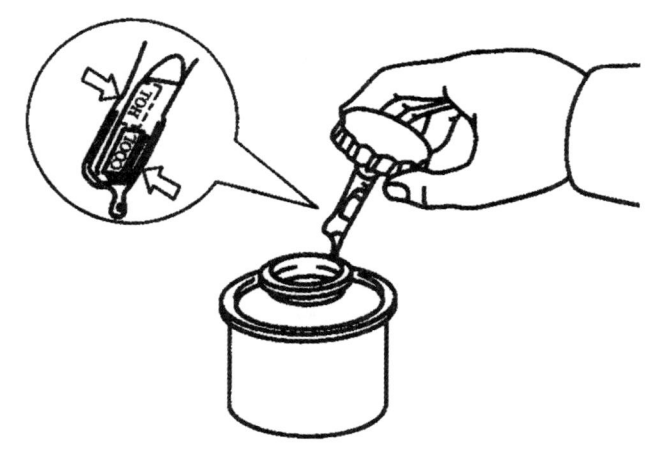

图3-3-8 油量的检查

液压油量过少或过多都可能导致液压系统不能正常工作,需要保持液压油适量。

①在热态和冷态两种状态下,检查油量是否充足。　　　　　　　　□是　□否

②是否在常温状态下进行冷态检查?　　　　　　　　　　　　　　□是　□否

③热态检查是否是在80 ℃下进行的?　　　　　　　　　　　　　　□是　□否

④只有按照以热态检查为标准,以冷态检查为参考的原则所进行的检查才能正确反映转向器工作时的油量。转向油液的检查是否按照此原则进行?　　□是　□否

小提示：转向油罐的油尺标有"HOT"和"COOL"标记,分别表示在热态和冷态下油压的检查位置。所谓冷态指的是助力转向油处于常温状态,热态指的是助力转向油的温度在80℃以上。

(4)检查转向系统是否有空气。

启动发动机后,来回转动转向盘,检查转向油罐是否出现气泡或乳化物。

　　　　　　　　　　　　　　　　　　　　　　　　　　　　　　□是　□否

2.液压系统压力测试

(1)断开泵上压力管的连接。　　　　　　　　　　　　　　　　　□任务完成

(2)如图3-3-9所示,在泵和压力管上连接测试分析仪。　　　　　□任务完成

项目三　汽车转向与操纵系统的维修　169

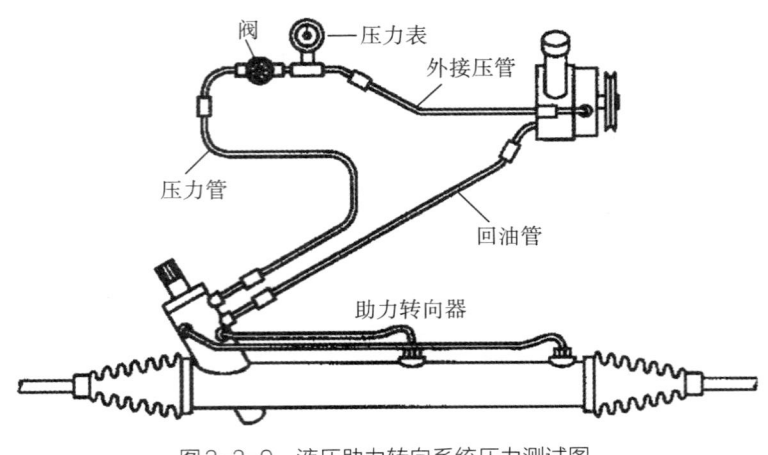

图3-3-9　液压助力转向系统压力测试图

（3）打开测试仪上的阀门。　　　　　　　　　　　　　　□任务完成

（4）启动发动机，使助力转向系统达到正常的工作温度，进行压力检查并记录压力测量值。　　　　　　　　　　　　　　　　　　　　　　　□任务完成

三、更换助力泵总成

若通过压力测试，已经确定导致转向沉重的原因是助力泵损坏，需要对助力泵总成进行更换。下面介绍更换的步骤及注意事项。

（1）打开储油罐盖。　　　　　　　　　　　　　　　　　□任务完成

（2）拆卸助力泵皮带。　　　　　　　　　　　　　　　　□任务完成

（3）在车辆助力泵下方放置接油盆，拆卸助力泵低压油管，排放助力油。

　　　　　　　　　　　　　　　　　　　　　　　　　　　□任务完成

小提示：可以在车轮离开地面的情况下，在发动机熄火状态，将转向盘从一侧转到另一侧，来回转动几次把大部分助力油排放出来。

（4）拆卸助力泵高压油管。　　　　　　　　　　　　　　□任务完成

（5）拆卸助力泵。　　　　　　　　　　　　　　　　　　□任务完成

（6）安装新助力泵：按照与拆卸相反的步骤安装部件，并拧紧到规定的扭矩。

　　　　　　　　　　　　　　　　　　　　　　　　　　　□任务完成

（7）将助力转向液加注到储液罐中。　　　　　　　　　　□任务完成

（8）从助力转向系统中排出空气：在车轮离开地面的情况下，在发动机熄火状态，将转向盘从一侧转到另一侧，如图3-3-10所示。　　　□任务完成

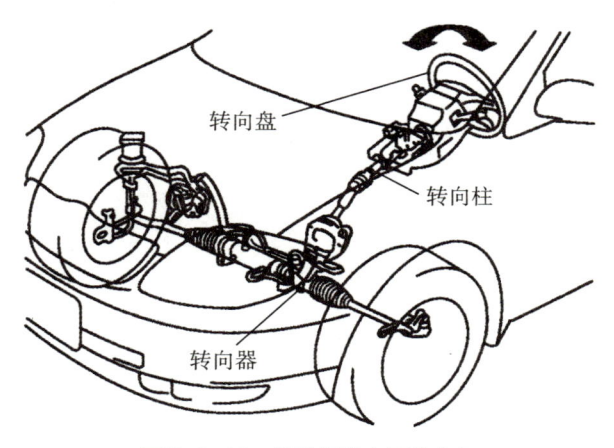

图3-3-10　发动机静态下排空气

（9）转动转向盘若干次后，使转向液充满整个转向助力系统，用油尺检查转向液的液面高度，油量不足时须添加转向液。　　　　　　　　　　　　　□任务完成

（10）启动发动机，来回转动转向盘，将空气从液压系统排出，再检查是否有泄漏或异响；降下汽车，左右转动转向盘，检查车轮承重作用下其转向系统转动是否灵活，经过各种工况的试验检查后，完成更换作业。　　　　　　　　　　　□任务完成

（11）复检。

①检查操纵的灵活性是否良好、无异响。　　　　　　　　　　　　□是　□否

②检查转向操作力是否适当。　　　　　　　　　　　　　　　　　□是　□否

③检查液压系统是否有泄漏。　　　　　　　　　　　　　　　　　□是　□否

任务四　车轮定位的检测与调整

【任务描述】

客户反映汽车直线行驶时,在不动转向盘的情况下,车辆自动向左跑偏。

【学习重点】

(1)描述车轮定位的作用。

(2)认识四轮定位仪各参数的含义。

【建议学时】

6学时。

【学习地点】

一体化工作站。

【学习准备】

车辆、工具设备、互联网资源、多媒体设备等。

【学习过程】

一、车轮定位的含义及目的

（一）车轮定位

前轮定位和后轮定位统称为车轮定位。汽车车轮定位主要是前轮定位,其作用是使汽车保持稳定的直线行驶和转向轻便,并减少汽车在行驶中轮胎和转向机件的磨损。随着前轮驱动、独立悬架、承载式车身结构出现,研发出后轮定位,其作用是使前后轮胎的行驶轨迹重合,减少高速时轮胎的横向侧滑和轮胎的磨损。

前轮定位指的是汽车的转向车轮(前轮)、转向节和前轴三者的安装具有一定的相对位置。这种具有一定相对位置的安装也叫转向轮定位。前轮定位包括主销后倾角、主销内倾角、前轮外倾角和前轮前束4个内容。

后轮定位指的是对两个后轮来说也同样存在与后轴之间安装的相对位置,后轮定位包括车轮外倾角和推进角。

（二）需要做车轮定位的情形

（1）直行时需紧握转向盘，否则汽车会跑偏。

（2）轮胎出现异常磨损，如轮胎单侧磨损或出现凹凸状、羽毛状磨损。

（3）转向时转向盘太重或太轻，以及快速行驶时发飘。

（4）车辆更换轮胎、转向节以及减振器等悬挂系统配件后。

（5）车辆发生碰撞事故后。

（6）新车行驶3000 km或行驶10000 km后。

二、车轮定位仪的参数及含义

（一）车轮定位仪参数

车轮定位是为了保持汽车直线行驶的稳定性，保证汽车转弯时转向轻便，且使转向轮自动回正。四轮定位仪主要包括前轮前束、前轮外倾角、主销内倾角、主销后倾角以及后轮前束、后轮外倾角、推进角等常规测量参数。车型不同，其实际的测试项目、技术数据也不相同。

（二）车轮定位仪参数的含义

1. 主销后倾角（γ）

从汽车的侧面看，转向轴中心线与垂直线所成的夹角称为主销后倾角，主销后倾其值为正，主销前倾其值为负，如图3-4-1所示。为了提高行驶速度，现代汽车普遍采用扁平低压胎，轮胎变形增加，稳定性增加，因此主销后倾角可以减小甚至接近于零，还有的甚至为负值。

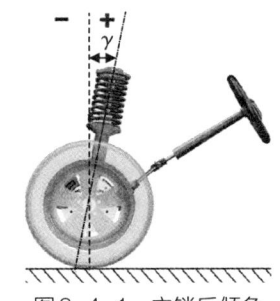

图3-4-1 主销后倾角

保持适当主销后倾角的作用是：当汽车直线行驶偶然受外力作用而稍有偏转时，主销后倾将产生与车轮转向相反方向的力矩使车轮自动回正，可保证汽车直线行驶的稳定性。

主销后倾角过大的影响：汽车转向沉重。

主销后倾角过小的影响：汽车转向后缺乏转向盘自动回正的能力，引起前轮摆振，转向盘摇摆不定，驾驶员失去路感，车速高时发飘。

左右车轮主销后倾角不相等时：车辆会朝着主销后倾角小的一侧跑偏。驾驶员不敢放松转向盘，极易引起驾驶员疲劳。

2. 主销内倾角（β）

从汽车的前面看，转向轴中心线与垂直线所成的夹角称为主销内倾角，向外为负，向内为正,如图3-4-2所示。

适当主销内倾的作用是保护轴承不易受损,并使转向轻便,也是前轮转向后回正力矩的来源。主销后倾和主销内倾都有使汽车转向后自动回正的作用,但主销后倾的回正作用随车速增大而增大,在汽车高速行驶时起主导作用。主销内倾的回正作用与车速无关,在汽车低速行驶时起主要作用。

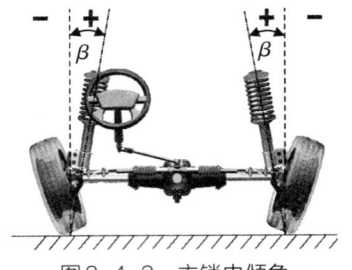

图3-4-2 主销内倾角

3. 车轮外倾角（α）

从汽车前方看轮胎中心线与垂直线所成的角度称为车轮外倾角,向外为正,向内为负,如图3-4-3所示。

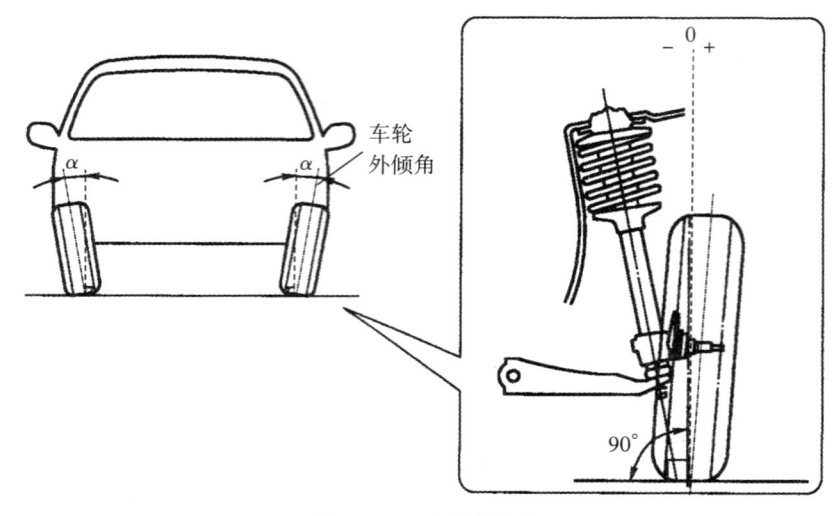

图3-4-3 车轮外倾角

适当外倾的作用是：防止车辆满载时造成车轮内倾,防止跑偏,避免轮胎偏磨。同时,可减少前轮纵向旋转平面接地点至主销中心线延长线与地面交点的距离,从而使转向轻便。

外倾角太大的影响：轮胎外侧单边磨损；悬架系统零件磨损加速；车辆会跑偏。

4. 前束（或前束角）

车轮前束为汽车两个车轮的两个旋转平面不平行,前端出现略向内束的现象。左右两车轮间的后端距离(A)与前端距离(B)之差称为前束值。后端距离大于前端距离时,其为正值,反之则为负值。

从汽车的正上方向下看,轮胎中心线与汽车纵向几何中心线之间的夹角称为前束角。两个车轮的前束角之和,即两个轮胎中心线的夹角,称为总前束角。

前束的作用是:消除车轮外倾造成的不良后果,减轻轮毂外轴承的压力和轮胎的磨损。有些车辆采用正前束,有些车辆采用负前束。

正前束太大的影响:轮胎的外侧产生锯齿状磨损。

负前束太大的影响:轮胎内侧锯齿状磨损;转向不稳定,车轮发抖。

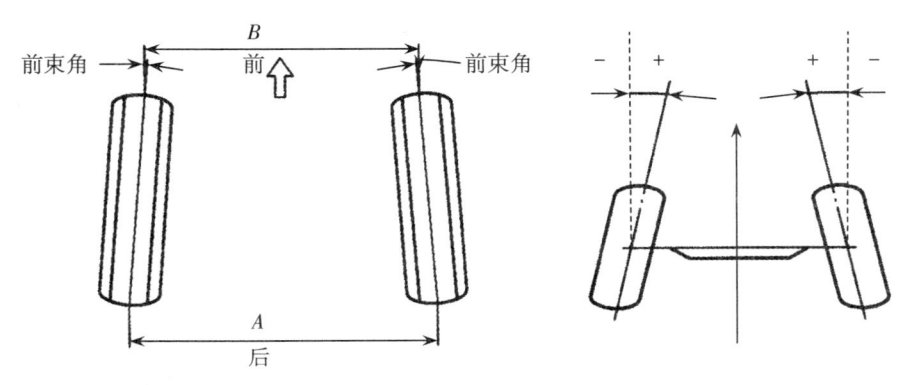

图 3-4-4　车轮前束示意图

5. 其他定位参数

(1)推力角。

车辆长期使用或发生碰撞事故造成车桥变形,引起前桥轴线和后桥轴线不平行[图 3-4-5(a)所示],汽车后轮行进方向(即推力线,也称推进线)与汽车纵向几何中心线形成一个夹角,这个夹角为推力角(也称推进角)。汽车纵向几何中心线是指通过汽车前桥和后桥中心的直线。推力线左偏时,推力角为正,反之为负。

不考虑车桥变形的影响,推力角一般是后轮前束角不等造成的,故将汽车后轮总前束夹角的平分线定义为推力线。可以证明:推力角等于后轮两轮前束角之差的一半,如图 3-4-5(b)所示。

推力角不是设计参数,而是一种故障状态参数。汽车行驶时,推力角会使后轮沿推力线给汽车一个纵向的偏转力矩,造成轮胎异常磨损、车辆跑偏,严重时将发生后轴侧滑甩尾等危险情况。

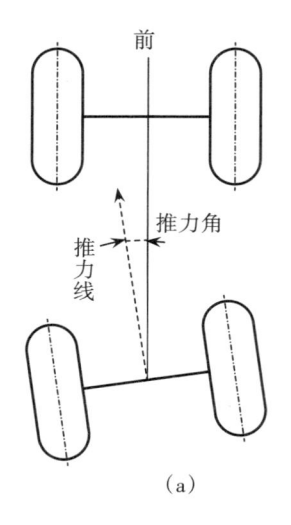

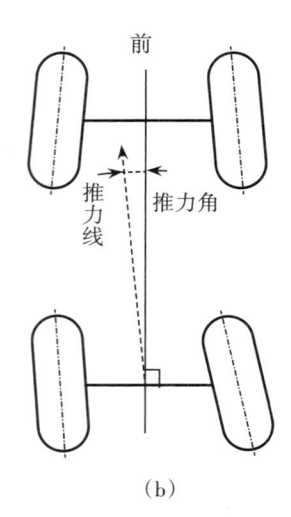

图3-4-5　推力角

(2)退缩角和轴距差。

退缩角分为前退缩角和后退缩角。两前轮中心连线与推力线的垂线之间的夹角称为前退缩角。两后轮中心连线与推力线的垂线之间的夹角称为后退缩角,如图3-4-6(a)所示。规定右轮在左轮后面时退缩角为正,反之为负。

两前轮中心的连线与两后轮中心的连线之间的夹角称为汽车的轴距差,如图3-4-6(b)所示。规定当右侧车轮的距离比左侧车轮的距离大时,轴距差为正,反之为负。

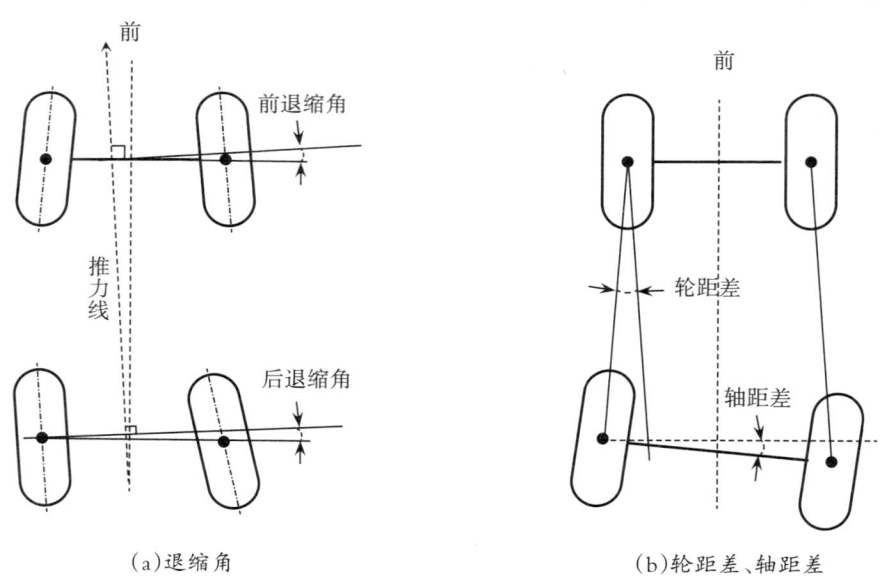

图3-4-6　轴距差、轮距差和退缩角

根据定义,轴距差等于后退缩角与前退缩角的差。

轴距差也是一种故障状态参数,一般是由于车身受到撞击而造成的,达到一定程度时车辆将跑偏,跑偏方向朝向轴距较小的一侧。

(3)轮距差。

左侧前后两轮中心的连线与右侧前后两轮中心的连线之间的夹角称为汽车的轮距差,如图3-4-6(b)所示。规定后轮轮距比前轮轮距大时,轮距差为正,反之为负。

(4)转向前展角。

车轮在转弯时两前轮的转角之差称为转向前展角(也称转向角、转向前张角)。通常将转向20°的转向前展角作为测量值。

作用:汽车在转弯时,为了使汽车以后轴延伸线的瞬时中心为圆心顺利转弯,避免侧滑引起轮胎过度磨损。

前轮的碰撞冲击,经常采用紧急制动等引起转向梯形的变形,使转向前展角超过标准值。此时,车辆在转弯时轮胎会发出尖锐噪声,造成汽车在转向行驶过程中前轮异常磨损,操纵性变差。一般来说,转向前展角是不可调整的,只能通过更换零件纠正。

(5)包容角。

从汽车的前面看,主销轴线与轮胎中心线之间的夹角,称为包容角。在数值上等于主销内倾角和车轮外倾角之和。

三、四轮定位的故障分析

(一)轮胎异常磨损(吃胎)

(1)前轮同时吃胎:前轮前束不正确。

(2)前轮单轮吃胎:外倾角不正确。

(3)后轮吃胎:外倾角、前束角不正确。

(二)行驶跑偏

(1)前轮主销后倾角左右不对称,偏差超过0.5°,车辆朝主销后倾角小的一侧跑偏。

(2)前轮外倾角左右不对称,偏差超过0.5°,车辆朝外倾角正值最大的一侧跑偏。

(3)后轮外倾角左右不对称,偏差超过0.5°,车辆朝后轮外倾角最小的一侧跑偏。

(4)车辆两侧轴距不相等,前后退缩角之和超过0.2°,就会出现跑偏,偏向朝轴距的一侧。

(三)车辆发飘

前轮前束不正确,悬挂零部件松旷。

(四)转向盘沉重

主销后倾角过大、内倾角过小,外倾角不正确,前轮前束负值,悬挂零件变形等引起。

【技能要求】

要求　车轮四轮定位的操作

根据车轮定位项目作业表完成车轮定位。(选自2016年重庆市汽车维修技能大赛)

姓名:＿＿＿＿＿＿＿＿　　学号:＿＿＿＿＿＿＿＿　　设备型号:＿＿＿＿＿＿＿＿

车型:＿＿＿＿＿＿＿＿　　VIN码:＿＿＿＿＿＿＿＿　　生产日期:＿＿＿＿＿＿＿＿

序号	项目内容	标准说明	作业记录
\[举升位置1\](举升器未升起,在最低位置)			
(001)	检查车辆停放位置 目视检查车身前后、左右有无倾斜(是否水平)		
(002)	检查车辆停放位置 检查车辆在举升机上前部停放是否周正		
(003)	检查车辆停放位置 检查车辆在举升机上后部停放是否周正		
(004)	检查车辆停放位置 检查左前轮中心是否基本正对转角盘中心		
(005)	检查车辆停放位置 检查右前轮中心是否基本正对转角盘中心		
(006)	检查车辆停放位置 检查左后轮是否基本停在后滑板中间部位		
(007)	检查车辆停放位置 检查右后轮是否基本停在后滑板中间部位		
(008)	检查车辆停放位置 检查左前转角盘的销子是否在锁止状态		
(009)	检查车辆停放位置 检查右前转角盘的销子是否在锁止状态		
(010)	检查车辆停放位置 检查左后滑板的销子是否在锁止状态		

续表

序号	项目内容	标准说明	作业记录
(011)	检查车辆停放位置 检查右后滑板的销子是否在锁止状态		
(012)	车辆识别 降下司机侧门窗玻璃		
(013)	车辆识别 找到车辆VIN码并且记录在作业表上		
(014)	车辆识别 找到车辆型号并且记录在作业表上		
(015)	车辆识别 确定车辆生产年及日期记录在作业表上		
(016)	车辆识别 找到并记录原厂要求的前后车轮的标准胎压		
(017)	车辆识别 找到并记录原厂要求的轮胎型号		
(018)	准备工作 安装座椅套		
(019)	准备工作 安装地板垫		
(020)	准备工作 安装转向盘套		
(021)	转向盘位置 转向盘解锁,检查转向盘是否在正中位置		
(022)	在定位仪程序中建立用户和车辆档案 进入"客户选择",在"当期维修单信息"输入比赛信息 (将任一位选手号数字部录入"用户编号"栏目,并在规定位置输入"汽车识别号",即车辆VIN码)		
(023)	检查轮胎和轮辋 检查实车安装轮胎型号是否和车辆铭牌要求一致		
(024)	检查轮胎和轮辋 检查同轴两侧车轮轮胎花纹是否一致		
(025)	检查轮胎和轮辋 目视检查左前轮胎是否有裂纹、损坏、异常磨损,是否嵌入金属颗粒或异物		

项目三 汽车转向与操纵系统的维修

续表

序号	项目内容	标准说明	作业记录
(026)	检查轮胎和轮辋 目视检查右前轮胎是否有裂纹、损坏、异常磨损,是否嵌入金属颗粒或异物		
(027)	检查轮胎和轮辋 目视检查左后轮胎是否有裂纹、损坏、异常磨损,是否嵌入金属颗粒或异物		
(028)	检查轮胎和轮辋 目视检查右后轮胎是否有裂纹、损坏、异常磨损,是否嵌入金属颗粒或异物		
(029)	检查轮胎和轮辋 使用胎纹深度尺,测量左前轮胎面沟槽深度并记录	要求:每个车轮的检查由单人独立完成。测量每个轮胎同一位置中间沟槽的深度,如有偶数沟槽任选中间一个,但四轮选择相同。沟槽之间深度差满足定位要求	
(030)	检查轮胎和轮辋 使用胎纹深度尺,测量右前轮胎面沟槽深度并记录		
(031)	检查轮胎和轮辋 使用胎纹深度尺,测量左后轮胎面沟槽深度并记录		
(032)	检查轮胎和轮辋 使用胎纹深度尺,测量右后轮胎面沟槽深度并记录		
(033)	检查轮胎和轮辋 使用胎压表检查或调整左前轮气压到达标准并记录		
(034)	检查轮胎和轮辋 使用胎压表检查或调整右前轮气压到达标准并记录		
(035)	检查轮胎和轮辋 使用胎压表检查或调整左后轮气压到达标准并记录		
(036)	检查轮胎和轮辋 使用胎压表检查或调整右后轮气压到达标准并记录		
(037)	检查轮胎和轮辋 目视检查左前轮辋是否过度变形、损坏或腐蚀		
(038)	检查轮胎和轮辋 目视检查右前轮辋是否过度变形、损坏或腐蚀		
(039)	检查轮胎和轮辋 目视检查左后轮辋是否过度变形、损坏或腐蚀		
(040)	检查轮胎和轮辋 目视检查右后轮辋是否过度变形、损坏或腐蚀		

续表

序号	项目内容	标准说明	作业记录
(041)	正确选择车型数据 在数据库中找到相对应车型		
(042)	检查车辆承载 检查备胎是否安放到位		
(043)	检查车辆承载 检查驾驶室内是否空载		
(044)	目视检查车身外观 检查车身前部是否有严重撞击变形		
(045)	目视检查车身外观 检查车身后部是否有严重撞击变形		
(046)	车辆状况输入 在车辆状况表中必须输入调整后的胎压值和胎纹深度	1. 将胎纹测量深度填写进表里面的胎纹深度的空当中 2. 如发现车辆存在其他问题，此次比赛不做要求，可以不填写	
(047)	车辆状况输入 在车辆状况表中输入轮胎型号		
[顶起位置2]升起大剪举升机，安全锁到位，底盘检查位置			
(048)	举升机操作 操作举升机，升高到合适位置并落安全锁		
(049)	检查转向连接机构 检查左前横拉杆球头是否松动		
(050)	检查转向连接机构 检查右前横拉杆球头是否松动		
(051)	检查转向连接机构 检查左前横拉杆有无弯曲和损坏		
(052)	检查转向连接机构 检查右前横拉杆有无弯曲和损坏		
(053)	检查转向连接机构 检查左前横拉杆防尘套是否开裂和撕破		
(054)	检查转向连接机构 检查右前横拉杆防尘套是否开裂和撕破		

续表

序号	项目内容	标准说明	作业记录
(055)	检查转向连接机构 检查左转向节是否损坏		
(056)	检查转向连接机构 检查右转向节是否损坏		
(057)	检查前轴悬架 检查左前稳定杆连杆有无弯曲或损坏		
(058)	检查前轴悬架 检查右前稳定杆连杆有无弯曲或损坏		
(059)	检查前轴悬架 检查前稳定杆有无弯曲或损坏		
(060)	检查前轴悬架 检查左下悬架臂是否损坏		
(061)	检查前轴悬架 检查右下悬架臂是否损坏		
(062)	检查前轴悬架 检查左前下球节是否损坏		
(063)	检查前轴悬架 检查右前下球节是否损坏		
(064)	检查后轴悬架 检查左后稳定杆连杆是否变形、损坏		
(065)	检查后轴悬架 检查右后稳定杆连杆是否变形、损坏		
(066)	检查后轴悬架 检查左后支撑杆是否变形、损坏		
(067)	检查后轴悬架 检查右后支撑杆是否变形、损坏		
(068)	检查后轴悬架 检查后稳定杆是否变形、损坏		
(069)	检查后轴悬架 检查左后2号后悬架臂是否变形、损坏		
(070)	检查后轴悬架 检查右后2号后悬架臂是否变形、损坏		

续表

序号	项目内容	标准说明	作业记录
(071)	检查后轴悬架 检查左后1号后悬架臂是否损坏		
(072)	检查后轴悬架 检查右后1号后悬架臂是否损坏		
	如发现底盘和悬架存在其他严重问题,还可以在"车辆状况"中输入,但此次比赛不计分数		
	[举升位置3]操作举升机大剪降至最低落锁位置,定位检测前准备		
(073)	举升机操作 降低大剪举升平台到最低落锁位置并落锁		
(074)	定位仪定位准备 安装左前轮传感器卡具		
(075)	定位仪定位准备 安装右前轮传感器卡具		
(076)	定位仪定位准备 安装左后轮传感器卡具		
(077)	定位仪定位准备 安装右后轮传感器卡具		
(078)	定位仪定位准备 安装左前部传感器		
(079)	定位仪定位准备 安装右前部传感器		
(080)	定位仪定位准备 安装左后部传感器		
(081)	定位仪定位准备 安装右后部传感器		
(082)	定位仪定位准备 安装左前部传感器电缆并启动传感器		
(083)	定位仪定位准备 安装右前部传感器电缆并启动传感器		
(084)	定位仪定位准备 安装左后部传感器电缆并启动传感器		
(085)	定位仪定位准备 安装右后部传感器电缆并启动传感器		

续表

序号	项目内容	标准说明	作业记录
(086)	车辆变速箱挡位调整 放置左后部车轮挡块		
(087)	车辆变速箱挡位调整 放置右后部车轮挡块		
(088)	车辆变速箱挡位调整 将变速箱换挡杆置于空挡位置并释放驻车制动		
[顶起位置4] 轮毂偏位补偿位置			
(089)	补偿准备及举升机操作 放置二次举升左侧支撑垫块		
(090)	补偿准备及举升机操作 放置二次举升右侧支撑垫块		
(091)	补偿准备及举升机操作 升起举升机小剪,使车轮离开举升机 10 cm 左右,充分悬空,以便进行轮毂补偿		
(092)	进行轮毂偏位补偿(四轮) 完成左前轮轮毂补偿		
(093)	进行轮毂偏位补偿(四轮) 完成右前轮轮毂补偿		
(094)	进行轮毂偏位补偿(四轮) 完成前部车轮的补偿值计算		
(095)	进行轮毂偏位补偿(四轮) 完成左后轮轮毂补偿		
(096)	进行轮毂偏位补偿(四轮) 完成右后轮轮毂补偿		
(097)	进行轮毂偏位补偿(四轮) 完成后部车轮的补偿值计算		
[顶起位置5] 定位检测位置(调整前)			
(098)	举升机操作:小剪回位 拔出左前轮转盘固定销并放好		
(099)	举升机操作:小剪回位 拔出右前轮转盘固定销并放好		

续表

序号	项目内容	标准说明	作业记录
(100)	举升机操作：小剪回位 拔出左后轮后滑板固定销并放好		
(101)	举升机操作：小剪回位 拔出右后轮后滑板固定销并放好		
(102)	举升机操作：小剪回位 举升机小剪缓慢回落到位		
(103)	举升机操作：小剪回位 移开左后轮挡块		
(104)	举升机操作：小剪回位 移开右后轮挡块		
(105)	举升机操作：小剪回位 检查左前轮是否落在转盘中心	目测在转盘中心即可（必要时可稍微推动车辆）	
(106)	举升机操作：小剪回位 检查右前轮是否落在转盘中心		
(107)	举升机操作：小剪回位 检查左后轮是否落在后滑板上正确位置		
(108)	举升机操作：小剪回位 检查右后轮是否落在后滑板上正确位置		
(109)	调整前的检测准备工作 实施驻车制动		
(110)	调整前的检测准备工作 按动车辆前部数次，使减振器复位		
(111)	调整前的检测准备工作 按动车辆后部数次，使减振器复位		
(112)	调整前的检测准备工作 使用刹车锁顶住脚刹车踏板		
(113)	按照程序检测车辆 转动转向盘，车轮方向对中	屏幕指示箭头到达中心区域即可	
(114)	按照程序检测车辆 如果需要，按照屏幕提示调节传感器水平	气泡屏幕显示都在绿色水平区域即可	
(115)	按照程序检测车辆 按照程序引导，分别向左、右20°转向操作		

项目三 汽车转向与操纵系统的维修　185

续表

序号	项目内容	标准说明	作业记录
(116)	按照程序检测车辆 当屏幕显示前轮前束值时,按"前进图标",直到进入定位调整		
(117)	按照程序对车辆进行定位调整 转动转向盘,车轮方向对中后使用转向盘锁锁定转向盘位置		
(118)	按照程序对车辆进行定位调整 如果需要,按照屏幕提示调节传感器水平		
(119)	按照程序对车辆进行定位调整 当屏幕显示后轮数据时,后退一步程序查看转向盘是否对中,如偏出需要再次调整转向盘,重新对中锁住转向盘		
\[顶起位置6\] 定位调整位置			
(120)	操作举升机,升高到适合调整位置并落安全锁		
(121)	当屏幕显示后轮前束值时,报后轴外倾角数据合格,前束需要调整		
(122)	将左侧拉杆调整管两端固定螺母用扳手松开,使调整管有足够旋转空间	使用两个开口扳手完成,一个固定调整管,一个旋松固定螺母	
(123)	旋转调整管,调整后桥左侧单轮前束,使屏幕显示的检测数据合格	使用开口扳手旋转	
(124)	将左侧拉杆调整管两端固定螺母用扳手初步拧紧后,使用扭力扳手按照规定力矩上紧	维修手册标准力矩是56 N·m,比赛中将此力矩调整为45 N·m	
(125)	将右侧拉杆调整管两端固定螺母用扳手松开,使调整管有足够旋转空间	使用两个开口扳手完成,一个固定调整管,一个旋松固定螺母	
(126)	旋转调整管,调整后桥右侧单轮前束,使屏幕显示的检测数据合格	使用开口扳手旋转	
(127)	将右侧拉杆调整管两端固定螺母用扳手初步拧紧后,使用扭力扳手按照规定力矩上紧	维修手册标准力矩是56 N·m,比赛中将此力矩调整为45 N·m	
(128)	按"前进图标",直到屏幕显示前轴外倾角和前束数值画面		

续表

序号	项目内容	标准说明	作业记录
(129)	报前轴数据合格		
	[顶起位置7]定位检测位置（调整后）		
(130)	调整后的检测准备工作 降低大剪举升平台到最低落锁位置落锁		
(131)	调整后的检测准备工作 取下转向盘锁		
(132)	调整后的检测准备工作 检查刹车锁是否顶住脚刹车踏板，如果刹车锁松开或脱离，重新锁牢		
(133)	按照程序检测车辆 按"前进图标"进入检测流程		
(134)	按照程序检测车辆 转动转向盘，车轮方向对中	屏幕指示箭头到达中心区域即可	
(135)	按照程序检测车辆 如果需要，按照屏幕提示调节传感器水平	气泡屏幕显示都在绿色水平区域即可	
(136)	按照程序检测车辆 按照程序引导，分别向左、右20°转向操作		
(137)	按照程序检测车辆 当屏幕显示前轮前束值时，按"前进图标"，屏幕显示检测报告		
(138)	打印检测报告 打印车辆状况和检测的报表（表格形式）		
(139)	将传感器放回机柜，进行充电 取下左前部传感器电缆并放回初始位置		
(140)	将传感器放回机柜，进行充电 取下右前部传感器电缆并放回初始位置		
(141)	将传感器放回机柜，进行充电 取下左后部传感器电缆并放回初始位置		
(142)	将传感器放回机柜，进行充电 取下右后部传感器电缆并放回初始位置		
(143)	将传感器放回机柜，进行充电 取下左前部传感器放回充电位置		

续表

序号	项目内容	标准说明	作业记录
(144)	将传感器放回机柜,进行充电 取下右前部传感器放回充电位置		
(145)	将传感器放回机柜,进行充电 取下左后部传感器放回充电位置		
(146)	将传感器放回机柜,进行充电 取下右后部传感器放回充电位置		
	[顶起位置8] 设备复位和工位整理、清洁		
(147)	举升机操作1 升起举升机小剪,使车轮悬空		
(148)	插入转角盘和后滑板的固定销 将左前轮转角盘固定销插入		
(149)	插入转角盘和后滑板的固定销 将右前轮转角盘固定销插入		
(150)	插入转角盘和后滑板的固定销 将左后轮滑板固定销插入		
(151)	插入转角盘和后滑板的固定销 将右后轮滑板固定销插入		
(152)	举升机操作2 举升机小剪缓慢回落,完全回位	车轮平稳落在大剪平台即可,位置无须调整	
(153)	定位仪复位 拆除刹车锁,并放至规定位置		
(154)	定位仪复位 拆下左前轮卡具,并归位		
(155)	定位仪复位 拆下右前轮卡具,并归位		
(156)	定位仪复位 拆下左后轮卡具,并归位		
(157)	定位仪复位 拆下右后轮卡具,并归位		
(158)	定位仪复位 定位仪程序复位		

续表

序号	项目内容	标准说明	作业记录
（159）	定位仪复位 回收二次举升左侧支撑垫块		
（160）	定位仪复位 回收二次举升右侧支撑垫块		
（161）	定位仪复位 回收左后部车轮挡块		
（162）	定位仪复位 回收右后部车轮挡块		
（163）	举升机操作3 操作举升机大剪回到最低位置		
（164）	工位整理 升车窗玻璃		
（165）	工位整理 清洁车辆、场地、工具设备(8S)		
（166）	工位整理 取下车内三件套		
（167）	工位整理 关闭车门(不锁)，将钥匙和记录表交给裁判		

学习检测

一、填空题

1. 前、后车轮的正确定位可以保证_____、_____、_____，并减少路面引起的振动。

2. _____是从侧面看汽车，车轮主销相对于地面垂直线之间的角度。

3. 车轮定位过程中，通常先检查或调整_____。

4. 同一轴上的两个车轮的主销后倾角应_____。

5. 主销后倾角不等，会使汽车向主销后倾角_____的一侧转向。

6. _____过小会引起汽车在高速行驶时转向过于灵敏。

7. _____过大会导致转向沉重。

8. 从汽车前面看，车轮相对垂直线向内或向外偏离的角度称为_____。

9. 通常所有车轮的外倾角都相等。各轮外倾角大小不等会引起_____以及汽车向外倾角_____的一侧转向。

项目三 汽车转向与操纵系统的维修　189

10. 在车轮定位中,最后调整_____。

11. 当汽车有方向偏移时,应检查主销_____和_____的大小。如果其值在规定范围之内,就应对_____和_____进行检查。

12. 跑偏可能是由于汽车两侧轮胎磨损造成轮胎半径不同而引起的。如果不是这个问题,应检查_____,特别是_____和_____。

13. 前轮摆振可能是由于_____、_____、_____调整不正确、_____性能变差或车轮定位不正确等引起的。

14. 大多数摆振故障与轮胎和车轮_____或_____有关。

15. 车轮朝向正前方,用一测量仪测量车轮中心线与垂直平面所成夹角,即可得到_____。

16. 当车轮转过规定的角度时,通过外倾角的变化可以测出_____。

17. 车轮转过一定角度可以引起_____的变化,而_____的改变可引起心轴高度的改变。

18. 外倾角的改变不会影响_____大小。

二、判断题

1. 从车前部看,转向节主销与轮胎垂直中心线之间的角度即为主销内倾角。( )
2. 主销内倾角的作用是将汽车重量传到路面上,同时保持汽车的稳定性。( )
3. 主销内倾角帮助转向系统在转向后回复转向前的位置。( )
4. 主销内倾角不可调,但必须对它进行检验,这有助于发现其他故障。( )
5. 主销内倾角不正确可通过更换影响该角度的部件进行校正。( )
6. 车轮定位的目的是保证汽车沿路面直线行驶。( )
7. 汽车的几何中心线应和道路的延伸方向平行。( )
8. 后轮轮胎应和车的几何中心线平行。( )
9. 如果后轮的轮胎与车的几何中心线不平行,会使推力方向偏左或偏右。( )

自我训练

任务工单

任务名称	车轮定位的检测与调整	学生姓名	
班　级		学生学号	任务成绩

一、准备工作

1. 工具、设备与材料

四柱举升机带二次举升(或大剪举升机带二次举升)、车辆、四轮定位仪、常用工具、抹布等。

2.汽车信息收集

车牌号码：_____　　　车辆型号：_____

VIN码：_____　　　行驶里程：_____

二、车辆预检

为了保证车轮定位的准确性，车轮定位前要对车辆进行预检。

1.车辆停放位置

(1)将车辆空载停放在专用检测平台(举升机)居中位置。　　□任务完成

(2)将车轮保持直线行驶位置。　　□任务完成

(3)分别压车身的前部和后部，使悬架系统正确回位。　　□任务完成

小提示：不同汽车厂商对车轮定位的检测条件规定略有不同，通常欧美车型如奔驰、宝马和雪铁龙等要求进行加载后再检查，其他一些车型则是要求在空载状态下进行检测，具体请参阅相关车型维修手册。

2.车轮检查

(1)检查所有车轮的轮胎花纹、尺寸是否相同。　　□是　□否

(2)检查车轮钢圈是否变形和损伤。　　□是　□否

(3)检查轮胎充气压力是否符合标准。　　□是　□否

(4)检查轮胎是否有明显的异常磨损。　　□是　□否

(5)检查轮胎花纹深度，各轮胎磨损是否基本一致。　　□是　□否

(6)检查轮胎动平衡是否正常。　　□是　□否

(7)检查车轮轴承转动是否有偏摆、异响的情况。　　□是　□否

3.悬架检查

(1)车身高度左右偏差是否超过15 mm；　　□是　□否

小提示：不同车型车身高度的测量方法有所不同，具体请参考相关维修手册。

(2)检查螺旋弹簧是否损坏或明显变形。　　□是　□否

(3)检查减振器是否漏油或损坏。　　□是　□否

(4)检查转向横拉杆是否变形。　　□是　□否

(5)检查转向横拉杆球头节是否损坏或松动。　　□是　□否

(6)检查悬架臂是否明显变形。　　□是　□否

(7)检查悬架臂球头是否损坏或松动。　　□是　□否

(8)检查悬架臂铰链处衬套是否损坏或松动。　　□是　□否

4.检查转向盘自由行程　　□是　□否

小提示：如果检查过程中有故障，必须排除故障，否则将导致测量结果不准确。

三、车辆定位参数检测

1. 四轮定位仪的型号

_____

2. 安装夹具、传感器

（1）安装制动锁。　　　　　　　　　　　　　　　　　　□任务完成

（2）装配轮胎夹具。　　　　　　　　　　　　　　　　　□任务完成

小提示：用夹具的4个爪子分别抓住轮辋的外侧，拧紧调节螺杆，使其固定，安装后仔细检查是否安装牢固。

（3）安装传感器，将传感器安装到轮胎夹具外侧，连接通信电缆和转角盘电缆（带有蓝牙功能的仪器无须此步）。　　　　　　　　　　　　　　　　□任务完成

小提示：观察传感器上的水平仪，将传感器调至水平位置，汽车的4个车轮都需要安装传感器，并调水平。如果传感器的水平位置调不准，将直接影响测量数据的准确性。

3. 四轮定位的检测

（1）进入四轮定位的检测程序。　　　　　　　　　　　　□任务完成

（2）输入客户资料和车辆信息。　　　　　　　　　　　　□任务完成

（3）进行偏差补偿。　　　　　　　　　　　　　　　　　□任务完成

（4）根据定位仪的提示完成调试前检测，并记录相关数据。　□任务完成

小提示：不同定位仪，具体操作步骤有差别，根据定位仪的提示完成操作即可。

表3-4-1　车轮定位数据检测记录表

车轮	项目	标准值	测量值	分析测量数据
前轮	左前轮外倾角			□正常　□不正常
	右前轮外倾角			□正常　□不正常
	外倾角差值			□正常　□不正常
	左轮主销后倾角			□正常　□不正常
	右轮主销后倾角			□正常　□不正常
	主销后倾角差值			□正常　□不正常
	左轮前束			□正常　□不正常
	右轮前束			□正常　□不正常
	总前束			□正常　□不正常

续表

车轮	项目	标准值	测量值	分析测量数据
	左轮主销内倾角			□正常 □不正常
	右轮主销内倾角			□正常 □不正常
	主销内倾角差值			□正常 □不正常
后轮	左后轮外倾角			□正常 □不正常
	右后轮外倾角			□正常 □不正常
	外倾角差值			□正常 □不正常
	左轮前束			□正常 □不正常
	右轮前束			□正常 □不正常
	总前束			□正常 □不正常
	推进线夹角			□正常 □不正常

四、调整定位参数

分析测量数据,查找故障原因,对不正确定位参数进行调整。

1. 车轮定位参数调整顺序

顺序为后轮外倾角、后轮前束、前轮外倾角、前轮前束。

查询维修手册,实验室车轮可调整的参数有_____。

小提示:不同车型,可调整的参数不一样,可以根据定位仪的提示完成。

2. 调整前准备

（1）将转向盘锁定。　　　　　　　　　　　　　　　□任务完成

（2）用举升器将车辆举升到合适调整的高度并锁止。　□任务完成

（3）将车轮各传感器调整到水平位置。　　　　　　　□任务完成

小提示:参照屏幕上所显示的数据进行。

3. 车轮外倾角调整

（1）查询维修手册,确定受测车辆外倾角调整方法。

不同车型,外倾角调整方法也不一样,常见外倾角调整方法有:减振器与转向节连接螺栓长孔调整;减振器上支座固定螺栓位置移动调整;悬架臂球头与悬架臂连接长孔螺栓调整;悬架臂与前横梁连接偏心螺栓调整;偏心垫片调整等。

（2）调整外倾角至标准值范围内。　　　　　　　　　□任务完成

（3）紧固调节螺钉。　　　　　　　　　　　　　　　□任务完成

4.前束调整

（1）转动转向盘居中并锁止。　　　　　　　　　　　　　　　□任务完成

（2）松开横拉杆锁紧螺母与防尘套夹箍，如图3-4-7所示。　　□任务完成

小提示：此处螺母一个正旋，一个反旋，操作时要特别注意。

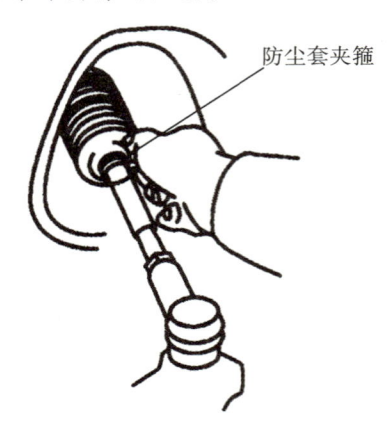

图3-4-7　松开横拉杆锁紧螺母与防尘套夹箍

（3）旋扭横拉杆，改变拉杆长度，直到调整到规定值。　　　　□任务完成

小提示：如果转动不灵活，可用螺栓松动剂清洁。

（4）保证左右两侧横拉杆的调整长度一致。　　　　　　　　　□任务完成

（5）拧紧横拉杆锁紧螺母及防尘套夹箍。　　　　　　　　　　□任务完成

（6）检查是否完成左右轮前束的调整。　　　　　　　　　　　□是　□否

五、调整后检测及检验

1.重新检测车轮定位，确保调整后定位角度正确　　　　　　　□任务完成

2.完成所有调整项目后，将车轮定位仪的传感器、信号线和夹具等仪器放回原位

　　　　　　　　　　　　　　　　　　　　　　　　　　　　□任务完成

3.调整车辆车轮定位后，进行道路检验

（1）在车辆向前行驶时，转向盘是否处于居中位置。　　　　　□是　□否

（2）在平坦路面直行时是否有向左或向右偏转。　　　　　　　□是　□否

（3）是否发生过大的转向摆动或颤抖。　　　　　　　　　　　□是　□否

（4）转向时是否轻便。　　　　　　　　　　　　　　　　　　□是　□否

（5）放开转向盘是否可迅速而平稳地返回中间位置。　　　　　□是　□否

（6）转向盘打至极限位置时，转向和悬架零件是否与底盘或车身接触。

　　　　　　　　　　　　　　　　　　　　　　　　　　　　□是　□否

【评价与反馈】

班级：_____ 姓名：_____ 指导教师：_____

序号	考核项目	配分	考核内容	配分	考核标准	得分
1	出勤/纪律	10	出勤	4	违规一次不得分	
			行为规范	6	违规一次不得分	
2	安全/保护/环保	20	着装	4	违规一次不得分	
			个人防护	4	违规一次不得分	
			8S/EHS	4	违规一次不得分	
			设备使用安全	4	违规一次不得分	
			操作安全	4	违规一次不得分	
3	学习能力	60	工单填写、工艺计划制订	10	未做不得分	
			学习总结	10	酌情扣1~4分	
			自我训练	40	未做不得分	
4	任务拓展	10	知识拓展任务	5	未做不得分	
			技能拓展任务	5	未做不得分	
	总分	100				
教师评价	优点					
	存在问题					
	解决方案					

教师签字：

项目四　汽车制动系统的拆检

【项目目标】

1. 知识目标
(1) 能识别制动系统的组成及各零部件的安装位置。
(2) 能复述盘式制动器的作用、结构和工作原理。
(3) 能复述鼓式制动器的作用、结构和工作原理。
(4) 能复述汽车制动力传递路线。
(5) 能复述驻车制动装置的作用、结构和工作原理。
(6) 能复述制动系统的作用、结构和工作原理。
(7) 能复述制动系统的维护方法与步骤。
(8) 能复述防抱死制动系统传感器的作用、类型和工作原理。

2. 技能目标
(1) 能复述防抱死制动系统传感器的检测方法和更换方法。
(2) 能对制动系统的简单故障进行分析,并能进行拆装与维修。
(3) 能对维修现场严格按照8S管理规定进行清理。
(4) 能利用图书馆及互联网资源,完成工作页的填写。
(5) 能及时展示成果,进行任务评价,优化方案。

3. 素质目标
(1) 养成纪律意识、规范操作意识、安全意识、环保意识等。
(2) 养成良好的清洁习惯和互帮互助的优秀品质等。
(3) 培养创新精神和实践能力,养成爱岗敬业的工作态度和职业责任感。

【项目准备】

常用工具：翻转架、梅花扳手、套筒扳手、扭力扳手、开口扳手、风动工具等。
常用量具：万用表、千分尺、塞尺、游标卡尺、刀口尺等。

专用工具：刹车拆装专用钳、轴承拉马、拉拔器等。

油料、材料：润滑脂、清洗液、齿轮油、底盘修理包等。

设备：教学车辆、底盘各总成台架、多媒体教学设备、白板和展示板、翻转架、工具车、零件车、接油盆等。

资料：维修手册、维修工单、安全操作规程。

【工作流程】

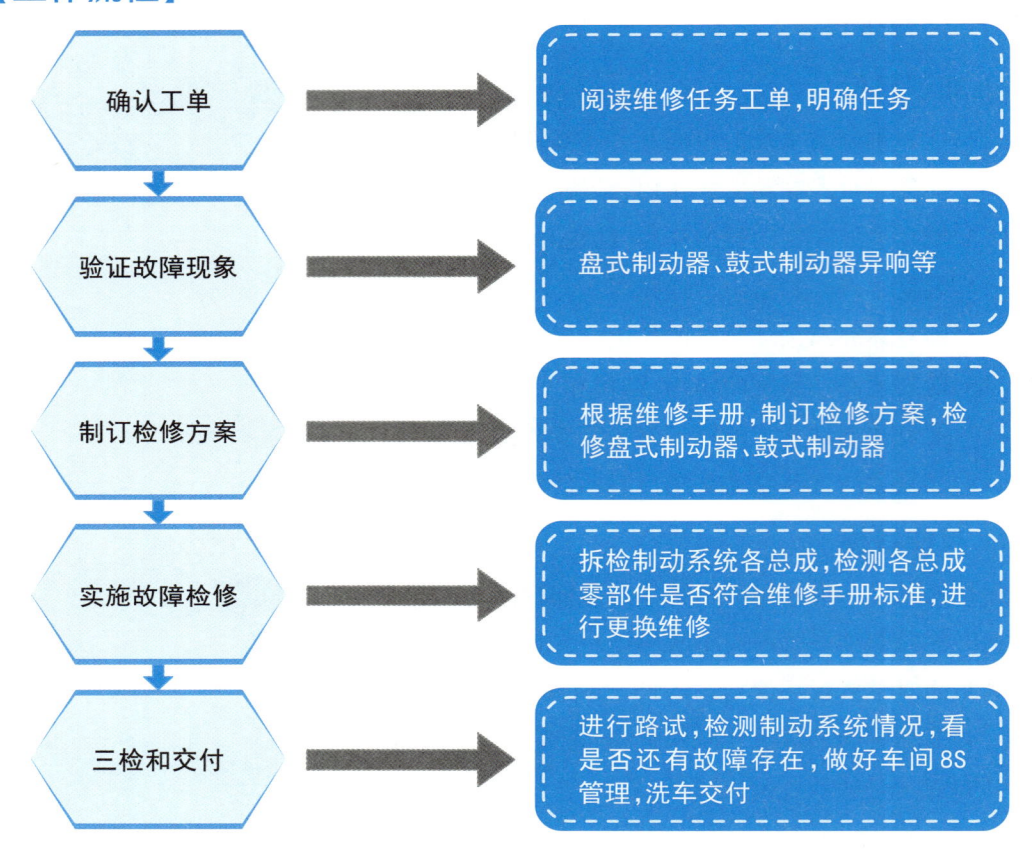

确认工单	阅读维修任务工单，明确任务
验证故障现象	盘式制动器、鼓式制动器异响等
制订检修方案	根据维修手册，制订检修方案，检修盘式制动器、鼓式制动器
实施故障检修	拆检制动系统各总成，检测各总成零部件是否符合维修手册标准，进行更换维修
三检和交付	进行路试，检测制动系统情况，看是否还有故障存在，做好车间8S管理，洗车交付

任务一　制动器的构造与维修

盘式制动器拆装与检修

【任务描述】

一辆汽车被送进厂里检修,客户反映该汽车在行驶过程中车轮发出"嚓嚓"的摩擦异响,在行驶一段时间后,制动盘温度异常升高。维修技师经初步检查,判断为汽车底盘制动系统故障。汽车维修人员需要根据维修手册相关要求,在规定时间内完成对底盘制动系统的检查与零部件更换,自检合格后交付班组长验收。

【学习重点】

(1)能介绍汽车底盘制动系统各零部件的名称及作用。

(2)能正确选择并使用工具及设备。

(3)能根据维修手册的要求,在规定时间内,与组员共同进行制动系统的拆装,并对相关零部件进行标记,同时在作业过程中遵守安全操作规范。

(4)能做好过程记录。

(5)能合理回收废弃物,整理零部件。

(6)能对相关资料、互联网资源进行检索,完成工单、工作页的填写。

【建议学时】

4学时。

【学习地点】

一体化工作站。

【学习准备】

制动器总成、互联网资源、车辆、常用维修工具、量具、多媒体设备。

【学习过程】

一、汽车制动系统的组成和作用

(一)汽车制动系统的组成

供能装置:包括供给、调节制动所需能量以及改善传能介质状态的各种零部件。

控制装置:包括产生制动动作和控制制动效果的各种零部件。

传动装置：包括将制动能量传输到制动器的各零部件。

制动器：阻碍车辆运动或运动趋势的零部件。

（二）汽车制动系统的作用

(1)使行驶中的汽车按照驾驶人员的要求进行强制减速乃至停车。

(2)使已停驶的汽车在各种道路条件下稳定驻车。

(3)使在下坡行驶的汽车保持速度稳定。

二、制动系统的分类

（一）按功能分

制动系统按功能不同可以分为：行车制动系统、驻车制动系统、第二制动系统、辅助制动系统。

1.行车制动系统

行车制动系统是由驾驶员用脚来操纵的，故又称脚制动系统。它的功能是使正在行驶中的汽车减速或在最短的距离内停车。

2.驻车制动系统

驻车制动系统是由驾驶员用手来操纵的，故又称手制动系统。它的功能是使已经停在路面上的汽车驻留原地不动。

3.第二制动系统

第二制动系统是在行车制动系统失效的情况下，保证汽车仍能实现减速或停车的一套装置。在许多国家的汽车制动法规中规定，第二制动系统也是汽车必须具备的制动系统。

4.辅助制动系统

对于经常在山区行驶的汽车以及某些特殊用途的汽车，辅助制动系统可以提高其行车的安全性，减轻其行车制动系统性能的衰退及制动器的磨损，在下坡时稳定车速。

（二）按制动能量传输分

制动系统根据制动能量传输的形式可以分为：机械式、液压式、气压式、电磁式、组合式。

（三）按回路多少分

制动系统按回路多少可分为单回路制动系统和双回路制动系统。

（四）按能源分

制动系统按能源不同可分为：人力制动系统、动力制动系统、伺服制动系统。

1.人力制动系统

人力制动系统是指以驾驶员的机体作为唯一的制动能源的制动系统。

2.动力制动系统

动力制动系统是指完全靠发动机的动力转化而成的气压或液压形式的势能进行制动的制动系统。

3.伺服制动系统

伺服制动系统是指兼用人力和发动机动力进行制动的制动系统。

三、制动器的类型及工作特点

目前各类汽车所用的摩擦制动器可分为鼓式制动器[如图4-1-1(a)]和盘式制动器[如图4-1-1(b)]两大类。前者的摩擦副中的旋转元件为制动鼓,其工作表面为内圆柱面;后者的旋转元件则为圆盘状的制动盘,以端面为工作表面。

(a)鼓式制动器 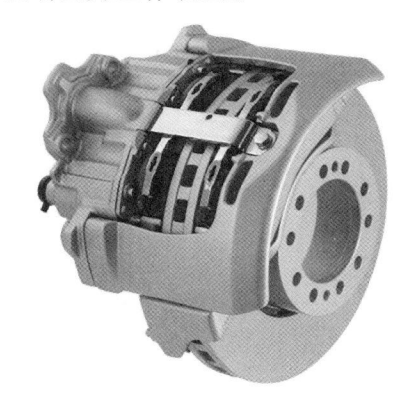　　　　　(b)盘式制动器

图4-1-1　制动器类型

旋转元件固装在车轮或半轴上,即制动力矩分别作用于两侧车轮上的制动器称为车轮制动器。旋转元件固装在传动系统的传动轴上,其制动力矩须经过驱动桥再分配到两侧车轮上的制动器则称为中央制动器。车轮制动器一般用于行车制动系统,也有兼用于第二制动系统(或应急制动系统)和驻车制动系统的。中央制动器一般只用于驻车制动系统。

四、盘式制动器的组成及工作原理

(一)盘式制动器的组成

盘式制动器主要由制动钳、制动盘、制动活塞、支承架、防尘板和防尘罩等组成。
盘式制动器中制动盘是摩擦副中的旋转件,它是以端面工作的金属圆盘。制动钳由装在横跨制动盘两侧的夹钳形支架中的制动块和促动装置组成。制动块由摩擦块和金属背板组成。

(二)盘式制动器的分类

按摩擦副中固定元件的结构,盘式制动器可分为钳盘式和全盘式两大类。

钳盘式制动器又可分为定钳盘式和浮钳盘式两大类。

定钳盘式制动器的制动钳固定安装在车轿上,既不能旋转,也不能沿制动盘轴线方向移动,因而必须在制动盘两侧都装设制动块促动装置(相当于制动轮缸的活塞缸),以便分别将两侧的制动块压向制动盘。

浮钳盘式制动器的制动钳可以相对制动盘做轴向滑动。只在制动盘的内侧设置活塞缸,而外侧的制动块则附装在钳体上。

五、浮钳盘式制动器的结构特点及工作原理

(一)浮钳盘式制动器结构

浮钳盘式制动器的结构见图4-1-2。

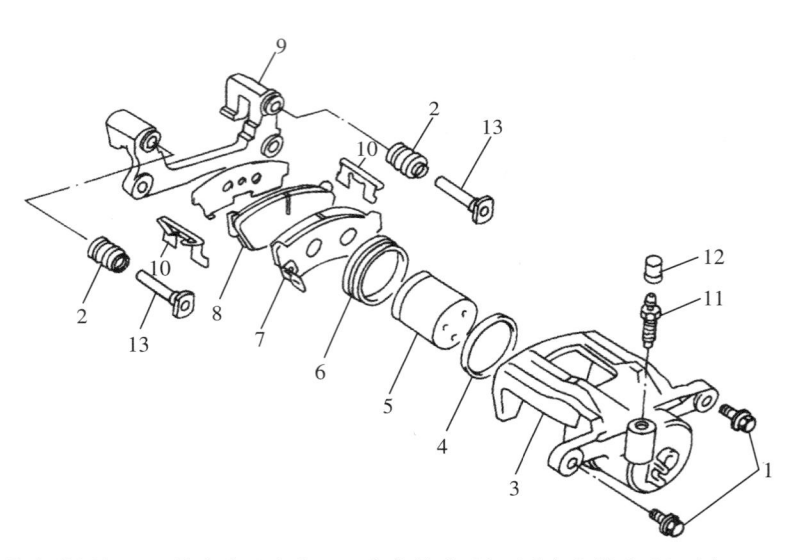

1—制动钳导向销螺栓;2—导向销防尘套;3—盘式制动器钳体(盘式制动器缸体);4—活塞密封圈;5—盘式制动器活塞;6—缸体防尘罩;7—盘式制动器内制动块;8—盘式制动器外制动块;9—制动钳支架;10—制动块弹簧;11—排气螺塞;12—排气螺塞盖;13—制动钳导向销

图4-1-2 浮钳盘式制动器结构

制动盘用螺栓固定在轮毂上,随车轮旋转。制动钳支架固定在转向节上,制动钳体通过紧固螺栓与制动钳导向销连接,导向销插入制动钳支架的孔中做动配合,使制

动钳体可沿导向销轴线做轴向滑动。在制动钳上设有一直径较大的制动分泵,以增加活塞和制动块的工作压力。制动块通过导向件悬装在制动钳支架上,可做轴向移动。制动块的外表面黏结有摩擦材料,能承受较大的剪切力。制动钳上还设有排气螺栓,用以排除制动管路和分泵中的气体。

(二)浮钳盘式制动器结构特点

浮钳盘式制动器轴向和径向尺寸较小,而且制动液受热汽化的机会较少。此外,浮钳盘式制动器在兼用于行车制动系统和驻车制动系统的情况下,只需在行车制动钳油缸附近加装一些用以推动油缸活塞的驻车制动机械传动零件即可。故自20世纪70年代以来,浮钳盘式制动器逐渐取代了定钳盘式制动器。

(三)浮钳盘式制动器的工作原理

浮钳盘式制动器的工作过程如图4-1-3所示。当制动器没有工作时,活塞在轮缸内的密封圈的弹力作用下远离制动盘,回到轮缸内,制动盘不受摩擦力,不起制动效果。当制动器制动时,活塞在液压力作用下,将活动制动块(带摩擦块磨损报警装置)推向制动盘。与此同时,作用在制动钳体上的反作用力推动制动钳体沿导向销向右移动,使固定在制动钳体上的制动块压靠到制动盘上。于是制动盘两侧的制动块在两侧作用力夹紧制动盘,使之在制动盘上产生与运动方向相反的制动力矩,促使汽车制动。

(a)盘式制动器未制动　　(b)盘式制动器制动时

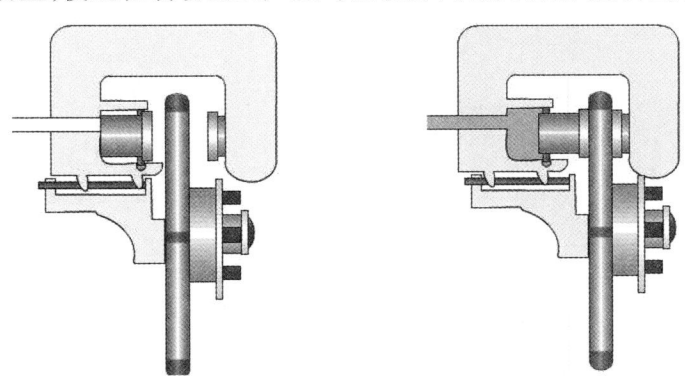

图4-1-3　浮钳盘式制动器的工作过程

六、鼓式制动器的组成和工作原理

鼓式制动器主要由底板、制动鼓、制动蹄、轮缸、回位弹簧和定位销等零部件组成。

(1)根据制动蹄的展开方向,制动蹄可以分为两种:领蹄和从蹄。其中领蹄的展开方向与制动鼓的旋转方向相同,当制动蹄制动时,制动蹄受制动鼓的摩擦力方向与制动蹄展开的方向相同,制动蹄进一步展开,增大了制动蹄与制动鼓之间的正压力和摩擦力，使得制动蹄的制动效果优于轮缸独立作用在制动蹄上时的制动效果。但因为在制动时制动力增加较为迅速，故领蹄在制动时制动效果显著，车辆所受冲击较大，在一定程度上影响了车辆制动时的平稳性和舒适性。而从蹄在制动时，因为展开方向与摩擦力方向相反，摩擦力会减小制动时的正压力和摩擦力，使制动效果降低，但能明显提高制动时车辆的平稳性和舒适性。

（2）根据制动蹄的种类和轮缸的工作特点，常见的鼓式制动器可分为领从式、单向双领式、双向双领式和双从式。除此之外，还有一种鼓式制动器，除了像领蹄外借摩擦力增强正压力外，还借摩擦力作为推动另一制动蹄展开的动力，大大增强了制动的效果，减短了制动距离，这样的制动器被称为自增力式鼓式制动器。

（3）鼓式制动器的结构特点及工作原理。

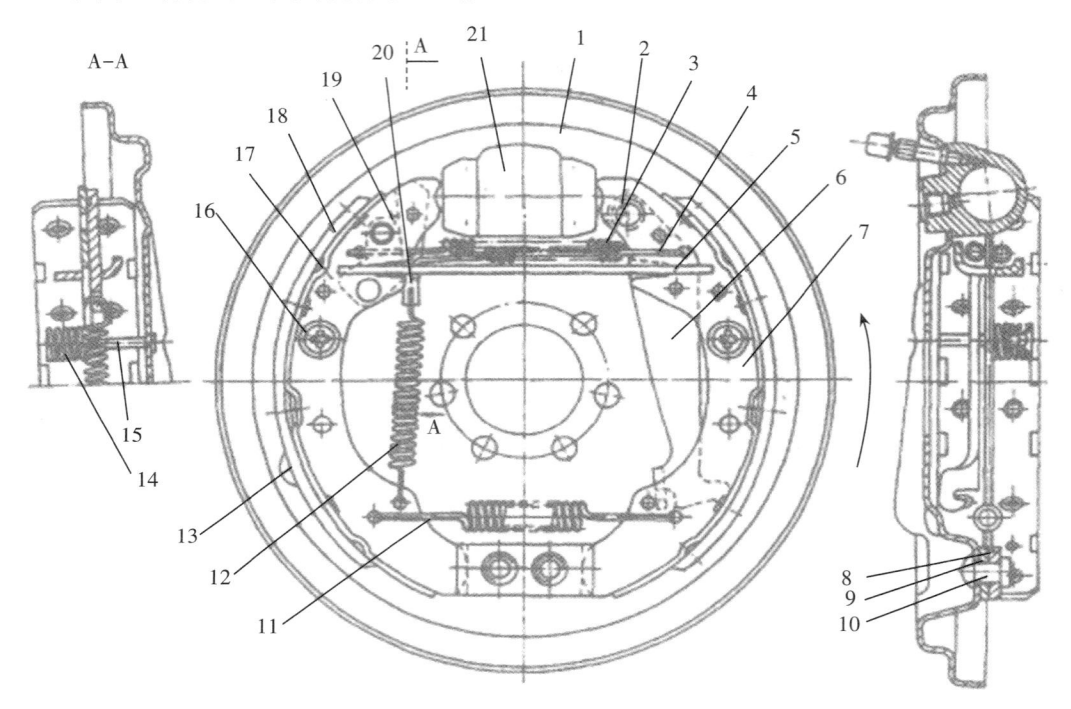

1—制动底板；2—销轴；3、4、11、12—拉簧；5—压杆；6—制动杆；7—带杠杆装置的制动蹄总成；8—支架；9—止挡板；10—铆钉；13—检测孔；14—压簧；15—夹紧销；16—弹簧座；17—带斜楔装置的制动蹄总成；18—摩擦衬片；19—斜楔支承；20—楔形块；21—制动轮缸

图4-1-4　桑塔纳轿车后轮制动器

图4-1-4所示的是桑塔纳轿车的后轮制动器。制动轮缸是双活塞内张型液压轮缸。制动底板1用螺栓固定在后桥轴端支承座上，制动轮缸21用螺钉固定在制动底板上方，支架8、止挡板9，用铆钉10紧固在底板下方，以上构成了制动底板总成。夹紧销

15、弹簧座16和压簧14将制动蹄17与7紧压在制动底板的带储油孔的支承平面上，防止制动蹄轴向窜动。制动蹄17上固定有斜楔支承19，它用来支承调节间隙用的楔形块20，称为带斜楔装置的制动蹄总成。制动蹄7上铆有可以绕销轴2自由转动的制动杆6。制动杆6下端做成钩形，与驻车制动钢索相连。制动蹄7称为带杠杆装置的制动蹄总成。摩擦衬片18用空心铆钉与制动蹄铆接在一起，铆钉头端部埋入摩擦片中，深度约为新摩擦片的2/3。制动蹄的两端做成圆弧形。复位弹簧3、4、11分别将两个制动蹄上端贴靠在轮缸左右活塞端面上，下端贴靠在止挡板两端面上。

制动时，轮缸活塞在制动液压力的作用下推动制动蹄绕制动蹄与止挡板的接触点向外旋转，使摩擦片紧压在制动鼓上，产生制动力矩使汽车制动。解除制动时，制动液压力消失，在复位弹簧3、4、11的作用下制动蹄复位。

【技能要求】

要求　制动器检修

一、拆卸盘式制动器

(1)拆卸车轮螺栓，摆放在零件推车上。

(2)将拆下的车轮放入轮胎推车。

(3)检查制动管路与制动器有无破损、泄漏。

(4)拆卸制动钳导向柱螺栓，摆放在零件推车上，如图4-1-5所示。

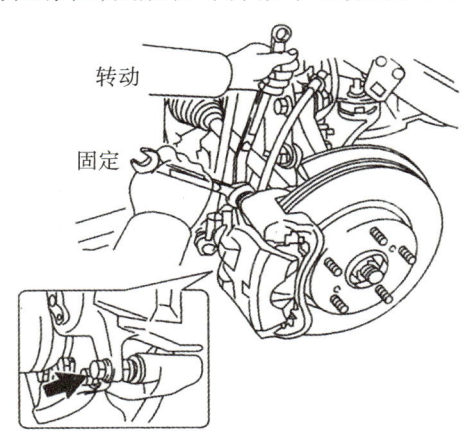

图4-1-5　拆卸制动钳导向柱螺栓

(5)用铁丝或绳索将制动钳体固定在减振弹簧上。

(6)卸下保持弹簧。

（7）取下旧摩擦块，如图4-1-6所示。

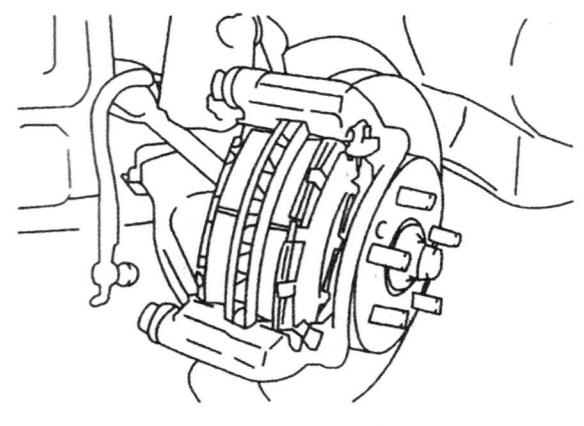

图4-1-6　拆卸摩擦块

二、拆卸鼓式制动器

（1）拆卸车轮螺栓，摆放在零件推车上。

（2）将拆下的车轮放入轮胎推车。

（3）检查制动管路与制动器有无破损、泄漏。

（4）用专用工具拆下轮毂盖。

（5）取下开口销和开槽垫圈。

（6）旋下调整螺母。

（7）取下止推垫圈。

（8）用螺丝刀通过制动鼓螺孔向上拨动楔形块，取下制动鼓。

（9）用鲤鱼钳拆下压力弹簧座，如图4-1-7所示。

（10）从支架上提起制动蹄，取下复位弹簧，如图4-1-8所示。

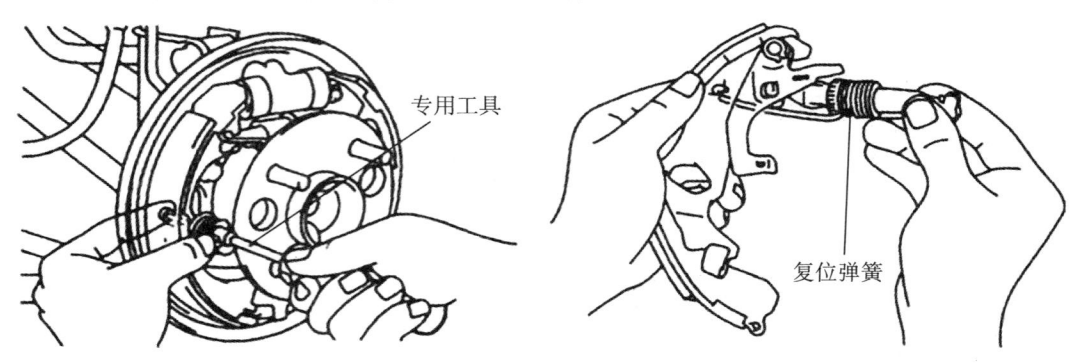

图4-1-7　拆卸压力弹簧座　　　　图4-1-8　拆卸复位弹簧

（11）用尖嘴钳拆下驻车制动杆上的驻车制动拉索,如图4-1-9所示。

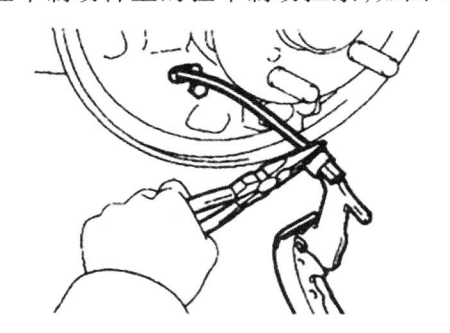

图4-1-9　拆卸驻车制动拉索

（12）取下楔形块的复位弹簧和拉力弹簧。

（13）拆卸定位弹簧和制动蹄。

学习检测

一、填空题

1. 汽车上采用的车轮制动器是利用_____来产生制动的,它的结构分为_____和_____两种。
2. 制动器按其安装位置分为_____和_____两种形式。
3. 盘式制动器按其结构不同可以分为_____和_____。
4. 制动时原期望汽车能按直线方向减速停车,但汽车有时却自动向右或向左偏驶,这一现象称为_____。
5. 钳盘式制动器结构有许多种,但汽车都可归纳为两个主要类型:_____和_____两种。
6. 鼓式制动器根据控制元件可分为_____和_____。
7. 盘式制动系统的基本零件是_____、_____和_____等。
8. 盘式制动器相对于鼓式制动器的主要优点是_____和_____。
9. 测量制动盘的端面跳动时,应使用的量具是_____。
10. 更换新的制动块时,如制动钳无法正常复位,应_____。

二、判断题

1. 车辆在前进、后退制动时,如两个制动蹄都是助势蹄时,则该制动器是双向平衡式制动器。（　）
2. 两个制动蹄通过机械杠杆连接,使两蹄片在制动时张力自增,称为自增力式制动器。（　）
3. 鼓式驻车制动系统可安装在变速器后边,也可以安装在主减速器输入轴的前端。（　）
4. 盘式制动器制动效能比鼓式制动器好,是因为盘式制动器有自增力作用。（　）
5. 盘式制动器的自动回位,多数是通过活塞后部的油封来实现的。（　）

6. 制动盘径向跳动量过大,会造成制动时踏板跳动。(　　)
7. 蹄式制动器中,一个制动蹄是增势蹄时,另一个制动蹄就必然是减势蹄。(　　)
8. 领从蹄式鼓式制动器的制动效果优于双领蹄式,所以最为常见。(　　)
9. 盘式制动器检修时,为避免拉坏制动软管,应将制动钳与制动软管进行分离。(　　)

自我训练

任务工单

任务名称	制动摩擦块的更换	学生姓名	
班　级		学生学号	任务成绩

一、准备工作

1. 工量具、设备与材料

常用工具、举升机、实训车辆、钢直尺、刀口尺、塞尺、百分表、磁性表座、维修手册、干净的抹布。

2. 安全防护用品

标准作业装、安全鞋、线手套。

3. 汽车信息收集

车牌号码:_____　　　　车辆型号:_____

VIN 码:_____　　　　行驶里程:_____

二、更换摩擦块

为保证制动系统的稳定可靠,当摩擦块磨损超过极限时需更换盘式制动器摩擦块。维护步骤如下:

(1)环绕检查车身,对严重伤痕进行记录。　　　　　　　　□任务完成

(2)检查设备、工具和量具是否齐备和完好,检查备用的摩擦块型号是否匹配。

　　　　　　　　　　　　　　　　　　　　　　　　　　□是　□否

(3)安装车轮挡块。　　　　　　　　　　　　　　　　　□任务完成

(4)检查换挡杆是否处于空挡位置,驻车制动杆是否拉起。　□是　□否

(5)检查举升机工作是否正常。　　　　　　　　　　　　□是　□否

(6)安装举升臂。　　　　　　　　　　　　　　　　　　□任务完成

(7)一人坐于主驾位,然后举升车辆至合适的位置。　　　□任务完成

(8)拆卸车轮螺栓,摆放在零件推车上。　　　　　　　　□任务完成

（9）将拆下的车轮放入轮胎推车。　　　　　　　　　　　　　□任务完成

（10）检查制动管路与制动器是否有破损、泄漏。　　　　　□是　□否

（11）拆卸制动钳导向柱螺栓，摆放在零件推车上，如图 4-1-5 所示。　□任务完成

（12）用铁丝或绳索将制动钳体固定在减振弹簧上。　　　　□任务完成

（13）卸下保持弹簧。　　　　　　　　　　　　　　　　　□任务完成

（14）取下旧摩擦块，如图 4-1-6。　　　　　　　　　　　□任务完成

（15）检查旧摩擦块。

①检查旧摩擦块垫片是否被锈蚀或损坏。　　　　　　　　□是　□否

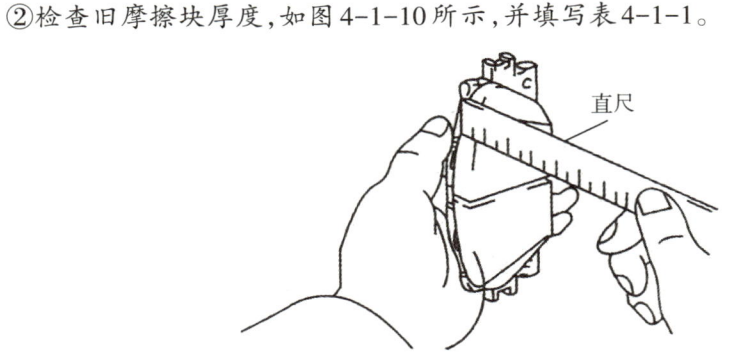

②检查旧摩擦块厚度，如图 4-1-10 所示，并填写表 4-1-1。

图 4-1-10　测量制动块厚度

查阅资料和维修手册，对盘式制动器的主要参数进行记录和判定。

制动块厚度：极限值_____，实际值_____。

③检查旧摩擦块平面度。

查阅资料和维修手册，对盘式制动器的主要参数进行记录和判定。

制动块表面平整度：极限值_____，实际值_____。

④比较同一车桥上的摩擦块磨损情况是否一致。　　　　　□是　□否

小提示：如旧摩擦块存在异常情况，需进行进一步的分析与维修，防止新更换的摩擦块出现相同问题。

表 4-1-1　摩擦块厚度测量记录表

	一号位	二号位	三号位	四号位	五号位	六号位	最大差值
测量值							

（16）检查制动盘厚度、端面跳动，如图 4-1-11、图 4-1-12 所示。

螺旋测微器

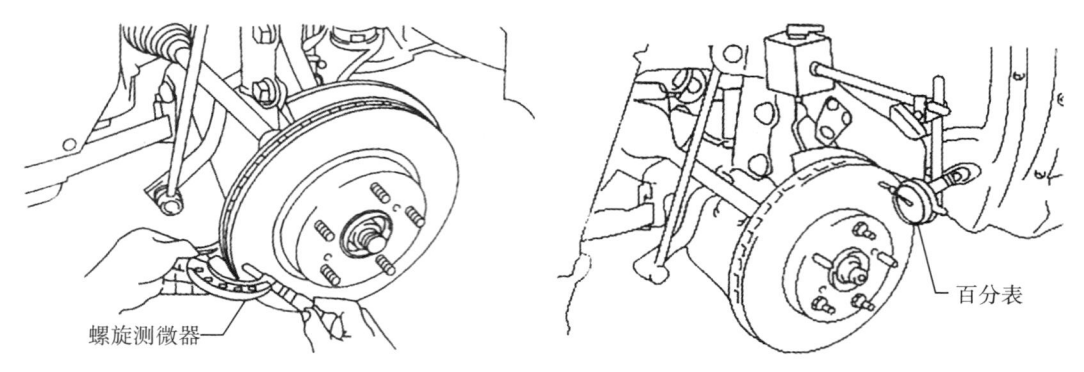

图4-1-11 测量制动盘厚度　　　　图4-1-12 测量制动盘端面跳动

百分表

查阅资料和维修手册,对盘式制动器的主要参数进行记录和判定。

制动盘厚度:极限值_____,实际值_____。

制动盘端面跳动量:极限值_____,实际值_____。

(17)检查制动钳是否有破损。　　　　　　　　　　　　　□是　□否

(18)用软布包裹住的撬棍将轮缸活塞撬回原位。　　　　　□任务完成

(19)将新的摩擦块装回制动盘,复位制动钳体。　　　　　□任务完成

(20)检查导向柱螺栓。

①检查导向柱螺栓是否有卡滞现象。　　　　　　　　　　□是　□否

②检查导向柱螺栓是否有卡死现象。　　　　　　　　　　□是　□否

③检查制动钳安装支架是否松动。　　　　　　　　　　　□是　□否

④检查制动钳安装螺栓是否弯曲或损坏。　　　　　　　　□是　□否

⑤检查导向柱防尘罩是否开裂或破损。　　　　　　　　　□是　□否

(21)更换导向柱润滑脂,安装导向柱,如图4-1-13所示。　□任务完成

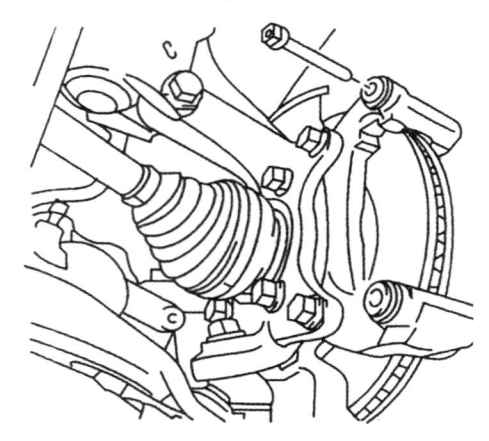

图4-1-13 安装导向柱

(22)安装车轮。　　　　　　　　　　　　　　　　　□任务完成

(23)按扭力要求扭紧车轮螺栓。　　　　　　　　　　□任务完成

查阅资料和维修手册,该车辆的车轮螺栓扭力要求为_____N·m。

(24)将车辆放至地面,进入驾驶位。　　　　　　　　□任务完成

(25)将车辆点火。　　　　　　　　　　　　　　　　□任务完成

(26)反复踩下制动踏板。　　　　　　　　　　　　　□任务完成

想一想: 为什么在更换摩擦块后需要反复踩下制动踏板?

(27)将车辆熄火。　　　　　　　　　　　　　　　　□任务完成

(28)清洁复位。　　　　　　　　　　　　　　　　　□任务完成

三、更换制动蹄

当制动鼓使用一定时间后,制动鼓的制动效果会变差,制动蹄磨损超过极限,需要更换新的制动蹄。

车辆型号_____;制动器:前轮_____,后轮_____。

查阅资料和维修手册,对鼓式制动器的主要参数进行记录和判定。

制动蹄厚度:极限值_____,实际值_____,结论_____。

制动鼓内径:极限值_____,实际值_____,结论_____。

径向圆跳动:极限值_____,实际值_____,结论_____。

端面圆跳动:极限值_____,实际值_____,结论_____。

制动间隙:标准值_____,实际值_____,结论_____。

维护步骤:

(1)环绕检查车身,对严重伤痕进行记录。　　　　　□任务完成

(2)检查设备、工具和量具是否齐备和完好,检查备用的制动蹄型号是否匹配。

　　　　　　　　　　　　　　　　　　　　　　　　　□任务完成

(3)安装车轮挡块。　　　　　　　　　　　　　　　□任务完成

(4)检查换挡杆是否处于空挡位置,驻车制动杆是否拉起。　□是　□否

(5)检查举升机工作是否正常。　　　　　　　　　　□是　□否

(6)举升车辆至合适位置。　　　　　　　　　　　　□任务完成

(7)拆卸车轮螺栓,摆放在零件推车上。　　　　　　□任务完成

(8)将拆下的车轮放入轮胎推车。　　　　　　　　　□任务完成

(9)检查制动管路与制动器是否破损、泄漏。　　　　□是　□否

(10)用专用工具拆下轮毂盖。　　　　　　　　　　□任务完成

小提示：轮毂盖虽然很薄，但能够有效保证车轮轮毂不会被外在的污物污染，不能损坏。

（11）取下开口销和开槽垫圈。　　　　　　　　　　　　　　□任务完成

检查开口销和开槽垫圈有无损坏。　　　　　　　　　　　　□有　□无

（12）旋下调整螺母。　　　　　　　　　　　　　　　　　　□任务完成

小提示：应对调整螺母的位置进行标记，保证装配时能装回原位。

（13）取下止推垫圈。　　　　　　　　　　　　　　　　　　□任务完成

（14）用螺丝刀通过制动鼓螺孔向上拨动楔形块，取下制动鼓。　□任务完成

（15）用鲤鱼钳拆下压力弹簧座，如图4-1-7所示。　　　　　□任务完成

（16）从支架上提起制动蹄，取下复位弹簧，如图4-1-8所示。　□任务完成

（17）用尖嘴钳拆下驻车制动杆上的驻车制动拉索，如图4-1-9所示。□任务完成

（18）取下楔形块的复位弹簧和拉力弹簧。　　　　　　　　　□任务完成

检查弹簧弹力是否正常。　　　　　　　　　　　　　　　　□是　□否

（19）拆卸定位弹簧和制动蹄。　　　　　　　　　　　　　　□任务完成

（20）检查制动蹄摩擦片厚度，如图4-1-14所示。　　　　　　□任务完成

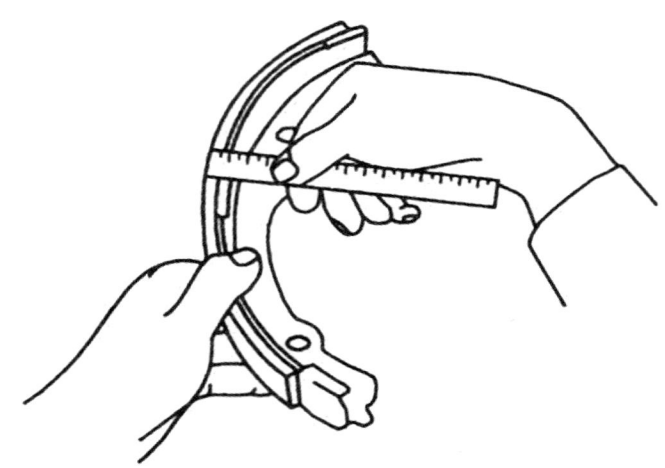

图4-1-14　测量制动蹄摩擦片厚度

（21）检查制动鼓内径，如图4-1-15所示。　　　　　　　　　□任务完成

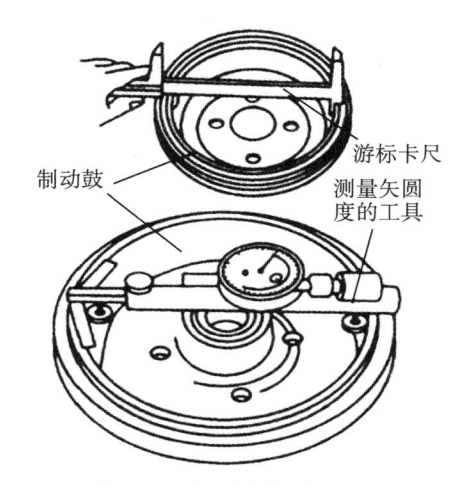

图4-1-15　测量制动鼓内径

（22）检查制动蹄与制动鼓摩擦是否正常，如图4-1-16所示。　　　　□是　□否

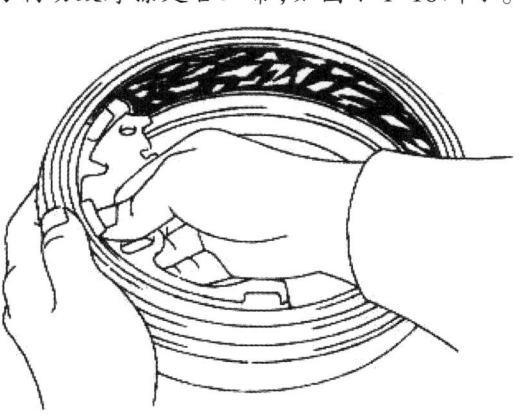

图4-1-16　检查制动蹄与制动鼓的摩擦

简述检查制动蹄与制动鼓的摩擦的方法。

（23）安装定位弹簧，并将新制动蹄装在压杆上。　　　　　　　　　□任务完成
（24）安装楔形块。　　　　　　　　　　　　　　　　　　　　　　□任务完成
（25）将带有传动臂的新制动蹄装在压杆上。　　　　　　　　　　　□任务完成
（26）装上复位弹簧，在传动臂上装上驻车制动拉索。　　　　　　　□任务完成
（27）将制动蹄装在制动底板上。　　　　　　　　　　　　　　　　□任务完成
（28）安装复位弹簧。　　　　　　　　　　　　　　　　　　　　　□任务完成
（29）安装楔形块拉力弹簧。　　　　　　　　　　　　　　　　　　□任务完成

项目四　汽车制动系统的拆检

(30)安装压力弹簧和座圈。　　　　　　　　　　　　　　　□任务完成

(31)检查制动蹄与制动鼓的间隙是否正常,如图4-1-17所示。　□是　□否

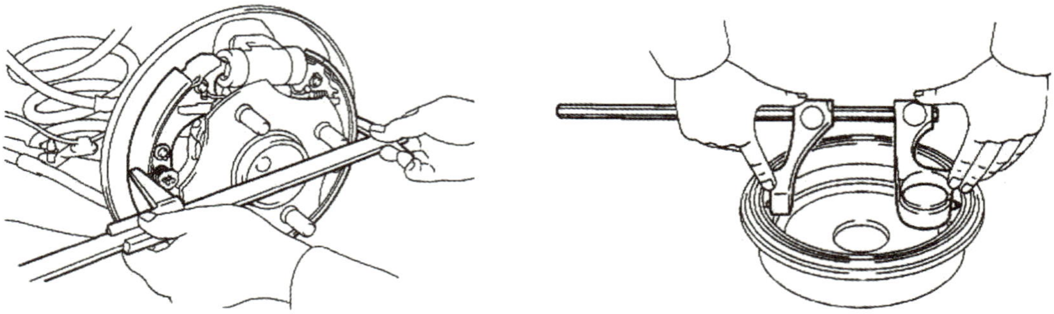

图4-1-17　检查制动蹄与制动鼓间隙

查阅资料和维修手册,制动蹄与制动鼓的间隙为:标准间隙_____,单面间隙_____,双面间隙_____。

简述检查制动蹄与制动鼓间隙的方法。

_____

(32)装上制动鼓、后轮轴承和螺母。　　　　　　　　　　　□任务完成
(33)反复踩压制动踏板,自动调整制动间隙。　　　　　　　□任务完成
(34)安装车轮。　　　　　　　　　　　　　　　　　　　　□任务完成
(35)按扭力要求扭紧车轮螺栓。　　　　　　　　　　　　　□任务完成

查阅资料和维修手册,该车辆的车轮螺栓扭力要求为_____N·m。

(36)将车辆放至地面,拉起驻车制动操纵杆。　　　　　　　□任务完成
(37)清洁复位。　　　　　　　　　　　　　　　　　　　　□任务完成

四、车辆检查和试车

在完成制动器的安装之后还需对车辆进行检查和试车。

(1)检查制动器制动液是否有渗漏现象。　　　　　　　　　□是　□否
(2)向制动储液罐中充注制动液,并排除制动系统空气。　　□任务完成
(3)试车检查。

① 检查制动踏板工作情况。　　　　　　　　　　　□正常　□不正常
② 检查制动效果。　　　　　　　　　　　　　　　□正常　□不正常
③ 检查有无制动跑偏现象。　　　　　　　　　　　□正常　□不正常

【评价与反馈】

班级：_____　　姓名：_____　　指导教师：_____

序号	考核项目	配分	考核内容	配分	考核标准	得分
1	出勤／纪律	10	出勤	4	违规一次不得分	
			行为规范	6	违规一次不得分	
2	安全／保护／环保	20	着装	4	违规一次不得分	
			个人防护	4	违规一次不得分	
			8S/EHS	4	违规一次不得分	
			设备使用安全	4	违规一次不得分	
			操作安全	4	违规一次不得分	
3	学习能力	60	工单填写、工艺计划制订	10	未做不得分	
			学习总结	10	酌情扣1~4分	
			自我训练	40	未做不得分	
4	任务拓展	10	知识拓展任务	5	未做不得分	
			技能拓展任务	5	未做不得分	
	总分	100				
教师评价	优点					
	存在问题					
	解决方案					

教师签字：

任务二　驻车制动装置的构造与维修

鼓式制动器
拆装与检修

【任务描述】

一辆汽车被送进厂里检修,客户反映该汽车拉紧驻车制动操纵手柄后,仍能起步,或不稳定地停靠在坡道上,产生溜滑现象。维修技师经初步检查,判断为汽车驻车制动装置的故障。汽车维修人员需要根据维修手册相关要求,在规定时间内完成对驻车制动装置的检查与零部件的更换,自检合格后交付班组长验收。

【学习重点】

(1)能对照驻车制动装置介绍零部件名称及作用。

(2)能正确选择并使用工具及设备。

(3)能根据维修手册的要求,在规定时间内,与组员共同进行驻车制动装置的拆装,并对相关零部件进行标记,同时在作业过程中遵守安全操作规范。

(4)能做好过程记录。

(5)能合理回收废弃物,整理零部件。

(6)能对相关资料、互联网资源进行检索,完成工单、工作页的填写。

【建议学时】

4学时。

【学习地点】

一体化工作站。

【学习准备】

驻车制动装置总成、互联网资源、车辆、常用维修工具与量具、多媒体设备。

【学习过程】

一、汽车驻车制动装置的组成

汽车驻车制动装置主要由驻车制动操纵杆、驻车制动器、连接两者的杠杆和拉索组成。

二、驻车制动装置的作用

汽车驻车制动装置必须有以下作用：
(1)使车辆停驶后防止滑溜。
(2)让汽车在坡道上顺利起步。
(3)车辆制动效能失效后临时使用或配合行车制动器进行紧急制动。

三、驻车制动系统的类型

（一）按驻车制动器的位置分类

按驻车制动器的位置不同，驻车制动系统可分为车轮制动式和中央制动式两种。大多数驻车制动装置与车轮制动装置共用一个制动器总成，只是传动机构是相互独立的，称为车轮制动式或整体式。有的驻车制动器安装在变速器后面，制动力矩作用在传动轴上，称为中央制动式。驻车制动系统的制动器可能是盘式或鼓式。

（二）按操纵方式分类

按操纵方式的不同，驻车制动系统可分为脚踩式、把柄式和按钮式3种，如图4-2-1所示两种都是利用拉索式机械操纵机构使后制动器的制动蹄压紧制动鼓（或制动块压紧在制动盘上）。把柄式驻车制动系统通过棘轮与锁止钩实现锁止，当棘轮齿轮与锁止钩脱开时，驻车制动解除。对于脚踩式驻车制动系统，再踩一次驻车制动踏板驻车制动解除。按钮式驻车制动系统（如图4-2-2所示）是通过按钮开关控制电气回路带动驻车制动电机工作，实现车辆的驻车制动。驻车制动系统只在汽车停止后才能工作，它不能让行驶中的汽车停止。

(a)脚踩式　　　　　　　　　　(b)把柄式

如图4-2-1　机械式驻车制动系统

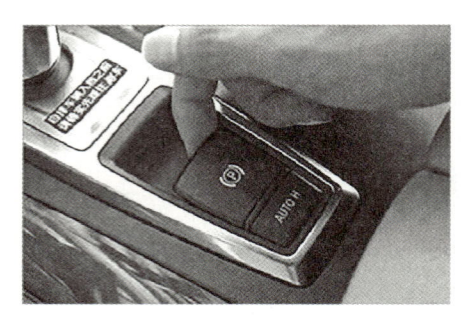

图4-2-2　按钮式驻车制动系统

四、汽车驻车制动装置的工作原理

（1）对汽车进行驻车制动时，将驻车制动杆上端向后拉动，则制动杆的下端向前摆动，传动杆带动摇臂顺时针转动，拉杆则带动摆臂顺时针转动，凸轮轴亦顺时针转动，凸轮则使两个制动蹄以支撑销为支点向外张开，压靠到制动鼓上，产生制动作用。

（2）将制动杆拉到制动位置时，棘爪嵌入齿扇上棘齿内，起到锁止作用，解除制动时，按下驻车制动杆上的按钮使棘爪脱离棘齿，即可解锁。

（3）解除制动时，按下驻车制动杆上的按钮使棘爪脱离棘齿，向前推动制动杆，则传动杆、拉杆、凸轮轴，按逆时针方向转动，制动蹄在回位弹簧的作用下回位，制动蹄与制动鼓之间恢复制动间隙，制动解除。

【技能要求】

要求　制动系统检修

一、制动液的检查

制动液液位必须处于最小位（"MIN"）至最大位（"MAX"）之间，如图4-2-3。

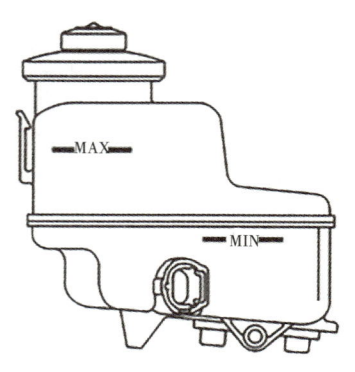

图4-2-3　制动系统储液壶

二、真空度检查

（1）反复踩制动踏板数次，检查制动踏板是否一次比一次高，然后踩住制动踏板。

（2）启动发动机，检查制动踏板是否会在压力下下沉，若会下沉，检查真空助力器及管路。

（3）踩住制动踏板不动，熄火，检查制动踏板在20秒左右是否自动上升，然后反复踩制动踏板数次，检查制动踏板是否一次比一次高。

三、制动踏板检查

以下标准按照丰田车系举例说明。

（一）检查制动踏板高度

检查制动踏板高度，去除地垫后检查。制动踏板高度（*a），如图4-2-4所示。*a：188.9~198.9 mm。

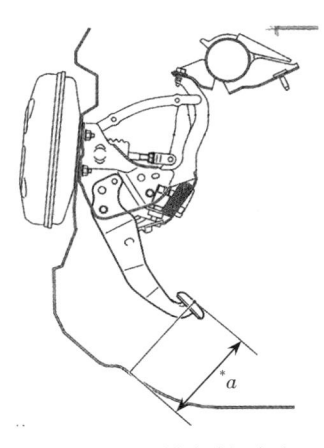

图4-2-4　制动踏板高度

（二）检查制动踏板自由行程

（1）停止发动机，踩下制动踏板数次，直至助力器内无真空，松开制动踏板。

（2）通过按压制动踏板直至有阻力的位置时，检测此时数据，用制动踏板高度减去此时测量值，即制动踏板自由行程，如图4-2-5所示。标准制动踏板自由行程（*a）为：1.0~6.0 mm。

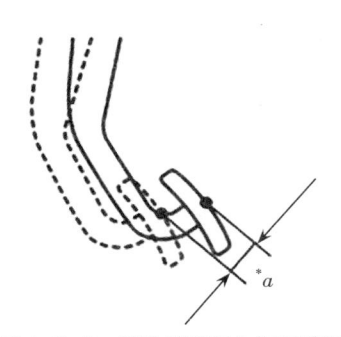

图4-2-5　制动踏板自由行程检测

（三）检查制动踏板有效行程

（1）松开驻车制动，启动发动机。

（2）以490 N·m完全踩下制动踏板，检测此时制动踏板高度，标准制动踏板行程余量：大于95 mm。

学习检测

一、填空题

1. 制动系统的液压管路由_____和_____软管组成。
2. 制动主缸利用液体_____，将驾驶员的踏板运动送到车轮制动器。
3. 制动主缸装配前，应先用_____清洗缸壁。
4. 真空助力器安装在制动主缸_____，制动踏板之前。
5. 现代轿车普遍采用的制动主缸是_____。

二、判断题

1. 制动释放后，油管会保持一定压力，以防止空气浸入液压系统。（　　）
2. 驻车制动系统是以机械传动作为其动力传动方式。（　　）
3. 驻车制动时，拉动制动杆的齿数越多越好。（　　）
4. 如果制动杆不能正常锁止，可能是弹簧断裂造成的。（　　）
5. 如制动主缸中的弹簧断裂，车辆在行驶时易出现拖滞现象。（　　）
6. 为保证制动系统的稳定性，检查时应开启制动油壶确认制动液的具体液位。（　　）
7. 真空助力器的助力来自发动机的进气道。（　　）

自我训练

任务工单

任务名称	制动系统的检查与修理	学生姓名	
班　级		学生学号	任务成绩

一、准备工作

1. 工量具、设备与材料

常用工具、实训车辆、举升机、钢直尺、千分尺、维修手册、干净的抹布。

2. 安全防护用品

标准作业装、安全鞋、线手套。

3.汽车信息收集

车牌号码:_____　　车辆型号:_____

VIN码:_____　　行驶里程:_____

二、检测与维修制动主缸

如果车辆因为制动压力下降造成制动力不足,则须对制动主缸进行检测与维修。

(1)环绕车身,对严重伤痕进行记录。　　　　　　　　　　　　□任务完成

(2)检查设备、工具和量具是否齐备和完好,新固定环型号是否正确。 □是　□否

(3)采用废油回收机抽出制动油罐中的制动液。　　　　　　　　□任务完成

(4)从车上拆下制动主缸。　　　　　　　　　　　　　　　　　□任务完成

小提示:拆卸主缸前应将主缸上的制动油管拆掉,如图4-2-6所示。

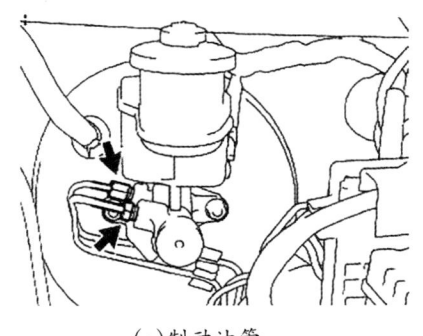

(a)制动油管　　　　　　(b)使用专用工具拆卸制动油管

图4-2-6　拆卸制动油管

想一想:如何避免制动液腐蚀设备或漆面?

(5)拆下储液罐。　　　　　　　　　　　　　　　　　　　　　□任务完成

(6)用合适的螺丝刀从制动主缸上拆卸固定环并报废。　　　　　□任务完成

(7)从主缸油缸中小心拆卸1、2号活塞总成(包括弹簧),如图4-2-7所示。

□任务完成

小提示:如活塞与缸壁摩擦较大,可用木块从两侧垫起主缸后,向下敲击,使活塞自行掉落出来。

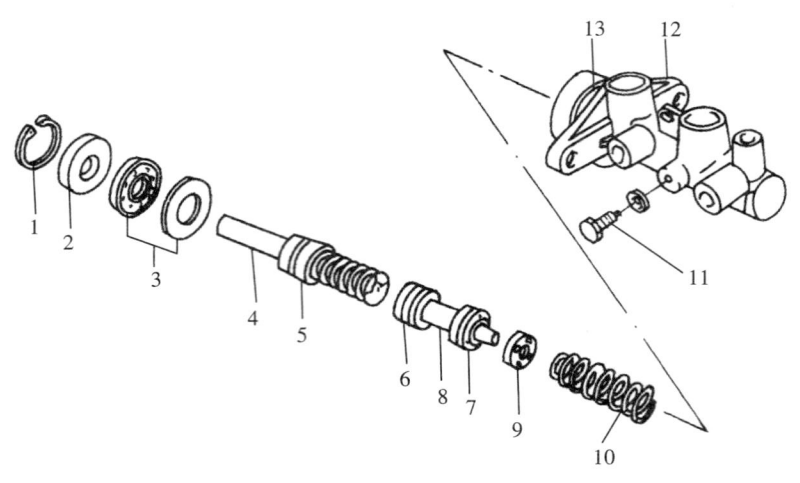

1—活塞限位环;2—活塞挡块;3—主缸的护罩与护盘;4—一级活塞;5—活塞杯罩;6—二级活塞压力罩;
7—活塞罩;8—二级活塞;9—回位弹簧副座;10—二级活塞回位弹簧;11—二级活塞限位螺栓;12—主缸体;13—密封体

图4-2-7 制动主缸拆卸和装配顺序

(8)清洗制动主缸。　　　　　　　　　　　　　　　　　□任务完成

清洗制动主缸时应采用_____作为清洗剂。

(9)检查缸壁是否磨损。　　　　　　　　　　　　　□是　□否

(10)检查皮碗是否有严重老化、磨损、破裂等现象。　　□是　□否

一级活塞皮碗:_____。

二级活塞皮碗:_____。

(11)检查弹簧是否有弯曲、变形、生锈、断裂等现象。　□是　□否

(12)用清洁的制动液润滑缸体内壁。　　　　　　　　　　□任务完成

(13)装入活塞。　　　　　　　　　　　　　　　　　　　□任务完成

(14)安装定位销,如图4-2-8所示。　　　　　　　　　　□任务完成

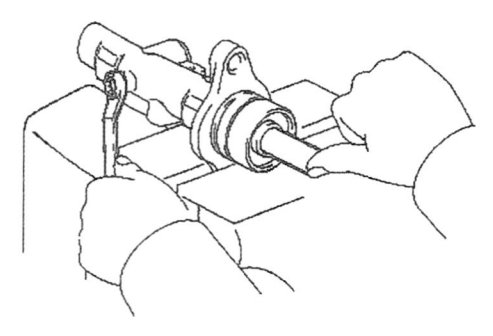

图4-2-8 安装定位销

(15)使用木制或塑料冲子将活塞压入缸体。　　　　　　　　　□任务完成
(16)将新固定环插入缸槽,如图4-2-9所示。　　　　　　　　　□任务完成

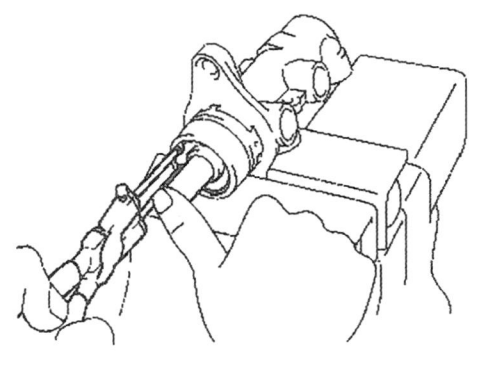

图4-2-9　安装固定环

(17)前后移动活塞,检查是否能自由移动。　　　　　　　　□是　□否
(18)装上储液罐。　　　　　　　　　　　　　　　　　　　　□任务完成
(19)将制动主缸安装在真空助力器上,如图4-2-10。　　　　　□任务完成
查阅资料和维修手册,该制动主缸与真空助力器连接螺栓扭力要求为_____N·m。

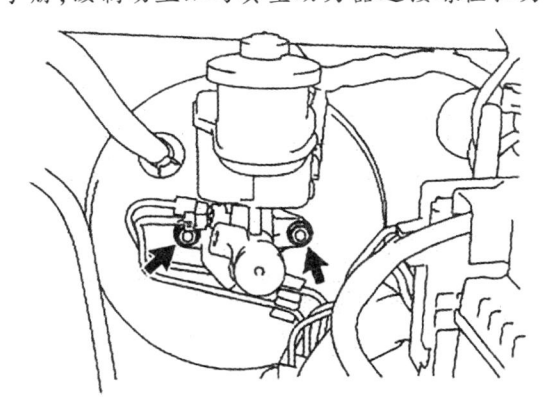

图4-2-10　安装制动主缸

(20)安装制动油管与电气电路。　　　　　　　　　　　　　　□任务完成
(21)添加制动液至标准位置。　　　　　　　　　　　　　　　□任务完成
查阅资料和维修手册,该车辆采用的制动液型号为_____,干平衡回流沸点为_____,湿平衡回流沸点为_____。
(22)清洁复位。　　　　　　　　　　　　　　　　　　　　　□任务完成

想一想:如在维修过程中,制动液沾在皮肤或衣服上应该如何处理?

三、更换真空助力器

当车辆出现制动踏板发硬,踏板阻力明显增大的情况,经检测后发现真空助力器不能正常工作,我们需要对真空助力器进行更换。

（1）环绕检查车身,对严重伤痕进行记录。　　　　　　　　　　□任务完成

（2）检查设备、工具和量具是否齐备和完好,新真空助力器是否完好,型号是否正确。　　　　　　　　　　　　　　　　　　　　　　　　□是　□否

（3）采用废油回收机抽出制动油罐中的制动液。　　　　　　　□任务完成

（4）从车上拆下制动主缸。　　　　　　　　　　　　　　　　□任务完成

（5）拆卸轴和O形密封圈。　　　　　　　　　　　　　　　　□任务完成

（6）拆卸助力器真空管。　　　　　　　　　　　　　　　　　□任务完成

（7）断开制动灯开关。　　　　　　　　　　　　　　　　　　□任务完成

（8）拆卸制动踏板弹簧。　　　　　　　　　　　　　　　　　□任务完成

（9）从制动踏板托架总成上断开卡夹和推杆销。　　　　　　　□任务完成

（10）从仪表板中伸出的双头螺栓上拆卸助力器安装螺母,如图4-2-11所示。

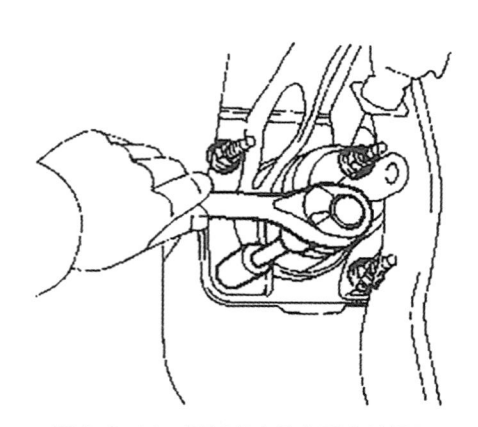

　　　　　　　　　　　　　　　　　　　　　　　　　　　　□任务完成

图4-2-11　拆卸真空助力器安装螺母

（11）取下真空助力器。　　　　　　　　　　　　　　　　　　□任务完成

（12）从推杆上拆下U形钩和六角螺母。　　　　　　　　　　　□任务完成

（13）检查推杆及推杆上的U形钩是否损坏。　　　　　　　　　□是　□否

（14）将六角螺母和U形钩安装在助力器轴上。　　　　　　　　□任务完成

（15）调整真空助力器拨叉销孔中心至真空助力器的距离至120 mm。　□任务完成

（16）用安装螺母从仪表板中固定真空助力器。　　　　　　　　□任务完成

（17）安装制动踏板托架总成。　　　　　　　　　　　　　　　□任务完成

（18）安装制动踏板复位弹簧。　　　　　　　　　　　　　　☐任务完成

（19）连接制动灯开关。　　　　　　　　　　　　　　　　　☐任务完成

（20）安装真空助力器真空管。　　　　　　　　　　　　　　☐任务完成

小提示：安装前应对真空助力器的密封性和连接状态进行检查。

（21）安装制动主缸推杆和O形密封圈。　　　　　　　　　　☐任务完成

（22）安装制动主缸。　　　　　　　　　　　　　　　　　　☐任务完成

（23）安装制动油管与电气电路。　　　　　　　　　　　　　☐任务完成

（24）添加制动液至标准位置。　　　　　　　　　　　　　　☐任务完成

查阅资料和维修手册，该车辆采用的制动液型号为_____，干平衡回流沸点为_____，湿平衡回流沸点为_____。

（25）对真空助力器的工作情况进行检查。

①踩下制动踏板，然后点火。

制动踏板发生了什么变化：_____

②熄火后，反复踩下制动踏板。

制动踏板发生了什么变化：_____

③检查踏板发生的变化是否正常。　　　　　　　　　　☐是　☐否

想一想：以上分别检查了真空助力器的哪些部分和工作性能？

（26）清洁复位。　　　　　　　　　　　　　　　　　　　　☐任务完成

【评价与反馈】

班级：_____　姓名：_____　指导教师：_____

序号	考核项目	配分	考核内容	配分	考核标准	得分
1	出勤/纪律	10	出勤	4	违规一次不得分	
			行为规范	6	违规一次不得分	
2	安全/保护/环保	20	着装	4	违规一次不得分	
			个人防护	4	违规一次不得分	
			8S/EHS	4	违规一次不得分	
			设备使用安全	4	违规一次不得分	
			操作安全	4	违规一次不得分	
3	学习能力	60	工单填写、工艺计划制订	10	未做不得分	

续表

序号	考核项目	配分	考核内容	配分	考核标准	得分
3	学习能力	60	学习总结	10	酌情扣1~4分	
			自我训练	40	未做不得分	
4	任务拓展	10	知识拓展任务	5	未做不得分	
			技能拓展任务	5	未做不得分	
	总分	100				
教师评价	优点					
	存在问题					
	解决方案					
教师签字：						

知识拓展

认识防抱死制动系统（ABS）

一、ABS的组成

ABS是在常规制动装置的基础上，增设由传感器、防抱死制动电控单元（ABS ECU）、制动压力调节器和ABS指示灯等构成的电子控制系统。

二、ABS传感器的作用及类型

1.ABS传感器的作用

在刹车时将车轮的转速反馈给刹车系统，由刹车系统来控制车轮有克制地转动，以达最佳刹车效果。在汽车制动时，刹车系统自动控制制动器制动力的大小，使车轮不被抱死，处于边滚边滑（滑移率在20%左右）的状态，以保证车轮与地面的附着力在最大值。具体作用如下：

（1）改善整车的制动性能，提高行车安全性。

（2）防止在制动过程中车轮抱死（即停止滚动）。

（3）保证驾驶员在制动时还能控制方向，并防止后轴侧滑。

2.ABS传感器的类型

ABS传感器的类型分为磁电式、霍尔式、光电式等。

三、ABS传感器的内部结构

ABS传感器又称为轮速传感器,它是感受汽车运动参数的元件,图4-2-12为ABS传感器的组成。

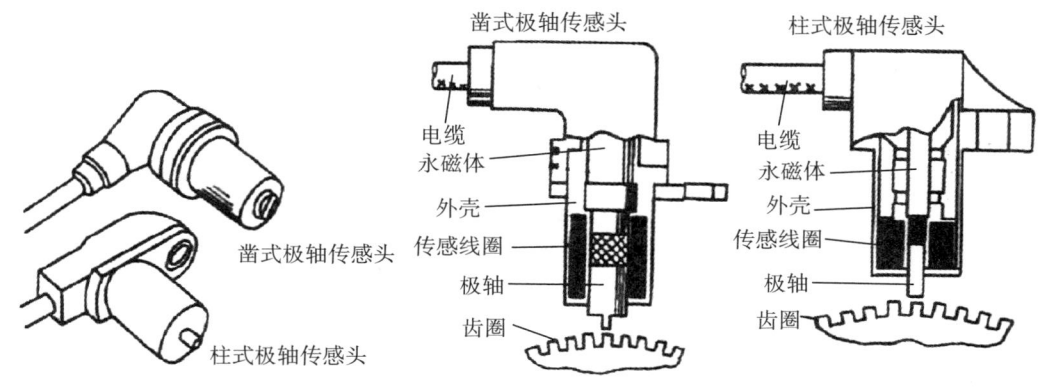

图4-2-12 ABS传感器组成

四、ABS传感器的工作原理

ABS传感器(磁电式)通过与随车轮同步转动的齿圈作用,以齿轮(脉冲环)切割感应线圈磁力线方式,输出一组准正弦交流电信号,其频率和振幅与轮速有关。该输出信号传往ABS ECU,实现对轮速的实时监控。

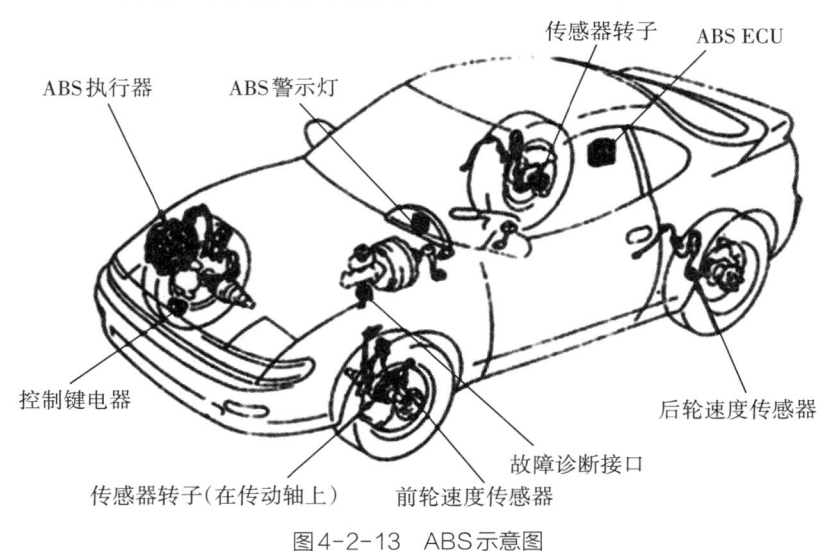

图4-2-13 ABS示意图